AKROPOLIS

A grande epopéia de Atenas

Valerio Massimo Manfredi

AKROPOLIS

A grande epopéia de Atenas

Tradução de Mario Fondelli

Rocco L&PM POCKET

Coleção **L&PM** POCKET, vol. 714

Título original: *Akropolis: la grande epopea di Atene*
Publicado pela Editora Rocco em formato 16 x 23cm em 2001

Este livro foi publicado mediante acordo de parceria entre a Editora Rocco e a L&PM Editores exclusivo para a Coleção L&PM Pocket
Primeira edição na Coleção **L&PM** POCKET: agosto de 2008
Esta reimpressão: julho de 2010

Tradução: Mario Fondelli
Capa: Marco Cena
Preparação: Helena Drummond
Revisão: Patricia Yurgel, Larissa Roso

CIP-Brasil. Catalogação-na-Fonte
Sindicato Nacional dos Editores de Livros, RJ

M241a Manfredi, Valerio, 1943-
Akropolis : a grande epopéia de Atenas / Valerio Massimo Manfredi; tradução Mario Fondelli. – Porto Alegre, RS: L&PM; Rio de Janeiro: Rocco, 2010.
248p. – (L&PM POCKET ; v.714)

Tradução de: *Akropolis: la grande epopea di Atene*
Inclui bibliografia
ISBN 978-85-254-1783-1

1. Atenas (Grécia) - História. I. Título. II. Série.

08-2592. CDD: 938.04
CDU: 938

Editora Rocco Ltda
Av. Pres. Wilson, 231 / 8º andar – 20030-021
Rio de Janeiro – RJ – Brasil / Fone: 21.3525.2000 – Fax: 21.3525.2001
email: rocco@rocco.com.br
www.rocco.com.br

L&PM Editores
Rua Comendador Coruja, 314, loja 9 – Floresta – 90220-180
Porto Alegre – RS – Brasil / Fone: 51.3225.5777 – Fax: 51.3221.5380
Pedidos & Depto. comercial: vendas@lpm.com.br
Fale conosco: info@lpm.com.br
www.lpm.com.br

Impresso no Brasil
Inverno de 2010.

Ao meu amigo ateniense

A felicidade nasce da liberdade, e a liberdade, da coragem.
PÉRICLES (Tucídides, XLIII, 1, 4)

Sumário

Prefácio

Eu tinha vinte anos e morria de vontade de viajar e conhecer o mundo. Estava me preparando para os exames na universidade e estudava com um amigo de uma cidadezinha próxima. Eu acabara de passar na primeira prova de literatura grega que, entre outras coisas, compreendia a leitura integral da *Odisséia* na língua original. Já vínhamos nos dedicando à tradução havia alguns meses, com a ajuda do dicionário e do texto comparativo em italiano de Rosa Calzecchi Onesti, quando certo dia, finalmente, nos demos conta de que estávamos lendo Homero sem qualquer tipo de ajuda, sem precisar de dicionário nem de traduções em outros idiomas. Uma sensação maravilhosa, talvez comparável àquela de alguém que afinal joga fora as muletas e começa a correr livremente. Voltei a sentir a mesma coisa agora há pouco, ao assistir ao filme *Forrest Gump*, quando o menino se livra das próteses de metal e sai correndo em disparada: um momento de extraordinária emoção.

Decidimos então partir o quanto antes para a Grécia, para visitar todos os lugares relacionados com a história, com a épica, com a arqueologia; uma espécie de romaria em busca das paisagens da memória, dos lugares nos quais as vicissitudes humanas haviam deixado a marca que nós, na nossa ingenuidade, imaginávamos indelével. Os recursos de que dispúnhamos eram bastante escassos, e tampouco podíamos esperar que os nossos pais fossem aliviar a nossa fundamental falta de meios; conseguimos, de qualquer forma, comprar a passagem de ida e volta Ancona-Pireu (sem camarote, com direito apenas a circular pelo convés) num navio bem baratinho que se chamava *Apollonia*. A passagem já nos dava uma certa segurança, pois afinal garantia que de um jeito ou de outro poderíamos voltar.

Ainda faltava saber o que iríamos inventar ao chegar lá, como conseguiríamos arranjar comida, um lugar para dormir e tudo o mais. Quanto às acomodações, resolvemos o problema pedindo emprestada a barraca de um amigo escoteiro e comprando dois colchonetes infláveis num mercadinho de objetos usados; para a comida, o mesmo amigo deixou-nos levar um fogãozinho de uma só boca no qual esperávamos preparar um bom número de sopas desidratadas que iríamos comer nas marmitas militares também emprestadas.

Mas ainda havia o problema do transporte. O meu amigo estava acostumado a andar de ônibus, mas eu tinha uma pequena motoneta de cinqüenta centímetros cúbicos de cilindrada e foi com ela que fizemos um ensaio geral: procuramos sentar carregando as duas pesadas mochilas abarrotadas com tudo aquilo de que iríamos precisar na viagem. A experiência foi um fracasso total: o pequeno motor pedia logo arrego diante da mais insignificante subida e sabíamos muito bem, graças aos nossos estudos, que a Grécia tem um dos terrenos mais irregulares e acidentados do mundo.

Decidimos então sair pedindo carona, como aliás a maioria dos jovens da nossa idade costumava fazer naquela época. O que realmente importava era desembarcar em terras helênicas: uma vez lá, enfrentaríamos os problemas um de cada vez.

Foi uma viagem de sensações profundas, de poderosas emoções. Vimos o Partenon sob um céu de abril cheio de grandes nuvens negras carregadas de chuva entre as quais, vez por outra, os raios do sol conseguiam abrir caminho para iluminar um ou outro canto da grande esplanada e o pórtico das cariátides borrifado por chuva ligeira. Tiramos da mochila o Tucídides em edição de bolso e começamos a ler o *Epitáfio*:

> Gostamos do belo, mas de forma comedida, e dedicamo-nos ao saber, mas sem complacência; usamos a riqueza mais por causa da possibilidade de agir que ela proporciona do que devido à tola vaidade das palavras, e a pobreza não é motivo de vergonha para ninguém, enquanto é muito mais vergonhoso não tentar livrar-se dela.

– Muito vigoroso... – murmurou o meu amigo.

Garotos do interior, criados no campo, naquele momento tínhamos a impressão de ser requintados humanistas, verdadeiros intelectuais, só porque tínhamos a oportunidade de ligar uma frase de Tucídides à arquitetura do Partenon: claro, estávamos apenas começando, mas aquelas experiências tão diretas e, digamos assim, tão concretas davam-nos arrepios. Ficamos sentados nos degraus dos Propileus, à espera do pôr-do-sol, examinando atentamente a grande cavidade do *odeîon* de Herodes Ático, o morro de Filopapo, a ágora do outro lado e, ao longe, o Licabeto encimado por sua igrejinha bizantina. Deixamo-nos ficar ali, sem nada dizer, com os olhos e a mente cheios de pasmo, até a fome nos convencer a procurar alguma comida numa das muitas tabernas da Plaka. O bairro, que mal acabava de ser descoberto pelas primeiras levas de turistas, ainda guardava a sua pureza original: no muro caiado de uma pequena locanda o dono escrevera, com rápidas pinceladas vermelhas, *bona e mercata greca cuzina*, na evidente tentativa de atrair os turistas italianos. Conseguiu, e nós descobrimos que o jeito mais barato de encher a barriga era uma boa tigela de sopa de feijão branco com umas fatias de pão.

Numa lojinha vi um par de abotoaduras de prata imitando as dracmas atenienses, com a coruja, e prometi a mim mesmo que iria comprá-las na volta se me sobrasse algum dinheiro.

Tivemos de deixar a cidade depois de apenas dois dias, pois não podíamos nos dar ao luxo de gastar dinheiro com um hotel, mas antes de seguirmos para o Peloponeso decidimos subir até o topo do Escaramangá, o monte sobre o qual, conforme o relato de Heródoto, o imperador persa Xerxes mandara construir um trono para assistir, como das arquibancadas de um teatro, à vitória da sua frota sobre os navios atenienses no estreito de Salamina.

Em certa altura da subida havia arame farpado e um pastor gritou-nos alguma coisa a que não prestamos atenção. A nossa vontade de ver o lugar onde Xerxes mandara erguer o seu trono domado era tão grande que nem procuramos entender, de forma que acabamos entrando num polígono de tiro da Marinha militar grega: ainda bem que encontramos logo uma patrulha que nos mandou sair rapidamente dali, pois do contrário poderíamos ter sido alvo de bordoadas.

O oficial que nos escoltou apreciou o nosso interesse pela história, tanto assim que nos deu uma garrafa de conhaque de presente e parou um caminhão para que nos levasse até Corinto. A grande cidade do istmo foi uma decepção; entretanto, já sabíamos que havia sido destruída pelos romanos de Lucio Múmio e que, de grego, só haviam sobrado as sete colunas dóricas da quina do templo de Apolo. Subimos um por um os novecentos degraus que levam ao Acrocorinto e, lá de cima, pudemos admirar uma vista maravilhosa: de um lado, o canal, o golfo Sarônico e a ilha de Mégara, do outro o litoral da Fócida para o norte e, para o oeste, o amplo golfo que parecia contido pelas ásperas montanhas da Acaia que mergulhavam abruptamente no mar.

Para o sul, a perder de vista, vislumbrava-se a Argólida esculpida pelos raios enviesados do sol que exaltavam as suas reluzentes cores primaveris. Lembramo-nos de Diógenes e do seu tonel, que provavelmente não devia ser muito menos confortável do que a nossa barraca, ainda mais porque os colchonetes usados vazavam e lá pelas duas horas da manhã precisávamos invariavelmente acordar para enchê-los de novo. O meu, então, costumava esvaziar antes da meia-noite, e aí eu tinha de inflá-lo duas vezes antes da alvorada enquanto o meu amigo, o sortudo, na maioria dos casos só precisava de uma soprada. “O barato que sai caro”, comentava, como se de fato a gente tivesse tido escolha.

O dia seguinte foi um horror, pois não encontramos ninguém para nos dar carona e tivemos de andar mais de dez quilômetros sob um sol de fritar os miolos. Lá pelas onze da manhã o motorista de um trator ficou com pena e mandou-nos sentar no reboque entre as caixas de laranjas e limões. Chegamos a Micenas depois do entardecer, cansados e esfomeados, com os ossos doloridos depois de tantos solavancos em veículos agrícolas que nada tinham de confortável, mas a emoção de estarmos na cidade de Agamêmnon era tão grande que logo esquecemos os nossos problemas.

Os portões já estavam fechados, os vigias estavam indo embora e até o último ônibus de turistas já se afastava rumo à “nova Micenas”, uma aldeiazinha com menos de três mil almas no sopé das colinas. Uma vez que não tínhamos para onde ir, ficamos por ali mesmo, galgando o pedregoso morro que domina a cidade, aquele de onde, no *Agamêmnon* de Ésquilo, a sentinela avista as fogueiras que, de Náuplio, assinalavam a chegada da frota aquéia. Os derradeiros raios do pôr-do-sol tingiam de vermelho as muralhas ciclópicas e os contrafortes da porta dos Leões, e de onde estávamos podíamos ver todo o grande *megaron* e a torre que domina o abismo. Tirei a *Odisséia* da mochila e comecei a ler um trecho do décimo primeiro capítulo onde Agamêmnon, evocado por Ulisses, conta como foi assassinado depois da sua volta: "Degolavam-nos como porcos... sem misericórdia... o chão estava todo coberto de sangue... e nem se deu ao trabalho de fechar-me os olhos, a cadela, enquanto eu já descia gemendo para o reino de Hades".

Estava lendo com o tom de um ator trágico, e eu mesmo ficava emocionado ao ouvir a minha voz ressoar entre aquelas pedras nuas. Só parei quando a escuridão me impediu continuar, e naquele momento, do fundo do vale, ouviu-se o grito soturno de uma coruja ao qual logo a seguir outra respondeu. Depois outra, e mais outra, até toda a montanha ecoar com aqueles soluços. Cansados, famintos, excitados, mal conseguíamos dominar a emoção que tomara conta de nós e continuávamos de olhos fixos naquele chão como se estivéssemos de fato assistindo à cena sangrenta. Então, quando o chamado das corujas acabou de repente, respiramos fundo e ficamos pensando em como iríamos aliviar a fome naquele lugar tão íngreme e solitário. Lembramo-nos dos pacotinhos de sopa desidratada no fundo das nossas mochilas, controlamos as reservas de água nos cantis e ligamos o fogãozinho ao abrigo de umas pedras. Era o nosso primeiro jantar ao relento e aquela sopa quente preparada por nós mesmos, cheia de aromas industrializados que até então desconhecíamos, pareceu-nos um verdadeiro manjar dos deuses.

O terreno era acidentado demais para montar a barraca, de forma que a esticamos no chão procurando abrigo junto de umas pedras ainda mornas: milagrosamente dormimos a noite toda, sem precisar acordar para encher de novo os colchonetes; antes de adormecer, no entanto, ficamos um bom tempo conversando, enquanto observávamos o céu no qual fervilhavam estrelas incrivelmente luminosas, saboreando um golinho do nosso conhaque militar e fumando um Papastratos, o único que concedíamos a nós mesmos por dia. Durante a minha ainda curta vida, eu certamente nunca havia sido tão feliz como naquele momento.

Em Epidauro, no mais lindo teatro que chegou até nós do mundo antigo, estavam encenando o *Édipo Rei* com Spiro Fokas e Katina Paxinou, e nós investimos o equivalente a quatro ou cinco dias de sobrevivência para assistir à peça que era representada em grego moderno. Custávamos a entender e acompanhávamos o texto iluminando-o com uma lanterna, mas só o fato de estarmos ali, vendo atores vivos e reais que se moviam naquela construção milenar maravilhosamente conservada, deixava-nos cheios de emoção e espanto.

Chegamos a Delfos, por sua vez, bem no meio da noite depois de superarmos a pé a montanha. Havíamos ficado um bom tempo à inútil espera de uma carona antes de tomarmos a decisão: se fôssemos seguir adiante em linha reta iríamos encurtar em quase dois terços o caminho. Quanto a isso não havia dúvidas, mas mal sabíamos nós o que teríamos de enfrentar. A noite surpreendera-nos quando ainda estávamos avançando entre pedregulhos e moitas espinhentas, com uma violenta ventania que dobrava a copa das árvores.

Chegamos ao topo exaustos e cercados pela mais completa escuridão. Avistamos uma luz ao longe e descobrimos que se tratava de um vilarejo com uma única taberna – chamava-se O Parnassos – e entramos. De cabelos desgrenhados, jeans rasgados nos joelhos, mãos esfoladas e barba por fazer, parecíamos uns verdadeiros bandidos e todos os presentes viraram-se para olhar como quando dois pistoleiros entram num *saloon* do faroeste. Escolhemos a mesinha mais afastada e pedimos sopa de feijão, algumas fatias de pão e uma garrafa de água, mas logo em seguida o garçom trouxe meio litro de *retsina*: era por conta daquele senhor lá no fundo. Depois trouxe *suváklia* de porco bem passados: por conta daquele outro sujeito da outra mesa. Haviam percebido que estávamos com fome e usávamos aqueles trapos não por sermos extravagantes, mas sim porque não tínhamos mesmo outra coisa para vestir, e tinham ficado com pena.

Dali, passando pela Fócida, chegamos ao desfiladeiro das Termópilas. Devido à distância do mar, ao aterro do golfo, à construção da nova estrada carroçável e à presença das grandes torres de alta tensão que ligavam o norte e o sul do país, o lugar para nós era praticamente irreconhecível. Mesmo assim, no entanto, o monumento a Leônidas (erguido havia apenas alguns anos às custas de trezentos espartanos emigrados para os Estados Unidos) pareceu-nos lindo, com as palavras de Simônides escritas na base ("Gloriosa é a sua sorte. / O seu monumento fúnebre é um altar"). Subimos então morro acima, onde os homens de Leônidas haviam cerrado fileiras em sua última desesperada tentativa de proteger a agonia do rei moribundo, e lemos a inscrição na lápide: "Forasteiro, anuncia aos espartanos que aqui tombamos obedecendo às suas leis". Aquela pedra também era de mentira, mas não importava, pois a nossa emoção era verdadeira. E também procuramos a passagem de Anopéia, a trilha secreta revelada pelo traidor Efialtes para que os persas pudessem surpreender pelas costas os irredutíveis defensores gregos; perdemo-nos entretanto no bosque e só conseguimos voltar no fim da tarde, morrendo de fome e de cansaço.

A parada seguinte foi Olímpia: corremos pelo estádio imaginando o público que incitava os atletas – até pedi que tirassem uma foto minha posando como o *Discóbolo* de Míron – e quando entramos no museu ficamos pasmos diante daquelas maravilhas: a *Centauromaquia*, a *Corrida de Pélopes e Enômao*, o deus Apolo com seus caracóis arcaicos e o braço erguido e peremptório sobre a massa de corpos humanos e animais. Era algo inacreditável. E nós procurávamos imaginar aquilo tudo em cores, com as armas de metal dourado a rebrilhar ao sol nos frontões gloriosos dos templos. E aí o Hermes de Praxíteles, nu e solitário naquela luz difusa que chovia do céu e tornava diáfana como cera a sua pele de mármore pário.

Voltamos a Patras e procuramos um barco que nos levasse a Ítaca, que nada no mundo conseguiria tirar dos nossos planos. Custou-nos o último dinheirinho que sobrava, mas ainda dispúnhamos de sete pacotes de sopa e de um bujãozinho de gás com que prepará-los: iríamos sobreviver. Desembarcamos na ilha e vimos Same ainda encoberta pela sombra dos montes de Tesprócia ("Uma jaz lá, ao longe, na direção da noite") enquanto Ítaca já brilhava nos primeiros raios da manhã ("a outra mais adiante, rumo à alvorada e ao sol"). Procuramos os campos de Eumeu, a gruta das ninfas e finalmente os míseros restos daquilo que Schliemann acreditou ser o palácio de Ulisses. Chegou até a cavar em busca das raízes da oliveira entre cujos galhos o filho de Laerte teria malocado o seu tálamo. Ao entardecer ficávamos sentados na praia olhando o porto de Vathy, aquele mesmo em que Telêmaco fundeara para evitar a cilada que os prócios haviam aprontado na ilhota de Astéris. Em cada cão tentávamos reconhecer Argos, em cada rapaz Telêmaco, em cada pastor Eumeu ou Filécio, e na figura de um velho, a venerável canície de Laerte. E ele, o mui paciente e divino Odisseu, o tecelão de tramas enganosas, o destruidor de cidades, o herói de qualquer tempo e de qualquer estação, o arqueiro infalível, o imortal de mente tortuosa, ele estava em toda parte, como se fosse a própria alma da ilha, como se o vento fosse a sua respiração, como se suas pegadas misteriosas estivessem para sempre gravadas na poeira das vielas.

Aqueles eram apenas devaneios de rapazes ingênuos, mas tão fortes e sugestivos que deixavam marcas profundas, sensações capazes de durar uma vida inteira e moldar o futuro. Era nessas horas que pensávamos nos nossos companheiros que passavam suas noites nas discotecas, dançando o tuíste, e nos sentíamos afortunados, escolhidos pelos deuses, orgulhosos da nossa fome e das nossas privações para participar daquela comunhão clara e profunda com os antigos cantos de Homero, com as histórias de Heródoto e Tucídides, com as lamentações de Édipo, de Ájax, de Prometeu.

Passamos os últimos cinco dias antes do embarque comendo apenas pão e uva preta que um senhor bondoso nos dera de presente em Patras: cinco quilos. O sabor forte acabava enjoando, mas era uma bomba calórica que nos dava energia suficiente para seguir em frente. Ao todo, permanecemos na Grécia 25 dias, deixando crescer a barba e perdendo uns três ou quatro quilos cada um. Antes de voltar ao Pireu para embarcar no *Apollonia* dei uma passada na lojinha da Plaka e gastei o pouco que sobrara para comprar as abotoaduras de prata com a coruja de Atenas (ainda tenho) e um pequeno broche de filigrana para a minha mãe. Mas o encontro mais marcante ainda estava para acontecer.

Estávamos apoiados na amurada perto da proa, admirando o litoral que passava lentamente diante dos nossos olhos, a maravilhosa paisagem grega de ilhas e promontórios, de golfos, enseadas e rochedos, de montanhas que mergulhavam abruptamente no mar com seus cumes esbranquiçados de neve, de grandes nuvens leitosas entre as quais faiscavam os raios do sol, e sonhávamos com pratos de lasanha fumegante depois de quatro semanas repletas de sopa de feijão, de pão, de queijo de cabra e de sopinhas desidratadas quando um homem baixinho, de flor na lapela, de traços curiosos e traje impecável aproximou-se de nós.

– Italianos? – perguntou.

– Sim, somos da região de Módena.

– Podia jurar. E estiveram na Grécia?

– Isso mesmo. Somos estudantes de literatura clássica e queríamos ver de perto todos os lugares históricos. – E começamos e recitar a lista de todos os lugares que havíamos visitado, dos museus, dos sítios arqueológicos, dos templos, dos palácios Micênicos, dos santuários isolados, dos oráculos, das fontes sagradas, dos rios e dos lagos, dos campos de batalha. Ele olhava para nós pasmo, quase não podendo acreditar no nosso entusiasmo. Apresentou-se: chamava-se Kostas Stavropoulos, e também apresentou a mulher, a senhora Alexandra, uma mulher muito bonita, mais alta do que ele e extremamente elegante. Falava sem parar, como se nós pudéssemos entender sem maiores problemas o grego moderno, e encheu-nos de elogios. Naquela mesma noite convidaram-nos para jantar à mesa deles no convés da primeira classe e nos vestimos os únicos jeans ainda limpos e a última camiseta decente que nos sobrava, aparamos a barba e tomamos o primeiro banho realmente demorado desde havia muito: estávamos quase apresentáveis, e chego a dizer que éramos até bonitos, bronzeados daquele jeito, enxutos e musculosos. E, além do mais, sentar a uma mesa cheia de talheres, de copos cintilantes, com toalha e guardanapos branquinhos e um cardápio do qual podíamos escolher era para nós um privilégio inimaginável.

– Estão vendo? – disse o senhor Stavropoulos apontando para os companheiros de viagem. – Estavam todos falando mal de vocês, hoje de manhã. Diziam: "Olha só, que vergonha, que falta de pudor, de jeans esfarrapados, barbudos, cabeludos... não deviam deixá-los ficar com os demais passageiros, o lugar deles deveria ser lá embaixo, com os tripulantes."

– É mesmo? – exclamou o meu amigo, um tanto enfadado.

– Mas aí eu então disse: "Aposto que são uns rapazes muito direitos, quase certamente universitários, e não duvido que saibam latim e grego antigo, e que conheçam a Grécia muito melhor do que vocês todos". Foi por isso que quis conhecê-los. Acertei na mosca e eles todos estavam errados. Vocês são uns bons rapazes e fico muito contente por estarem aqui.

Convidamos o casal e eles apareceram lá em casa, onde conheceram os meus pais, que tinham exatamente a mesma idade. A partir daí nasceu uma amizade maravilhosa, um afeto sincero e profundo, uma intensa familiaridade: no ano seguinte hospedaram-nos na sua casa em Atenas – e olha que éramos oito! – quando estávamos voltando de uma viagem ao Oriente numa camioneta militar americana que eu comprara num ferro-velho e que só conseguira consertar depois de oito meses de duro trabalho. Os amigos que estavam conosco também ficaram amigos deles, para sempre.

Kostas era para nós como algum filósofo antigo, e ficávamos fascinados com suas histórias: era o nosso Sócrates, o nosso Platão, o nosso Epicuro. Fumava cigarros muito aromáticos e elegantes que se chamavam Santé ("porque não fazem mal, são feitos de tabaco natural") e que tinham no maço vermelho a figura de uma bonita loira de longos cabelos, do tipo de Rita Hayworth, que fumava com volúpia segurando uma longa piteira preta.

Sua mulher Alexandra tinha um *poodle*, Moreno, e uma gata, Gilda, e Kostas saía para passear com o cachorrinho duas vezes ao dia. Enquanto ficamos lá, à noite dormíamos na sala, cada um em seu colchonete, um tanto apertados mas sempre com lençóis limpos e cheirosos. E no jantar nos reuníamos todos à volta da mesa redonda, diante de grandes travessas cheias de salada grega, *mezedes*, *suvlákia* e muitas outras delícias, com um frisante *retsina* gelado que ele chamava de "sampanizé".

Não tinham filhos; ele trabalhava na prefeitura e ela cuidava da casa com a ajuda de uma criada. Alexandra vinha de uma família abastada e estava acostumada com o bom e o melhor: sempre alegre, sempre simpática, sempre deliciosamente perfumada como se acabasse de sair do salão de beleza. "Há pessoas que compram um carrão de luxo", dizia Kostas, "mas que depois vivem como uns miseráveis para mantê-lo. Eu preferi ter uma mulher de luxo (e com isso queria dizer 'de alta classe') e continuo sem carro."

Essa filosofia bastante simples e elementar, na qual se misturavam excelentes leituras, todas as pequenas fraquezas burguesas e quase interioranas, e um humorismo brincalhão cheio de trejeitos levantinos e gostos italianos pelo belo e pelo prazer, tornava-o um homem realmente fascinante.

Eu acabei sendo o preferido. Gostavam de mim como de um filho e ficavam orgulhosos com os meus sucessos nos estudos e, depois, no meu trabalho de pesquisador e professor universitário. A sua grande mágoa era ter fracassado como cantor de ópera, razão pela qual viera ainda jovem à Itália para estudar no Scala de Milão. Era sobrinho de um famoso regente de orquestra que, contudo, nada fizera para ajudá-lo: "Porque era arrogante, cheio de si, talvez até meio bicha", dizia com o seu sotaque carregado, e com a insinuação da possível sodomia parecia-lhe encerrar o assunto decretando a condenação final, sem apelação.

Mesmo assim continuava a cantar para os amigos, para agremiações de caridade. Certa vez cantou no teatro de Herodes Ático e lá estávamos todos, batendo palmas com o maior entusiasmo. "Também posso fazer *Pagliaci*", dizia, sempre esquecendo o artigo e a letra dobrada, "melhor do que Mario Lanza." Nunca averigüei se era verdade. Talvez não fosse, mas adorávamos pensar que Kostas podia alcançar notas mais altas do que Mario Lanza.

Conversávamos sobre qualquer coisa: política, gramática e retórica, literatura antiga e moderna, e ele nunca titubeava. Certa vez, falando a respeito da *Apologia de Sócrates* e do conhecido "galo para Esculápio", embrenhamo-nos numa disputa para saber como se dizia "galo" em grego antigo: eu afirmava "*alektryón*" e ele, "*aléktor*"; ambos estávamos certos, claro, mas não deixou de ser um desafio e tanto. Politicamente, continuou apoiando Papandreu mesmo durante a ditadura dos coronéis, e isso custou-lhe uma promoção criando-lhe algumas dificuldades no trabalho. Aliás, como ele mesmo dizia, havia sido transferido para o "hipogeu", isto é, para o subsolo da prefeitura. Mas a palavra, em grego, ainda guardava um sentido vagamente sepulcral, como se o nosso amigo tivesse sido enterrado vivo.

Toda vez que eu recebia uma carta dele, para mim era um imenso prazer. No papel timbrado podia-se ver a coruja ateniense com a escrita "Dimos Athinon", "Prefeitura de Atenas", mas eu preferia interpretá-la como "Povo de Atenas", como se estivesse recebendo uma carta de Péricles ou de Temístocles. Na verdade, não nascera certamente para ser herói, e a sua oposição política era portanto comedida e em surdina. Mesmo assim, contudo, quando em 17 de setembro de 1973 os coronéis mandaram invadir a universidade ocupada pelos estudantes, eu estava lá e pude assistir a algo incrível.

Ele tinha um sobrinho, filho de um irmão ou de uma irmã, não estou bem lembrado, um bonito rapaz chamado Konstantinos que todos chamavam de Kostas, como o tio, que acabou sendo diretamente atingido pela repressão militar. O jovem carregara um amigo ferido que se esvaía em sangue pelos telhados da cidade e, ao voltar para casa, estava todo sujo, esfarrapado e suado. Os pais, que eram "de direita, muito de direita", haviam-no agredido violentamente chamando-o de comunista, infeliz, vergonha e desgraça para toda a família. Kostas, que estava lá, levantou-se e, falando bem devagar para que eu mesmo pudesse entender sem perder uma palavra, disse-lhe: "Os teus pais não te merecem. Portaste-te como um herói e nós ficaríamos felizes e orgulhosos se viesses morar conosco."

O nosso relacionamento continuou ininterrupto pelos anos afora, e nessa convivência consumaram-se todos os eventos alegres e tristes que marcam a vida humana. Fui visitá-los depois que me casei, com a minha mulher grávida de poucos meses, que sentiu a criança mexer-se pela primeira vez dentro dela justamente na acrópole. Festejamos com eles a Páscoa ortodoxa e quando estourou a balbúrdia de estrondos e fogos que marcava a meia-noite da Ressurreição a minha mulher ainda sentia a pobre criatura agitar-se em seu ventre a cada explosão, tanto assim que chegou a recear que não fosse nascer completamente normal. Prometemos voltar quanto antes, mas na verdade deixamos passar muito tempo, tempo demais: o casamento, os compromissos, a carreira, as viagens. O nascimento dos meus filhos. A morte do meu pai.

Eu não deixava passar muito tempo sem telefonar, escrevia contando tudo o que podia ter algum interesse para eles, o que estavam fazendo os demais amigos, e aí certo dia ele me disse que Alexandra estava com câncer: submetera-se a uma mastectomia total e continuava com uma penosa quimioterapia. Morreu dois anos mais tarde entre indizíveis sofrimentos, e o amigo Kostas comunicou-nos o seu falecimento com uma carta que parecia o elogio de uma antiga matrona: palavras simples e comovidas, frases comedidas que revelavam uma incrível nobreza de alma. E acabava dizendo: "Quando um homem perde a companheira de uma vida, deveria morrer".

Fiquei dois anos sem notícias dele, até que o meu editor grego convidou-me para o lançamento em Atenas e em outras cidades de um romance meu. O primeiro encontro seria num dos melhores restaurantes de Atenas, certamente aquele com a vista mais bonita, pois da grande varanda envidraçada no andar de cima podia-se ver justamente o Partenon. Achei que a oportunidade era perfeita e pedi à encarregada das relações públicas, uma linda jovem poliglota chamada Anghelikí, para chamar o senhor Stavropoulos e convidá-lo para o restaurante Dionysios, logo aos pés da acrópole, pois ele iria ter uma agradável surpresa. Eu sabia que ele adorava as reuniões sociais, vestir as roupas mais bonitas, borrifar-se com o mais cheiroso perfume, botar a gardênia mais fresca – costumava guardá-la na geladeira – na lapela. Aí a surpresa: iria abraçá-lo, oferecendo-lhe o meu livro em grego com a mais linda dedicatória que eu pudesse imaginar.

Quando desci do avião fui logo perguntando a jovem se tinha ligado para o senhor Stavropoulos e qual havia sido a resposta. Ela ficou meio sem jeito e baixou a cabeça.

– O que foi, Anghelikí? Ele não estava?

– Ele estava, só que...

– Só o quê?

Ele dissera: "Sinto muito, minha jovem, mas não posso aceitar o convite. Adoraria participar do jantar e descobrir qual é a surpresa mas, veja bem, estou morrendo, e a senhora entende..." Fiquei sem palavras enquanto a moça me levava ao carro e continuava a dizer: "Sinto muito... sinto muito..."

A minha agenda para o dia seguinte estava sobrecarregada: entrevistas, apresentações, encontros com livreiros, mas antes de mais nada exigi que me levassem a rua Odós Larísis, 20, para ver o senhor Stavropoulos, a pessoa para mim mais importante da Grécia.

Tinha um nó na garganta quando apertei a campainha da rua: parecia-me estar revendo todas as minhas antigas andanças por ali, desde a primeira vez que lá chegara com apenas 21 anos. As árvores do jardim estavam um pouco mais altas, mas continuavam poeirentas e mirradas: o café na esquina já não existia, e no lugar da lojinha de *retzina* a granel havia agora um florista. A pedra angular que Moreno sempre escolhia para fazer xixi ainda estava lá, assim como as lixeiras.

Ao sair do elevador fui recebido por uma mulher de uns quarenta anos, de rosto acalorado sob uns ralos cachos de cabelos amarelos, que gaguejou alguma coisa num grego que certamente não era a sua língua. Ele estava de cama, vendo um programa italiano na televisão. Magérrimo, esgotado, mas impecável. Vestia um pijama azul com *pochette* da mesma cor e quando o abracei com os olhos cheios de lágrimas reparei que usava a costumeira água-de-colônia francesa.

Havia mentido, não estava morrendo, mas tampouco podia esperar uma melhora: já não podia andar sem a ajuda da pessoa que cuidava dele, uma albanesa de Argirocastro. Percebeu a minha comoção e ficou um bom tempo dando-me tapinhas nas costas. Sentia-me aflito só de pensar no tempo que ele passara completamente só, afastado de todos, sem alguém com quem trocar umas palavras. Vi contudo que na mesinha ao lado da cama tinha o cartão-postal que eu mandara no Natal e um maço de cigarros americanos, bem leves.

– Não creio que sejam bons para a sua saúde – eu disse.

– Nem maus, na verdade. Aliás, uma vez que a satisfação que eles me dão é bem maior do que o prejuízo, pois o meu mal é mais geral, diria até que me fazem bem. A você que ainda é jovem e goza de boa saúde, no entanto, fariam certamente mal.

– Vejo que continua tendo o gosto pela filosofia.

– Isso mesmo, mas não é por livre escolha. Quando já não gostamos de mais nada, na vida, a filosofia é a única coisa que sobra.

– Além dos cigarros.

Sorriu. Ofereceu-me um e acendeu outro para si.

– Se eu morasse por aqui – eu disse –, viria vê-lo todos os dias e passaríamos um bom tempo juntos. – Tirei o meu livro da pasta e o entreguei a ele. – Tentarei fazer-lhe companhia pelo menos com isto. Ainda pode ler?

– Com muito custo. O corpo é uma máquina: chega a hora em que tudo deixa de funcionar. Quando um homem chega a este ponto, deveria morrer.

Percebia-se que a idéia da doença, da sua total dependência dos outros deixava-o angustiado.

– Não conseguiria nem cantar – acrescentou –, nem mesmo se quisesse. – E na verdade ele nem precisava dizer.

– E então, o que o trouxe a Atenas? – perguntou. – Ah, sim... – continuou logo – o livro... Vai voltar?

– Sem dúvida, pois estou fazendo uma pesquisa para um ensaio sobre os antigos atenienses.

– Um projeto bastante ambicioso, mas é bom que assim seja, pois já há gente demais que só pensa em escrever bobagens. Gostaria de poder acompanhar os seus progressos.

– Quem me dera!

– Vai voltar, então?

– Toda vez que estiver em Atenas.

– Fico imaginando se conseguirá levar a cabo o seu trabalho antes que eu morra.

– Não acho que as suas condições sejam tão desesperadoras. Só precisa voltar a raciocinar, a achar graça nos desafios, a conversar com alguém. Vou enviar cada capítulo logo que ficar pronto, gravado em fita para que nem precise ler. E, quando eu aparecer, vamos comentá-lo. Ou então telefonarei.

Despedi-me com os olhos marejados, pois na verdade não sabia se voltaria a vê-lo.

I
O mito

A história dos atenienses nasce do mito. Ainda levaria muitos séculos antes que aparecesse um Tucídides para fixar as regras com que escrever a história. Então, o povo de Atenas, assim como qualquer outro em qualquer parte do mundo, contava suas próprias origens com histórias que mais pareciam fábulas; mas não se tratava de histórias inventadas *ex novo*: eram o reflexo de verdades parciais, deturpadas e remotas, de fatos que já era impossível rastrear, repassados oralmente de uma geração para outra, quase certamente sob a forma de bailados e cantigas. E nessas histórias a origem de tudo era uma deusa, que afinal era uma coisa só com a cidade, uma vez que tinha praticamente o mesmo nome: Atená. E um nome muito antigo, como indica a sílaba final *-na*, um sufixo que, por exemplo, encontramos nos nomes etruscos (Vipina, Rasena, Fufluna) e nos mais arcaicos dos nomes dos centros pré-gregos como *Mykenai*, Micenas, a mítica capital de Perseu, Atreu e Agamêmnon.

A deusa nascera sem a intervenção de um útero materno, fruto de uma raríssima paternidade virginal: surgira, na verdade, da cabeça de Zeus, como podemos ver em muitos vasos antigos: uma figurinha um tanto rígida e de armas em punho que afligira o deus-pai com uma longa e insuportável enxaqueca afinal resolvida por Hefesto, o deus serralheiro, que rachara a cabeça de Zeus com um poderoso golpe. Hefesto, entretanto, não demorara a cobrar o seu preço pela operação de "cirurgia craniana", pedindo Atená em casamento.

Zeus concordou mas, uma vez que Hefesto era muito feio, coxo e desajeitado, permitiu que a filha se defendesse e, se ele insistisse, repelisse os seus ataques. Trata-se de um detalhe muito interessante, pois representa uma espécie de reconhecimento de livre escolha para uma mulher no que diz respeito ao casamento. Hefesto pulou então em cima da nova deusa, mas o que devia ser um amplexo amoroso tornou-se na verdade um feroz corpo-a-corpo. O coxo estava tão excitado que, só de tocar na jovem, ejaculou e o seu sêmen se espalhou no chão. Mas uma vez que o sêmen de um deus, como nos conta Homero, nunca fica desperdiçado, a terra incubou uma criatura e gerou-a no devido tempo.

Atená tomou conta do menino, escondeu-o numa caixa que entregou às filhas de Cécropes, o primeiro rei de Atenas, avisando que de forma alguma deveriam abri-la; as jovens, no entanto, não conseguiram resistir e, logo que a deusa se afastou, abriram a caixa e se viram diante de uma figura fantástica: um menino com cauda de serpente. Segundo outra versão do mito, por sua vez, na caixa havia uma enorme cobra que tomava conta do menino e que logo atacou as imprudentes mocinhas. Seja como for, as jovens ficaram tão pasmas e assustadas que se jogaram do topo da acrópole e morreram.

O menino foi chamado Erictônio e, mais tarde, tornou-se rei de Atenas. O nome Erictônio guarda em si os conceitos de "desavença" e "terra", e pode ser que daí tenha nascido a lenda do deus Hefesto que espalha o seu sêmen no chão durante a luta com Atená. A própria serpente, por sua vez, também é um animal subterrâneo, pois acreditava-se que passasse o inverno escondida na terra. No templo do Erectéion, que surgia na acrópole e guardava as relíquias das mais remotas origens da cidade, havia uma cobra que era objeto de culto e de oferendas votivas.

Os povos antigos, particularmente os gregos, não tinham uma teologia rígida e dogmas de fé: as histórias a respeito da sua religião estavam em constante evolução e transformação, adaptando-se às mudanças da sociedade e às exigências políticas e econômicas.

De qualquer maneira, a história de Erictônio é uma das fábulas mais típicas, cujo significado mais profundo – presente até na *Bíblia*, na *Epopéia de Gilgamesh*, assim como em mil outros contos de todos os tempos e culturas – é que o homem não pode tentar desvendar os mistérios dos deuses, pois do contrário será duramente punido com castigos terríveis como a cegueira ou medonhas metamorfoses.

Mesmo nessas aterradoras proibições, no entanto, podia haver algumas exceções, como no caso dos iniciados nos cultos secretos, justamente chamados de "mistérios"; e não é por acaso que em muitas cenas desses antigos mistérios que chegaram até nós encontramos amiúde cestas encobertas ou caixas fechadas que os iniciados desvendam no tempo certo.

Atená, portanto, com a presença de um menino que, embora não gerado por ela, era seu pelo menos sob o aspecto moral, ficava intimamente ligada à cidade; e este liame tornou-se ainda mais profundo durante o reinado de Erictônio (segundo outros, de Erecteu, pois estes dois reis costumam ser confundidos), quando a deusa enfrentou Poseidon, irmão de Zeus e senhor do mar, para conseguir o padronato da Ática. Venceria quem presenteasse os habitantes com a dádiva mais preciosa. Poseidon rasgou então o chão com o seu tridente e dele fez surgir o cavalo, animal maravilhoso, invencível na corrida, poderoso na batalha. Atená, no entanto, saiu-se ainda melhor: bateu no chão com a sua lança e dele fez brotar uma plantinha de folhas prateadas que logo ficou carregada de pequenas e aparentemente insignificantes bagas escuras.

Era a oliveira: a mais nobre entre todas as plantas que crescem às margens do Mediterrâneo. Frugal e paciente, capaz de resistir à seca e de germinar depois de ser mil vezes destruída pelo fogo, e sobretudo generosa. A sua madeira é tão forte e dura quanto o ferro, tanto assim que no começo era usada para esculpir as imagens dos deuses (os misteriosos *xoana*), e dos seus frutos se obtinha um dos produtos certamente mais preciosos da terra: o azeite, que os antigos usavam como alimento muito nutritivo, como fortificante dos músculos dos atletas e dos guerreiros, como combustível para iluminar as casas dos homens e os templos dos deuses.

Por decisão unânime dos habitantes, Atená foi a vencedora e desde então o seu santuário ergueu-se em cima do penhasco mais alto da cidade, aquele que os antigos Micênicos chamavam de *ásty* e os gregos das épocas posteriores de *akropolis*. Ela mesma cuidou de torná-lo inexpugnável, amontoando uma em cima das outras rochas enormes (uma caiu no caminho, aliás, e formou a colina do Licabeto). Ninguém poderia mais tirá-la de lá. Graças àquele presente, quando o homem ateniense temperava com azeite a sua comida, ou ungia o corpo antes de enfrentar uma dura prova, tinha a impressão de entrar de alguma forma em contato com a deusa, de compartilhar a sua força e sabedoria.

O que será que se esconde atrás de lendas tão elaboradas e complexas? A chave do enigma encontra-se provavelmente no período um tanto obscuro que vai do fim da Idade Micênica até o começo do período clássico. Continuamos sem saber ao certo o que provocou, por volta do século XII a.C., a queda das poderosas fortalezas de Micenas, Tirinta, Argos, Tiro, Pilos, Gla, Orcômeno. Os gregos guardavam a vaga lembrança de uma mítica invasão que chamavam de "volta dos Heráclidas" e até uns poucos anos atrás atribuía-se a derrocada à invasão dos dórios, povo de língua grega que mais tarde acabaria dominando o Peloponeso, mas atualmente já não temos certeza disso. Muitos acham que não houve invasão alguma, pois não se encontra qualquer prova dela, embora palácios e cidadelas tenham sido queimados e uma civilização inteira tenha desaparecido.

Apesar disso, nem em toda parte os acontecimentos parecem ter seguido o mesmo caminho: Atenas, em particular, não demonstra ter enfrentado qualquer abalo traumático capaz de alterar a normal continuidade com o passado. Podemos dizer o mesmo a respeito de determinadas localidades da ilha de Eubéia e de locais mais afastados, como Chipre. Mesmo assim houve de fato mudanças radicais e as acrópoles, as cidadelas fortificadas, tornaram-se o símbolo dessa transformação: enquanto na idade Micênica elas eram a sede do palácio real, em épocas posteriores tornaram-se o local da morada dos deuses, dos templos e dos santuários. Cécrops, Erictônio, Erecteu, e mais tarde Egeu e Teseu, protagonista da saga cretense do Minotauro, foram provavelmente os reis micênicos que reinaram num palácio da Idade do Bronze cujos resquícios foram encontrados na acrópole de Atenas. É possível que a deusa mais tarde conhecida pelo nome de Atená fosse a protetora deles e provavelmente a sua imagem era adorada em algum santuário dentro do palácio. Após o desaparecimento dos reis e do paço micênico, a divindade protetora ficou, identificando-se primeiro com a fortaleza e depois com a cidade.

Lembramos agora há pouco Egeu e Teseu, que são (principalmente Teseu) os mais famosos entre os reis atenienses do período arcaico. Teseu, com efeito, foi o herói nacional do povo de Atenas e da Ática, e o protagonista de um rico ciclo épico cuja fama e prestígio só foram superados pela epopéia dos doze trabalhos de Hércules. A versão mais conhecida da lenda conta que seu pai Egeu, voltando de Delfos, decidiu passar por Trezena, uma cidadezinha do golfo Sarônico não muito longe de Atenas, para consultar Piteu, que reinava na cidade; este embebedou-o e em seguida colocou em sua cama a filha Etra. No dia seguinte Egeu seguiu viagem, mas deixou com Etra a sua espada e as sandálias, escondendo-as sob uma grande pedra. Se daquela união nascesse um filho, algum dia ele poderia reconhecê-lo pela espada e pelas sandálias.

O filho nasceu, foi chamado Teseu e, desde pequeno, demonstrou o seu valor. Com efeito, quando Hércules foi visitar Piteu e despiu a pele de leão deixando-a em cima de um banquinho, o menino pegou um machado e atirou-se para cortar a cabeça da fera. lnstruído pela mãe, tinha apenas dezesseis anos quando encontrou a grande pedra, levantou-a e partiu para Atenas com as sandálias e a espada do pai. Durante a viagem enfrentou toda espécie de perigos, tendo de matar animais selvagens como a Porca de Crômion, assassinos e ladrões sanguinários como Procrusto e Pitocamptes e, finalmente, capturar vivo o formidável touro de Creta, que estava arrasando a região de Maratona, para depois sacrificá-lo ao deus Apolo. No fim, quando chegou a Atenas, foi recebido pelo povo com as maiores honrarias; a rainha Medéia, no entanto, enciumada ao ser informada da sua verdadeira identidade, convenceu Egeu a convidá-lo ao palácio para em seguida envenená-lo. Mas justamente quando estava levando aos lábios a taça com o veneno, Egeu reconheceu a espada e as sandálias, e com um golpe derrubou a taça, gritando: "Não beba, meu filho!".

Medéia matou-se e Teseu ficou ao lado do pai, mas uma prova muito mais difícil esperava por ele: a que o levou para Creta num barco de velas pretas em sinal de luto, junto com dez rapazes e dez moças destinados a satisfazer a fome do Minotauro, o monstro antropófago de cabeça taurina e de corpo humano, como tributo anual que Atenas devia pagar por ter Egeu matado o filho de Minos, rei de Creta.

Aquela pavorosa criatura era a forma encontrada por Poseidon para vingar-se de Minos, que o ofendera. O deus havia levado à loucura a rainha Pasífae fazendo com que se apaixonasse por um touro. A paixão da mulher chegara ao ponto de mandar construir pelo grande arquiteto ateniense Dédalo um monumento em forma de vaca, igualzinho a um animal em carne e ossos, para nele esconder-se e ser possuída pelo touro. Dessa união perversa nascera o Minotauro e, uma vez que com a sua arte Dédalo se tornara de algum modo cúmplice desse amor monstruoso, também teve de encontrar um remédio para as conseqüências. Construiu então o Labirinto onde o Minotauro iria ficar escondido. Teseu chegou a Creta, fez com que a princesa Ariadne se apaixonasse por ele e lhe desse o famoso fio com que pudesse encontrar o caminho de volta e matou o Minotauro.

Todos esses elementos são típicos da narrativa popular: a princesa que se apaixona por um jovem guerreiro inimigo do pai, o ogro antropófago, o recurso para encontrar o caminho de volta numa situação impossível – podemos encontrá-los em qualquer fábula da nossa infância. Mesmo assim, contudo, o episódio leva-nos de volta a uma época em que Creta dominava os mares enquanto a Atenas Micênica encontrava-se quase certamente numa situação de vassalagem, forçada a oferecer reféns ao rei de uma ilha onde os ritos religiosos centrados no touro como animal totêmico, talvez por ser um símbolo de fertilidade, por um lado deixaram impressionantes testemunhos arqueológicos, e por outro suscitaram histórias aterradoras dignas das mais desvairadas fantasias.

É quase impossível para alguém nascido na moderna civilização ocidental, profundamente marcada pelas religiões hebraica e cristã, entender uma religião que atribuía à divindade os atos mais vergonhosos, como levar à loucura uma mulher para que se acasalasse com um touro. Não podemos esquecer, entretanto, que as antigas religiões eram principalmente dominadas pela obsessão reprodutiva e que qualquer manifestação de perda de controle, tanto na sexualidade orgíaca quanto na embriaguez do vinho, era atribuída aos deuses; em algumas cerimônias religiosas havia cortejos que carregavam grandes imagens fálicas, assim como agora nós carregamos as imagens da Virgem ou dos santos. Além disso, em Atenas, como em qualquer outra cidade da Grécia, podiam-se ver em cada esquina as *hermas*, imagens em meio-busto de Dioniso sobre um plinto do qual sobressaía um pênis ereto, sem que ninguém se escandalizasse com isso.

Mas voltemos ao mito do Minotauro, bastante interessante uma vez que tem dois atenienses entre os seus personagens principais: o herói Teseu, filho de Egeu, e Dédalo, o sublime arquiteto. A este último eram atribuídas várias invenções, entre elas a de verdadeiros robôs: estátuas que podiam andar e se mexer. Desenhou e construiu o Labirinto, no qual foi em seguida aprisionado junto com o filho Ícaro, para que não pudesse revelar o segredo a ninguém. Mas Dédalo, com penas de aves e cera, conseguiu montar dois pares de asas com as quais ele e o filho levantaram vôo. Todos sabem o que aconteceu em seguida: Ícaro não quis escutar o pai, subiu alto demais e, após derreter a cera que mantinha as penas unidas, acabou mergulhando no mar.

Poucos conhecem, contudo, a continuação dessa histeria cujas últimas conseqüências tiveram como cenário a Itália. Segundo uma versão, Dédalo aterrizou na acrópole de Cumas, perto do cabo Miseno, e ali dedicou as suas asas ao templo de Apolo. Tentou repetidamente reproduzir no friso de ouro do santuário a tragédia do filho, mas em todas as vezes a sua mão ficou inerte. Segundo outra versão Dédalo pousou na Sicília, perto de uma cidade chamada Camicos, habitada pelo povo sícano sobre o qual reinava o bom rei Cócalo. Este recebeu-o oferecendo-lhe hospitalidade e Dédalo, agradecido, retribuiu edificando uma fortaleza inexpugnável. Minos não se conformou com a afronta e, ao saber onde o artista se abrigava, organizou uma expedição, desembarcou na Sicília e sitiou Camicos. Cócalo, entretanto, agiu com astúcia: aparentando estar interessado num acordo, convidou o rei ao palácio e entregou-o aos competentes cuidados das suas filhas que o despiram, o mergulharam num banho perfumado e aí o mataram com a maior tranqüilidade.

Os cretenses, furibundos com o assassinato do seu rei, organizaram outra expedição e sitiaram mais uma vez Camicos, mas a invencível fortaleza projetada por Dédalo resistiu a qualquer ataque. Tomados pelo mais completo desânimo, eles desistiram então da vingança, encontraram um local favorável na costa e fundaram uma cidade que chamaram de Heracléia Minoa.

Essa história tão colorida apresenta-se como um típico exemplo de reciclagem posterior de um mito muito antigo com evidentes fins de propaganda, uma praxe bastante comum, por exemplo, na Atenas do século VI e, principalmente, do século V a.C. Era mais ou menos assim que funcionava: quando a cidade queria estabelecer relações políticas e econômicas com alguma comunidade não-helênica, espalhava a versão de um dos seus mais importantes ciclos épicos envolvendo de alguma forma a tal comunidade nas façanhas heróicas. Isso gratificava o povo do lugar, que passava assim a sentir-se parte do acervo intelectual de uma cultura muito mais prestigiosa, favorecia os contatos entre gregos e indígenas e lançava as bases para a eventual formação de santuários extra-urbanos (como o de Segesta, por exemplo, ou o de Hera na foz do rio Sele) que se tornavam pontos de encontro e de troca entre os mercadores atenienses e os povos locais.

Nesse caso, porém, as coisas são um tanto diferentes: na década de 1930 o grande arqueólogo Paolo Orsi começou a explorar as encostas de uma montanha a nordeste de Agrigento no vale do Platani (o antigo rio Halykos), um maciço isolado de gipsita encimado por uma aldeia de duas mil almas: Santo Angelo Muxaro. Já fazia muito tempo que o mercado das redondezas se via inflacionado por antigüidades de origem clandestina – cuja origem parecia ser justamente Santo Angelo – e era necessário pôr um termo à hemorragia de preciosos vestígios que acabavam perdidos. Orsi deu início a uma escavação sistemática nas encostas da montanha e fez uma descoberta clamorosa: uma necrópole com túmulos principescos cavados na rocha com a típica forma de *tholos*, isto é, de abóbada ogival, iguais aos bem conhecidos túmulos reais de Micenas.

Os adornos, bastante opulentos, também lembravam de algum modo a civilização micênica. Numa das tumbas foram encontradas quatro taças de ouro maciço trabalhadas em alto-relevo com figuras de animais, enquanto dois anéis com o peso de quase cinqüenta gramas cada vieram à tona durante a aragem de um campo próximo. Algumas dessas tumbas eram dos séculos XIII e XII a.C., isto é, contemporâneas da civilização micênica; havia outras mais recentes, mas os temas iconográficos das taças e das jóias lembravam sem a menor dúvida o estilo do mundo micênico mesmo quando remontavam somente ao século VIII ou VII. Tratava-se certamente de algum tipo de imobilismo cultural típico das áreas periféricas de uma determinada cultura, mas apontavam mesmo assim para uma origem longínqua e muito profunda que ligava aquele sítio ao mundo egeu. Nessa altura, portanto, os métodos interpretativos mais adiantados em relação aos mitos viam-se diante de uma prova impressionante, poderíamos até dizer de uma confirmação direta mas muito mais remota, que nos forçava a fazer recuar para uma época anterior todo o mecanismo interpretativo.

Como nasceu então esta história? O que havia por trás de um conto tão complexo e ramificado? Responder de forma clara e convincente não só é difícil como também temerário, mas talvez possamos mesmo assim reconhecer algum tipo de itinerário ideológico.

É muito provável que o mito do Minotauro tenha chegado a nós a partir do conjunto de cultos e ritos que, na ilha de Creta e na religião minóica, eram centrados no touro. Basta lembrar os maravilhosos afrescos de Cnossos nos quais aparecem rapazes e moças seminus pulando por cima de poderosos touros de pêlo malhado e grandes chifres que avançam contra eles com fúria: um tipo de "tourada" e de contato físico entre homem (ou mulher!) e touro que pode ter gerado lendas como a do Minotauro. Da mesma forma a palavra "labirinto", de origem anterior ao indo-europeu, normalmente interpretada como "palácio da *labrys*", isto é, do machado de dois gumes, por um lado seria uma lembrança das grandes construções residenciais minóicas, e por outro traria consigo a idéia de uma estrutura misteriosa e incrivelmente complexa, tanto assim que aquele que nela entrasse nunca mais conseguiria encontrar o caminho de volta. Um *tópos* fantástico e incrivelmente bem-sucedido que atravessa trinta e cinco séculos até chegar à arrepiante parábola de Stephen King traduzida em imagens por Stanley Kubrik em *O iluminado*.

"Dédalo" significa "artífice" e provavelmente identifica a extraordinária capacidade criativa dos artesãos e técnicos atenienses: fica difícil pensar em alguém que realmente existiu e que acabou sendo transformado numa lenda, justamente porque o nome indica a função, e isso é típico da elaboração mítica integral. Seria como se o autor da *Ilíada* se chamasse "O Vate", como se o artista do vaso do *Dipylon* se chamasse "O Oleiro".

Quanto a Teseu, verdadeiro herói nacional dos atenienses, as coisas não são tão simples: neste caso, não se trata somente de um mito mas sim de épica, uma forma expressiva diferente e mais complexa, que amiúde se identifica com a maneira como os povos escrevem a própria história nas fases mais arcaicas da sua cultura. A finalidade não é afirmar a verdade de alguma coisa que jamais aconteceu, mas sim propor modelos de comportamento para as classes dominantes e construir uma imagem de prestígio com a qual se apresentar ao mundo.

O desenvolvimento posterior do mito cretense que mostra Dédalo na Sicília ou em Cumas pertence sem dúvida alguma a épocas mais recentes e é provavelmente contemporâneo dos primeiros estágios da colonização grega na área mediterrânea. No período entre os séculos VIII e VII a.C., com efeito, muitos jovens de várias partes da Grécia partiram das suas cidades em busca de melhor sorte no Ocidente: na Sicília, na Itália, na África, na Córsega, na Gália e na Espanha, onde fundaram cidades destinadas a durar milênios. Deixando para trás tudo o que mais amavam, a pátria, a família, os afetos, esses emigrantes ainda assim levaram consigo, além das lembranças, também seus mitos e tradições, adaptando-os às novas terras para assim torná-las mais familiares, menos bárbaras e estranhas. Talvez tenha sido por isso mesmo que justamente nessa época os poemas homéricos foram por fim reunidos numa linguagem escrita, pois até então só haviam sido transmitidos oralmente em inúmeras e diferentes versões conforme o talento e a inspiração dos poetas e cantores.

Seja como for, se como muitos acreditam Camicos for realmente Sant'Ângelo, então quer dizer que nesse lugar aconteceu de algum modo uma espécie de enxerto entre mitos mais arcaicos e outros mais recentes, e o fato mais curioso é que aqui o cunho já não é ateniense mas sim dórico. Não longe dali fica Agrigento, subcolônia de Gela, por sua vez colônia ródio-cretense. Está portanto explicada a presença por lá de um mito cretense como o de Minos.

Algumas coisas permanecem entretanto sem resposta: por que os colonizadores iriam difundir entre os nativos uma história em que se davam mal e saíam perdendo? E por que justamente naquele lugar? Talvez num primeiro momento o epílogo da história fosse outro, e tenha sido justamente a presença ateniense na Sicília no fim do século V o que determinou essa mudança. Como veremos mais adiante, nessa época a metrópole Ática estava empenhada no seu máximo esforço bélico contra a dórica Siracusa e buscava a aliança com povos indígenas da Sicília como os sícanos e os élimos. Nada de mais, portanto, que o novo desfecho gratificasse os nativos que moravam na cidadela de Kamikos. Até os pacatos podiam ajudar a vencer uma guerra ou uma paz.

E os túmulos em forma de *tholos*? E as taças e os anéis áureos de cunho micênico? Aqui é mais difícil dar uma explicação, mas podemos pelo menos tentar uma possível interpretação: quando os colonizadores dóricos se fixaram naquela área, e particularmente na região de Agrigento, não devem ter demorado a entrar em contato com a fortaleza sícana que dominava o interior e o acesso ao vale do Platani-Halykos, e a estabelecer relações de boa vizinhança com os nativos. Daí, portanto, o enxerto de um mito em que a fortaleza sícana seria de autoria daquele mesmo arquiteto que projetara o mais grandioso e ousado edifício de todos os tempos: o labirinto de Creta. Somente mais tarde, durante a penetração ateniense na Sicília, o mito assumiria a sua versão final que, ao gratificar os povos locais, decretava a derrota final e a morte dos invasores cretenses.

O grande ciclo épico ateniense, portanto, continua sendo certamente o de Teseu, vencedor do Minotauro e de muitos outros monstros que se identificam com as forças mais violentas da natureza. Assim como acontece com a maioria dos heróis, atribuíam-se a Teseu inúmeros amores, entre os quais um com uma amazona chamada Antíope. Conquistou-a durante uma façanha levada a cabo no Ponto Euxino ou, segundo outra versão, levantando âncora depois de tê-la convidado a bordo. As amazonas prepararam então uma expedição, atravessaram o Bósforo Cimério gelado e atacaram Atenas do norte. Travaram um furioso combate, mas, após alguns sucessos iniciais, foram finalmente rechaçadas. Já em época histórica mostravam-se fora das muralhas os túmulos dos que haviam tombado no épico embate. De Antíope (ou, segundo outra versão, de outra amazona chamada Hipólita) Teseu teve um filho ao qual deu o nome de Hipólito. Depois, quando Antíope morreu, o herói casou com a irmã de Ariadne, uma jovem chamada Fedra que era muito mais moça do que ele.

Fedra, no entanto, não demorou a apaixonar-se por Hipólito, que quase tinha a sua mesma idade, depois de espiá-lo algumas vezes enquanto treinava no ginásio, nu. Mas o rapaz, insensível aos chamados do sexo, preferia dedicar-se às artes marciais, às caçadas e às corridas dos carros, e além do mais tinha horror só de pensar em trair o pai com a madrasta. Repudiada, Fedra foi tomada pelo remorso e pela vergonha, e receando que Hipólito fosse revelar as suas tentativas amorosas, enforcou-se em seus aposentos sem no entanto deixar de escrever uma mensagem em que dizia não agüentar o ultraje de ter sido estuprada por Hipólito. Louco de raiva, Teseu investiu contra o filho, expulsou-o de casa sem querer ouvir explicações e, com a ajuda de Poseidon, lançou uma maldição contra ele. O deus do mar, que segundo outras versões do mito era o verdadeiro pai de Teseu, concedera-lhe três desejos e aquele era o último. Teseu não avaliou as conseqüências da sua fúria: naquele momento ele só queria vingar a sua honra ferida de soberano, marido e pai, só pensava em punir a mais vergonhosa das traições.

Hipólito subiu em seu carro puxado por fogosos corcéis, desesperado e em pranto, e saiu correndo ao longo da costa. De repente, surgindo das profundezas do mar, um monstro aterrador apareceu entre as ondas. Apavorados, os cavalos ficaram agitados e saíram em disparada, descontrolados. O carro derrapou, uma das rodas bateu contra uma pedra, estilhaçou-se e o veículo capotou. Preso nas rédeas, Hipólito foi arrastado por um bom tempo sobre as pedras pontudas pelos cavalos enlouquecidos; quando finalmente eles pararam, exaustos, o corpo do jovem estava irreconhecível e o seu sangue deixara um longo rastro. Teseu acabou sabendo da verdade, mas já era tarde demais: Nêmesis iria puni-lo deixando-o sem herdeiros.

As últimas aventuras da sua vida são façanhas absurdas ou insanas: já cinqüentão apaixonou-se por Helena, ainda quase uma menina, e decidiu raptá-la. Combinou com o amigo Pirítoo, príncipe dos lápitos, a linhagem guerreira dos tessálios (vizinhos dos centauros). Tentariam raptar Helena juntos para depois decidir por sorteio quem ficaria com ela. O vencedor, no entanto, teria de ajudar o amigo a encontrar uma esposa de comparável beleza. E essas intenções foram logo postas em prática: os dois guerreiros raptaram Helena, ela ficou com Teseu, que a escondeu em Afidna, uma pequena aldeia da Ática. Logo a seguir, porém, Pirítoo exigiu do amigo o cumprimento do acordo e revelou o nome da mulher que tencionava raptar, um nome que fazia gelar o sangue nas veias: Perséfone, mulher de Hades e rainha do tenebroso reino dos mortos.

Os dois alcançaram a foz do Aqueronte, as águas turvas dos pântanos estígios, e aí desceram aos Infernos. Mas haviam sido demasiado audaciosos: Pirítoo foi morto pelo cão Cérbero, Teseu foi preso e acorrentado a um penhasco. Menesteu, um dignitário ateniense, aproveitou a sua ausência para fazer com que o povo o aclamasse rei e devolveu Helena aos irmãos Castor e Pólux, que haviam chegado com um exército para libertá-la. Atenas correra o risco de ser destruída antes mesmo de Tróia! Mas foi suficiente ver Helena num rápido relance para que Menesteu ficasse perdidamente apaixonado por ela: e quando chegou a hora de a jovem casar com um príncipe aqueu, ele também se apresentou como pretendente.

Quem libertou Teseu foi Hércules, mas nesta altura já se passara muito tempo e o herói ateniense retirou-se para um melancólico exílio na ilha de Ciros, governada pelo rei Licomedes. Contam que certo dia, ao passear por um promontório a pique no mar, deu um passo em falso e acabou espatifando-se nas pedras. Outra versão conta que na verdade ele pediu a Licomedes para ajudá-lo a voltar para Atenas e que o rei, sem a menor vontade de indispor-se com Menesteu, deu-lhe um empurrão.

Nessa altura ninguém mais se lembrava dele em Atenas, pois as pessoas têm a memória curta, mas muitos séculos mais tarde, quando os atenienses enfrentaram o exército dos persas invasores em Maratona, dizem que o seu fantasma apareceu de noite aos guerreiros para incitá-los à luta. Como veremos no decorrer destas páginas, contudo, dezessete anos depois o oráculo de Delfos exigiu que os seus ossos fossem trazidos de volta a Atenas. Címon, o comandante da frota e herói da guerra contra os persas, desembarcou então em Ciros, mas o povo local, os primitivos e arrogantes dolópios, recusou-se a dar qualquer tipo de ajuda. Então Címon assumiu o controle da ilha pela força, subjugou os dolópios e começou a procurar, até que um dia viu uma águia raspando o chão com as garras numa colina. Por achar que podia ser um sinal dos deuses, mandou cavar naquele local: e foi assim que apareceu a sepultura de um guerreiro de porte descomunal, armado de lança e espada de bronze. A ossada do guerreiro, logo identificada como sendo de Teseu, foi exumada, transferida a bordo da capitânia e finalmente levada com grande pompa a Atenas, onde foi tumulada num santuário dedicado ao herói que recebeu o nome de Teseion.

O papel dos atenienses na epopéia troiana é quase irrelevante e isso causa espécie, ainda mais se levarmos em conta que a primeira "edição crítica" dos poemas homéricos foi justamente elaborada em Atenas no fim do século VI a.C., durante o governo do tirano Pisístrato, um homem extraordinário, de grande sabedoria política, civil e militar. Teria sido muito fácil, nessa ocasião, introduzir na *Ilíada* um trecho atribuindo a Atenas um papel mais importante. Longe disso, no poema as forças atenienses são bastante modestas, sob o comando de

Menesteu, filho de Péteo, cuja única razão de prestígio é a de ter conseguido cativar o povo enquanto Teseu estava longe, empenhado na malfadada tentativa de raptar Perséfone. Em alguns relatos ele é apresentado como rei, mas Homero, na verdade, jamais o apresenta como tal.

Há dois detalhes bastante curiosos nisso tudo: o primeiro é que os atenienses estão alinhados ao lado dos guerreiros de Salamina, guiados por Ájax Telamônio. Essa formação até que poderia ser bastante lógica, uma vez que a ilha de Salamina fica muito perto de Atenas, mas é bem possível que se trate de um suplemento sucessivo, obviamente posterior à grande batalha de 480 a.C. na qual os atenienses derrotaram os persas justamente nas águas de Salamina depois que todos os habitantes da cidade se haviam abrigado na ilha. No mesmo trecho (*Ilíada*, vv. 546-549) também é evocado o mito relativo às origens da dinastia ateniense e do papel de Atená como protetora da cidade:

> Aqueles que haviam erguido Atenas, cidade bem construída,
> descendiam de Erecteu que Atená um dia criara, gerado
> pela terra fecunda, e a filha de Zeus guardou-o
> ao seu lado dentro do seu rico templo.

Menesteu morreu na guerra de Tróia, mas os seus filhos voltaram e reinaram em Atenas.

11 de janeiro de 1999

Neste Natal enviei a fita com o meu primeiro capítulo a Kostas Stavropoulos junto com um cartão de boas-festas e uma caixa de biscoitos champanhe. Ele adora e é uma das poucas coisas que pode comer sem maiores problemas.

Voltei a vê-lo ontem, aproveitando uma parada de seis horas em Glifada enquanto esperava a minha conexão para o Cairo. As suas condições permanecem estáveis, só que com um pouco de febre devido a uma gripe. Gostou do capítulo e estava muito interessado no assunto.

– Quais foram os trechos de que mais gostou? – perguntei.

– O do pedregulho que Atená deixou cair e que se tornou o Licabeto.

– É um fato bastante corriqueiro – expliquei. – Na ltália, na região pré-alpina, há muitas pedras erráticas, arrastadas pelas geleiras, que depois do fim da última glaciação ficaram espalhadas pela planície. Lembro-me de uma delas, cravada na encosta de uma montanha perto de Vicenza, que parece estar a ponto de cair a qualquer momento sobre uma aldeia. Dizem que foi detida pela Virgem, e até mostram a marca da sua mão. Neste caso a divindade detém a pedra em lugar de deixá-la cair: mas continua sendo o mesmo mecanismo, embora ao contrário. E na Sicília, no mar de Aci Trezza, há uns poderosos penhascos que seriam as pedras lançadas por Polifemo contra o barco de Ulisses.

– Eu sei, mas não é esse o aspecto que me interessa – rebateu Kostas. – Eu procurei imaginar a cena: a jovem divina que deixa cair um pedregulho daquele tamanho, e nós que para subir até lá em cima temos de usar o teleférico. Deviam achar que os deuses eram bem grandes. E pesados. Lembra o livro V da Ilíada*? Quando Atená sobe no carro ao lado de*

Diomedes, toda a estrutura range devido ao grande peso, "Rangeu o carro sob a ponderosa massa". Ares fica então ferido pela lança de Diomedes e, ao cair, cobre com o corpo sete jugadas, isto é, um hectare e meio. A meu ver este era o seu tamanho natural, e só ficavam parecidos conosco quando queriam passar despercebidos, mas o peso continuava o mesmo. É por isso que o carro de Diomedes rangia.

– Imagem bastante poética, Kostas.

– Pois é, a poesia. O duelo com Poseidon, o presente da oliveira... tudo isso é muito poético.

– Sem dúvida, mas pode ser que o duelo tenha realmente acontecido. Atená devia ser uma deusa antiga, provavelmente micênica, e Poseidon é um deus homem, trazido pelos indo-europeus: teve de lutar para enxotá-la da acrópole.

– E perdeu.

– Isso mesmo. Os deuses homens sempre perdem, apesar de tudo. Os santuários mais venerados nos tempos antigos eram todos de divindades femininas, e mesmo hoje os mais visitados são aqueles dedicados à Virgem: Lourdes, Fátima, Mediugorje. E o que mais?

– A história das amazonas que atravessam o Bósforo Cimério gelado, como Aleksandr Nevskji contra os cavaleiros teutônicos... fantástico. Quase parece que estou vendo: é só fechar os olhos e lá estão elas. Já pensou na cena?

– Alguém deve ter visto. Quem espalhou o mito viu cavaleiros em suas armaduras avançando no mar de Azov completamente gelado.

– E as amazonas? Você acredita nas amazonas?

– Algumas sepulturas de mulheres guerreiras foram descobertas na Ásia Central... Contam que Alexandre da Macedônia encontrou algumas a leste do mar Cáspio.

Kostas ficou uns momentos em silêncio, como se estivesse prestando atenção na sirene de uma ambulância:

– Sabe de uma coisa? – perguntou de repente.

– O quê?

– A meu ver as amazonas representam uma espécie de medo ancestral que os gregos tinham das mulheres. A própria Atená surge armada da cabeça rachada de Zeus... Isso não lhe diz nada?

– Talvez. Faz-me lembrar de uma pintura que vi numa taça no Museu de Munique: Aquiles trespassa Pentesiléia, rainha das amazonas, enquanto ela tenta seduzi-lo.

– Tinham medo. – Acende um cigarro tragando profundamente. – Pois é, é a única explicação.

– E qual poderia ser o motivo, a seu ver?

– Porque se lembravam do matriarcado, quando os homens lutavam até a morte para que o vencedor pudesse acasalar com a deusa-rainha-mãe antes de ser por sua vez sacrificado. Deviam lembrar-se disto em nível inconsciente, ancestral. E deviam considerar o amor pelas mulheres como uma espécie de doença perigosa.

Não fiz comentários pois estava acostumado com as suas opiniões sempre drásticas e nem sempre apoiadas em sólidos argumentos, mas estava muito satisfeito com o interesse que ele demonstrava pela conversa, não importa qual fosse o assunto. Eu também peguei um cigarro do maço dele e acendi-o na sua guimba.

– Mais o quê? – voltei a perguntar.

– A descida de Teseu e Pirítoo aos Infernos para raptar Perséfone.

– A catábase. É assim que se chama em grego, não é?

– Isso mesmo. E foi copiada por todos, principalmente por vocês italianos: Virgílio, Dante Alighieri. Mas foi inventada por nós. Como tudo o mais, aliás.

– E como explica o motivo da descida aos Infernos?

– Nós gregos procuramos exorcizar todos os terrores ancestrais, tentamos vacinar os homens contra os medos que os afligem desde que ficaram conscientes da própria existência, de terem nascido... e da morte inevitável. E aí os nossos antepassados enviaram em exploração para o outro mundo os seus heróis: Teseu, Pirítoo, Heracles e Ulisses, que evoca as sombras dos mortos como um xamã. E procuraram descrever a inferno. Temos menos medo de uma coisa depois que a conhecemos, não acha? Primeiro os heróis e aí, muito depois, os filósofos. Mas não foi a mesma coisa... Aliás, ficou bem pior... Os filósofos prepararam os gregos para aceitarem o cristianismo.

– E não acha que foi bom?

Levantou a cabeça num gesto de negação tipicamente grego:

– Desespero existencial. Já não sobrava mais coisa alguma a ser investigada; até o inconsciente eles já tinham explorado: as amazonas, justamente. Édipo que mata o pai e se casa com a mãe, Medéia que mata os seus próprios filhos para castigar o marido infiel. Sobrava apenas o desespero existencial: a mosca presa dentro do vaso, que fica batendo contra as paredes até morrer. A fé não é, afinal, o apagar das luzes? A completa desistência da razão?

– Não sei. A existência de Deus bem que pode ser o resultado da especulação racional, não acha? Tomás de Aquino, por exemplo, consegue harmonizar a fé com a razão.

– Mera manipulação do pensamento aristotélico.

– Este parece mais uma espécie de nacionalismo intelectual. Não é a maneira correta de enfrentar um debate.

– Já sei o que você está pensando. Que nós gregos de hoje, nós atenienses, nada mais temos a ver com os gregos de então. Somos um pequeno país, além do mais ainda não completamente desenvolvido, mas você está errado. Saímos na frente, antes de todos os demais, e fomos os primeiros a chegar. Por isso mesmo ficamos sentados à espera... estamos esperando há séculos, à beira da escuridão. Sem fazer outra coisa a não ser esperar. Quanto à tecnologia, ela não é nada, só serve para construir brinquedos, em sua maioria perigosos.

– Mas os antigos também sonharam com a tecnologia. Pense em Dédalo: o vôo humano, a engenharia avançada, a robótica.

– Pois é, e souberam prever exatamente o que iria acontecer. Ícaro que chega perto demais do sol e cai. Faetonte que tenta guiar o carro do sol e cai. As suas irmãs que choram desconsoladamente por ele e são transformadas em choupos, com as lágrimas que se tornam âmbar.

Ouve-se novamente a sirene da ambulância, mas muito abafada, ao longe, como um lamento distante.

Ele está com a cabeça apoiada no travesseiro, de olhos fechados. Espero que adormeça e saio sem fazer barulho.

II
O LEGISLADOR

Conhecemos o nome de nove reis entre os que reinaram em Atenas e, como no caso de Roma, eles são a lembrança do período mais arcaico, que corresponde à época micênica e terminou no século XII. Pouco sabemos daquilo que aconteceu em seguida e, com efeito, temos de confiar principalmente nos parcos restos arqueológicos; e uma vez que Atenas, assim como Roma, continuou a viver pelos séculos afora, temos então uma multidão de feios edifícios modernos encobrindo as memórias do seu passado. Sabemos ao certo, entretanto, que a monarquia já entrou em decadência a partir do fim da Idade Micênica. Dá para ver isso nos poemas homéricos: Ulisses vagueia sem destino durante anos antes de voltar, e quando chega ao seu palácio encontra-o invadido por um grupo de nobres que esbanjam as suas posses e cortejam a sua mulher. O próprio Ulisses, ao chegar à ilha dos feaces, encontra o rei Alcínoo cercado por um conselho de anciãos que quase certamente tinha poderes de controle.

Idomeneu de Creta é forçado a deixar a sua ilha; Diomedes de Argos descobre que uma conspiração contra ele está em andamento, organizada pela sua própria mulher Egialéia; Agamêmnon é morto em seu palácio pela mulher e pelo amante desta; Menelau erra, ele também, durante anos antes de voltar à pátria. São sinais de crise e decadência que talvez se seguiram a uma fase de excessiva expansão. De qualquer forma podemos notar neste cenário a ascensão da classe aristocrática dos grandes criadores e latifundiários que sujeitam o rei à sua proteção ou tentam privá-lo de sua autoridade.

É claro que nem todas as monarquias desapareceram; ao se acender novamente a luz sobre os fatos históricos dos gregos, isto é, lá pela metade do século VIII, podemos ver que algumas haviam sobrevivido: havia um rei em Argos, por exemplo, e até dois em Esparta, uma singularidade institucional que jamais se conseguiu explicar de forma convincente. E havia reis nas colônias: como em Cirene, embora os colonizadores viessem de Tera, que certamente não era um reino. De certa forma também havia um rei em Atenas: um dos nove magistrados que em tempos arcaicos talvez formassem o governo da cidade e eram chamados de arcontes ("os que mandam") tinha o título de *basileus*, isto é, rei.

A cidade tinha instituições muito parecidas com aquelas de muitas outras *poleis* da Grécia: o poder estava nas mãos dos aristocratas que sentavam no Conselho e que elegiam os órgãos do governo, como o Colégio dos nove arcontes e a assembléia dos ex-magistrados, chamada Areópago, aos quais cabia o controle da vida política da cidade. Eles possuíam todas as terras mais ou menos férteis nas quais produziam principalmente azeite e vinho (o trigo era quase todo importado). Os terrenos mais pobres eram destinados à criação de ovelhas e cabras e à apicultura, produzindo um mel muito procurado e de excelente qualidade. As florestas, que já haviam sido abundantes tanto em terra firme quanto nas ilhas, haviam sido em sua maioria destruídas em prol de novos espaços para a agricultura ou para o uso da madeira na construção civil e naval, e isso provocara relevantes fenômenos de erosão que resultaram numa ulterior perda da terra disponível. Na ilha da Eubéia, logo ao norte da Ática, as cidades de Calcídica e de Erétria lutaram vários anos numa guerra sangrenta só pela posse da única planície decente da ilha, uns poucos milhares de hectares ao todo, equivalentes a uma fazenda média no Centro-oeste americano de hoje.

Os pequenos proprietários passavam fome: imprensados pelos latifúndios, não podiam enfrentar a concorrência e mergulhavam cada vez mais num mar de dívidas para comprar as sementes ou um animal de carga. Os ganhos sobre os empréstimos eram uma verdadeira usura: cem por cento ou mais.

Bastava uma chuva de granizo, uma geada inesperada, uma seca, e o pobre camponês já não conseguia pagar a dívida. Quem não pagasse tornava-se escravo do credor. Legalmente.

Eram tempos difíceis: não existia qualquer tipo de organismo para defender os fracos, qualquer tipo de solidariedade entre os pobres. Cada um cuidava da sua própria vida e nada além disso! Quando a tensão social se tornava intolerável, a válvula de escape era, como sempre, a emigração que acontecia de forma muito particular: consultava-se o oráculo de Delfos, que nomeava o "ecista" (*oikistes*), isto é, o fundador que iria chefiar a expedição e indicar o lugar onde surgiria a nova colônia. Em seguida sorteava-se em cada família um homem solteiro que iria participar da colônia, armava-se a expedição e os jovens saíam confiando na sorte em busca de alguma terra de além-mar onde fundar a nova cidade. Tinham a peremptória proibição de voltar, a não ser no caso de não conseguirem encontrar um lugar onde se fixar nos cinco anos seguintes.

Os próprios atenienses fundaram várias colônias, as mais antigas das quais na Ásia Menor, na costa bem em frente à Ática; uma delas, Mileto, foi durante um bom tempo a mais próspera, rica e civilizada cidade do mundo conhecido. Mas os problemas continuavam sem solução: perto do fim do século VII a situação chegara a um ponto de ruptura. Os aristocratas mantinham uma atitude altiva e desdenhosa. Envaidecidos com sua ascendência heróica e às vezes até semidivina, só tinham a obrigação de defender a pátria e lutavam a cavalo ou então nos carros de guerra, armas a essa altura superadas mas mesmo assim de imenso prestígio, verdadeiros pódios móveis nos quais o nobre se mostrava em todo o brilho da sua armadura, com a cabeça protegida pelo elmo cristado, segurando o escudo com os símbolos heráldicos da sua família. Usavam cabelos longos reunidos numa espécie de coque no alto da cabeça que funcionava como um amortecedor sob o elmo. Quando saíam sem capacete perfumavam o cabelo com essências raras e enfeitavam-no com agulhas com a cabeça em forma de cigarra de ouro. Exigiam constantes presentes e dádivas, e fortaleciam o seu poder com alianças matrimoniais dentro do seu clã (*ghenos*) ou com outros clãs de prestígio.

O *ghenos* (a raiz *ghen* – indica o nascimento, a geração, o vínculo de sangue) era o fundamento do poder dos aristocratas, e dentro dele o patriarca exercia a justiça, dirimia as brigas, combinava os casamentos, definia a política a ser seguida em relação aos demais *ghene* e em relação ao Estado, que eles controlavam completamente. Cada *ghenos* tinha o seu herói fundador (o antepassado da família dominante) ao qual se tributava um culto num pequeno templo votivo (*heroon*). Mesmo assim existia um Estado com as suas instituições políticas, religiosas, administrativas e militares, mas era quase completamente condicionado pelos equilíbrios de poder entre os chefes das grandes famílias.

As demais classes sociais eram formadas pelos pequenos proprietários que cultivavam as suas próprias terras e vendiam os seus produtos nos mercados da cidade ou das aldeias da Ática, e pelos trabalhadores braçais quase sempre desprovidos de qualquer posse, fornecedores de mão-de-obra sem qualquer vínculo contratual: "homens de nada", segundo a definição de Homero. Os pescadores do litoral também faziam parte do proletariado e a sua condição era muito parecida com a dos trabalhadores braçais. Os escravos, obviamente, não eram levados em consideração: eram objetos a serem comprados e vendidos, prestavam seus serviços nas casas e nos campos, nas oficinas, nas minas e nas pedreiras. O seu nível de vida só dependia das condições econômicas e da boa vontade do dono. Mas parece que na maioria dos casos eram tratados com humanidade.

Uma situação social como essa não podia certamente continuar por muito tempo sem chegar a um ponto de ruptura, e foi justamente o que aconteceu. A rebelião serpejava, houve brigas e motins na cidade e nos campos, e até as classes dominantes finalmente se convenceram da necessidade de oferecer alguma coisa em troca para manterem o máximo possível do seu poder e dos seus privilégios. Foi, portanto, nomeado arconte com plenos poderes um homem de grande sabedoria e cultura para que providenciasse as reformas necessárias. O seu nome era Sólon e a história fez merecidamente dele o primeiro estadista europeu. Também era poeta e costumava apresentar em versos o seu pensamento político e as suas convicções morais, mas infelizmente o pouco que sobrou dos seus escritos não basta para desvendar as suas vicissitudes pessoais. Sabemos que era rico e que viajara muito antes de assumir o cargo: coisa bastante comum nas classes superiores que geram os homens de idéias mais avançadas. A análise filológica das suas composições poéticas revela que tinha como modelo Homero, do qual copiava os esquemas com alguma substancial modificação em sentido mais moderno.

Se considerarmos que as poesias antigas eram na verdade canções acompanhadas de música, entenderemos melhor até que ponto esse homem tinha o pendor pela veiculação da mensagem política. Numa época que desconhecia rádio, televisão e jornais, a canção era o meio mais eficaz e ao alcance de todos para a difusão bem-sucedida de um determinado conceito.

Sabemos que, antes de assumir o cargo, fizera o possível para convencer os atenienses a tirar Salamina do domínio de Mégara, o que demonstra quão aguda era a sua visão estratégica: Salamina fica a poucas milhas do Pireu, o porto de Atenas, e Mégara controla a entrada do golfo Sarônico do lado oeste, o lado que separa a Ática do Peloponeso. Também sabemos que lutou para defender a autonomia do oráculo de Delfos contra a cidade de Cirra, que pretendia controlá-lo, e essa tomada de posição também é extremamente significativa.

Delfos era o mais importante santuário pan-helênico, um centro de ciência e conhecimento que afundava as suas raízes numa experiência plurissecular. Ninguém na Grécia se entregava a um empreendimento de alguma relevância sem consultá-lo, e ninguém ousava ignorar os seus ditames. O oráculo délfico era com efeito considerado a própria voz do deus Apolo, e a sua independência garantia o equilíbrio entre todos os Estados gregos, tanto as cidades-Estado do sul como as comunidades tribais do centro-norte.

Ao tornar-se arconte (isto é, membro do órgão executivo que mais se parecia com o governo da cidade) com amplos poderes, levou logo adiante toda uma série de reformas. Antes de mais nada aboliu o hediondo costume da escravidão por dívidas e decretou a sua vigência com efeito retroativo, de forma que também foram soltos aqueles que haviam sido escravizados no passado; então dedicou-se às reformas mais propriamente políticas. Dividiu a sociedade conforme a renda: a classe mais alta era formada por aqueles que tinham uma renda equivalente a quinhentos *medimos* de trigo ou quinhentos *medretos* de azeite ou de vinho; a média, por aqueles com uma renda de trezentos *medimos*. Em seguida havia os pequenos proprietários que podiam dar-se ao luxo de uma parelha de bois, e finalmente os trabalhadores braçais que nada possuíam. Para termos uma idéia do valor dessas rendas basta pensar que quinhentos medimos equivalem a trinta e seis toneladas, isto é, à carga de um moderno caminhão pesado, e que tal quantidade de trigo ou de vinho é obtida atualmente com o cultivo de uns dois hectares de terra. Para os nossos padrões atuais, em suma, os próprios ricos levavam uma vida relativamente modesta: podemos então facilmente imaginar as condições dos mais pobres.

Uma vez estabelecida essa divisão baseada no censo, Sólon decretou que somente os cidadãos das duas classes superiores poderiam ter acesso aos cargos públicos de governo, enquanto os da terceira classe poderiam aspirar a cargos administrativos menores. Os proletários que nada possuíam não estavam qualificados para coisa alguma, mas foi-lhes concedido sentar na assembléia que elegia os magistrados, a Eclésia, assim como no tribunal popular, a Heliéia, que entre as outras coisas julgava o desempenho dos magistrados em fim de mandato. Procurava-se dessa forma evitar os abusos dos políticos, pois eles sabiam que algum dia a sua conduta teria de enfrentar o julgamento do povo. Sólon criou um conselho dito dos Quatrocentos (cem para cada uma das quatro tribos da Ática) que se encarregava de preparar a ordem do dia da Assembléia precavendo-se contra eventuais anomalias de tipo extremista. Tratava-se de uma espécie de parlamento cujos membros haviam sido escolhidos pessoalmente pelo legislador, mas que em seguida passaram a ser eleitos pela Assembléia depois da morte dos primeiros.

A grande novidade dessa reforma era a possibilidade de os cidadãos passarem de uma classe para outra superior quando a sua renda aumentasse, tendo então a possibilidade de ingressar na gestão da coisa pública. Sólon abrira o caminho para uma verdadeira revolução: já não havia uma sociedade imóvel, presa ao direito imutável do sangue e da linhagem, mas sim uma sociedade dinâmica na qual se atribuíam mérito e assunção de responsabilidades àqueles que conseguiam melhorar as suas condições de vida.

Nos séculos seguintes, quando os atenienses escolheram para si instituições democráticas, procurou-se ver em Sólon a sua origem, mas sabemos que não foi bem assim. Basta lembrar que nas suas reformas a renda é calculada conforme a produção agrícola, o que é típico das aristocracias baseadas no latifúndio. Mesmo assim, no entanto, naquelas reformas já havia, de forma até inconsciente talvez, a abertura para a classe burguesa e, portanto, o ocaso das velhas aristocracias que faziam remontar as suas origens à idade dos heróis homéricos ou antes. Antes mesmo de passarem cem anos desde as reformas de Sólon, deixou-se de medir a renda em termos de produtos agrícolas e passou-se a avaliá-la em dinheiro, e uma vez que a moeda ateniense, a dracma, foi se desvalorizando, aconteceu que cada vez menos cidadãos podiam ser considerados pobres a ponto de serem excluídos da eleição para os cargos públicos.

Como foi que o poder aristocrático foi corroído e finalmente exautorado pelas classes emergentes?

Entre a metade do século VII e o começo do VI a.C., começou a definir-se de forma cada vez mais buliçosa uma nova classe social que iria marcar profundamente a história de Atenas, e portanto do mundo inteiro: a dos artesãos, dos comerciantes e homens de negócios que iriam constituir o núcleo de uma burguesia muito arrojada e agressiva. Essa nova classe de geradores de renda percebeu o imenso potencial econômico dos dois principais produtos agrícolas da Ática: o vinho e o azeite; principalmente em relação ao vinho, soube criar um gosto, uma moda, podemos dizer até um estilo de vida, que foi exportado para todo o mundo conhecido. Na base desse costume social havia um ritual extremamente bem-sucedido: o simpósio. A palavra nada mais significa do que "beber juntos", mas indicava uma espécie de *drinking-party* de cunho exclusivamente masculino. Os convivas reuniam-se na casa do anfitrião e ficavam deitados em sofás sem costas e de um só braço estofado do lado da cabeça, no qual apoiavam o cotovelo esquerdo.

Diante de cada sofá havia uma baixa mesinha de quatro pernas na qual ficavam as taças e os pratos com algumas comidas normalmente muito simples. A coisa mais estranha, para nós modernos, é que o vinho era servido bastante aguado, tirando-o de um grande vaso central com capacidade de uns dez litros. O vaso chamava-se *kratèr*, cratera, de um radical *ker-*, *kr* – que significa justamente "misturar". As proporções costumavam ser de um para cinco, o que continua a ser um mistério para nós. Nenhum vinho moderno agüentaria tanta água sem perder por completo o seu sabor e o seu aroma. Pode ser que o vinho grego fosse concentrado a ponto de ser tão forte quanto os nossos atuais vermutes; seja como for, sabemos ao certo que tomar vinho puro era considerado coisa de bárbaros, dizendo-se até que esse hábito podia levar à loucura (hipótese não totalmente improvável). Todos se lembram do episódio do ciclope Polifemo, ao qual Ulisses serviu vinho puro para que perdesse os sentidos (duas taças foram suficientes) antes de cegá-lo com toda a calma. Contavam que o rei de Esparta Cleômenes I ficara louco por ter-se acostumado a tomar vinho puro à moda dos bárbaros.

O que importava, no simpósio, era ficar à vontade entre amigos, conversando sobre qualquer assunto: política, arte, música, teatro, esporte, amores, e era por isso mesmo que se aguava o vinho: para que os hóspedes se mantivessem lúcidos quanto mais tempo possível. As mulheres livres não eram admitidas e, com efeito, os gregos não tinham a menor consideração pelas mulheres etruscas que, ao contrário, participavam dos banquetes ao lado dos seus homens. As únicas mulheres que podiam ser admitidas no simpósio eram as heteras, palavra que significa "companheiras", jovens muito bonitas, elegantes e cultas, capazes de tocar instrumentos, dançar, conversar assim como, é claro, fazer amor, um entretenimento extremamente normal que acontecia no próprio local do simpósio, naqueles sofás em que os hóspedes se deitavam. Por via de regra as heteras tocavam uma flauta dupla chamada *aulòs* – um instrumento bastante parecido com as *launeddas* da Sardenha –, dançavam seminuas ou até nuas, usando apenas uma touca na cabeça ou uma fita entrelaçada nos cabelos.

O aparelho do simpósio compreendia um número incrível de peças: conchas, jarras, ânforas, copos, taças, cálices, todos de fina cerâmica decorada com figuras pretas dentro das quais os detalhes anatômicos, as armas e as roupas eram desenhados com leves traços de tinta branca. Os oleiros eram tão habilidosos que até mesmo as peças mais imponentes como a cratera tinham a leveza de bolhas de sabão, e os pintores ceramistas logo se tornaram verdadeiros *designers* que assinavam as suas obras cientes de estarem assim aumentando o seu valor comercial.

O aparelho para o simpósio difundiu-se por toda a área do Mediterrâneo e acabou sendo um símbolo de *status* social, tanto assim que se tornou parte do enxoval fúnebre das sepulturas de maior prestígio. Na verdade os atenienses já tinham uma tradição muito antiga e de alto nível que remontava ao estilo chamado "geométrico", devido às figuras estilizadas geometricamente. No Museu Arqueológico Nacional de Atenas pode ser vista uma das obras-primas dessa arte: o vaso chamado *Dipylon*, uma peça gigantesca com duas asas, de colo comprido e quase cilíndrico, com cenas de exéquias e condolências. Esse vaso devia certamente conter as cinzas do morto e era, portanto, ele mesmo o veículo de algum simbolismo religioso e ritual.

Eis aqui, então, a outra característica de destaque da indústria cerâmica ateniense: a decoração. A pintura dos vasos exigia uma habilidade extraordinária uma vez que a superfície era curva e era mais ou menos acentuada conforme os modelos, e as composições tinham de levar em conta essas distorções do fundo. De qualquer forma a decoração era o meio com que transmitir uma mensagem precisa e acabava tendo um conteúdo propagador muito forte, nem tanto no sentido estritamente político do termo quanto no sentido mais propriamente cultural. Os vasos eram decorados com cenas mitológicas, épicas, teatrais, religiosas, familiares, de costume, de sexo, mas nunca de história verdadeira ou de política. O produto era assim aceitável por qualquer tipo de clientela e tornava-se um poderoso difusor da cultura que o gerara. Se hoje nós pudéssemos gravar num suporte digital toda a iconografia da pintura vascular que conhecemos estaríamos diante de um verdadeiro filme, de uma espécie de desenho animado da civilização grega e da

Ática em particular. Com efeito, a cerâmica foi principalmente ática e a própria palavra vem do nome do bairro de Atenas onde os oleiros trabalhavam: o *kerameikòn*.

A qualidade da execução, o valor da decoração, o uso dos vasos como recipientes de luxo para produtos de exportação (particularmente azeite e vinho) os transformaram em objetos muitíssimo cobiçados e, muito em breve, imitados: o custo deles subia ulteriormente devido às dificuldades de transporte, quase sempre por via marítima e, portanto, bastante arriscada, que se refletiam no custo final de cada peça individual. Se considerarmos que um bom pintor recebia um salário diário equivalente a um mês de trabalho de um operário braçal, podemos facilmente imaginar o tipo de clientela que podia se dar ao luxo de comprar vasos áticos, ainda mais se assinados por artistas de prestígio.

As importações, as exportações e o comércio em geral implicavam uma intensa atividade portuária, de forma que, em volta dos dois portos de Muníquia e do Falero (o Pireu só seria aparelhado mais tarde), criou-se uma próspera atividade de construção naval e de armazenagem, com banqueiros, despachantes e seguradores que movimentavam todos os dias consideráveis quantias de dinheiro. Esse pessoal não demorou a ter um nível de renda que lhe permitia comprar a armadura de soldado da infantaria. Tratava-se de um equipamento bastante caro que compreendia elmo, escudo, caneleiras, couraça e dobras de couro que protegiam as virilhas. As armas ofensivas eram a lança com ponta de ferro e a espada também de ferro. Todo esse metal trabalhado custava muito caro embora ainda não se comparasse com o custo do equipamento de um cavaleiro aristocrático, que podia se permitir manter um cavalo de batalha.

O nascimento de uma infantaria pesada de linha também modificou a tática militar e relegou por uns bons dois séculos a cavalaria dos nobres para funções complementares nas alas. Em outras palavras, os novos protagonistas nos campos de batalha foram os hoplitas (de *hóplon*, o escudo), e, uma vez que eram a expressão da média burguesia em campo econômico, também exigiram ter algum peso em termos políticos. Já fazia alguns séculos que o carro de guerra dos aristocratas não passava de objeto de desfile ou, em alguns casos, de adereço funerário, tanto assim que o próprio Homero já desconhecia o seu uso (os heróis chegavam ao campo de batalha de carro, mas aí desciam para lutarem a pé!), de forma que a cavalaria dos nobres também estava decaindo, embora mantivesse o seu prestígio. Muito justo, então, que os que contribuíam com suas rendas ao bem-estar da cidade e que a defendiam arriscando a própria vida no campo de batalha também participassem da sua vida política na mesma medida.

Apesar disso, contudo, enquanto com as reformas de Sólon a burguesia conseguia pouco a pouco se aproximar das instituições que antes haviam sido privilégio dos aristocratas, a classe dos "que nada valiam", os trabalhadores braçais que não tinham posses, continuava presa à sua condição miserável e sem a menor possibilidade de resgate. Havia no mercado uma considerável disponibilidade de escravos cujo trabalho custava menos ainda do que os dois óbolos que representavam a paga diária de um operário. Essa classe urbana desprezada, junto com os lavradores arruinados pelas dívidas, acabou formando uma multidão cheia de rancor que só precisava de uma faísca para explodir.

Contam que Sólon, ao concluir a sua tarefa de legislador, confiou ao Areópago o controle sobre o funcionamento das instituições e saiu de Atenas dando mais uma prova da sua fundamental moralidade. Com o prestígio de que gozava, com efeito, bem que teria podido assumir o poder e exercê-lo como tirano, coisa bastante comum naqueles tempos e considerada muito desejável por qualquer grego de nobre linhagem. Mas ele preferiu voltar à sua paixão pelas viagens: visitou o Egito e o reino da Lídia, que eram, naquela época, as duas maiores potências do Mediterrâneo.

Como nos conta Heródoto em suas *Histórias*, quando chegou à Lídia foi se encontrar com o rei Creso no palácio de Sardes, na Ásia Menor. Creso era fabulosamente rico e reinava sobre um país bastante próspero, devido às areias auríferas do rio Pactolo, por causa do controle exercido sobre as caravanas que chegavam ao mar Egeu vindas do Oriente, ou também pelo domínio que exercia sobre todas as colônias gregas na Ásia. O conto de Heródoto parece muito mais uma parábola edificante do que o relato de um fato real, mas mesmo assim é significativo e vale a pena de ser lembrado. Creso quis que fossem mostrados a Sólon os seus tesouros, o palácio, a família, e no fim perguntou ao sábio se não o considerava o homem mais feliz do mundo. Sólon respondeu que não, que não era tal a sua opinião.

– Diga-me então quem é, a seu ver, o homem mais afortunado do mundo – insistiu o soberano.

E Sólon respondeu:

– Um ateniense chamado Télis, que teve uma vida próspera, viu com seriedade crescerem os filhos e depois os netos sem jamais perder um sequer. E por fim morreu lutando contra os eleusínios e mereceu dos seus concidadãos um monumento fúnebre no local onde heroicamente tombara.

Creso ficou desconcertado pois não podia acreditar que um cidadão qualquer, um perfeito desconhecido, pudesse ser mais afortunado do que o poderoso rei da Ásia, mas conhecendo a fama da sabedoria do hóspede pediu que lhe outorgasse pelo menos o segundo lugar. Sólon, no entanto, preferiu contar mais uma história. Havia uma sacerdotisa em Argos que tinha de ir com o carro sagrado até o templo de Hera, fora das muralhas, para lá celebrar um sacrifício, mas, como os bois estavam todos no campo, não havia animais para puxar o pesado veículo. A cerimônia, porém, não podia ser adiada e os filhos da mulher, Cléobis e Bíton, mandaram-na subir no carro, atrelaram-se na canga e puxaram penosamente o veículo até o templo. Comovida com tamanha devoção a mãe pediu que a deusa lhes concedesse o mais lindo prêmio e Hera ouviu a sua prece. Os dois rapazes entraram no templo e ficaram deitados para recuperar as forças depois da exaustiva façanha. Nunca mais acordaram.

Só mortos. Sólon só colocara mortos na sua lista dos homens mais venturosos do mundo.

– Por quê? – perguntou Creso irritado.

– Porque nenhum ser humano pode se considerar feliz antes de superar o extremo limiar, antes de concluir a vida com um saldo positivo. Cada dia pode ser portador de desgraças inesperadas, de indescritíveis sofrimentos, e não há tesouros nem poderes humanos que nos livrem deles. – E continuou sem temor: – Ó Creso, logo a mim que sei quão invejosa e turbulenta é a divindade você pergunta acerca das vicissitudes humanas? No demorado passar do tempo há muitas coisas que temos de ver e padecer mesmo que contra a própria vontade. Considero setenta anos o limite da vida de um homem. E esses setenta anos perfazem vinte e cinco mil e duzentos dias, sem contarmos o mês intercalar. Se então quisermos que a um em cada dois anos seja acrescido um mês para que as estações se apresentem na hora certa, ao longo dos setenta anos teremos trinta e cinco meses intercalares, o que nos dá mil e cinqüenta dias. Agora, de todos estes dias compreendidos nos setenta anos, que no total são vinte e seis mil e duzentos e cinqüenta, nenhum nos traz exatamente o mesmo que outro. Sendo assim, ó Creso, o homem não passa de mera vicissitude... Quem é muito rico nem de longe é mais feliz do que aquele que vive o dia-a-dia, a não ser que tenha a sorte de acabar bem a vida...

Alguns anos mais tarde Creso foi derrotado numa batalha campal às margens do Hermo pelo exército persa de Ciro o Grande. Já estava com os demais prisioneiros amontoados para ser queimado vivo quando, na hora de atearem o fogo, gritou: "Estavas certo, meu hóspede ateniense!" Estas palavras salvaram-lhe a vida, pois despertaram a curiosidade de Ciro, que mandou libertá-lo a fim de saber o que significavam, e desde então o manteve a seu lado como conselheiro.

Nada se sabe quanto aos últimos dias de Sólon, o grande sábio que assentou a pedra fundamental da evolução das instituições atenienses rumo ao sistema que iria servir de modelo insuperável pelo qual até hoje se regem os Estados no nosso planeta: a democracia. Sabe-se apenas que voltou a Atenas bem na hora de assistir ao fracasso das suas reformas.

Ele só havia dado o primeiro passo: para a meta ser alcançada era necessário superar outras fases, consumar outras experiências não menos interessantes. Sabemos que se opôs com o maior vigor a um homem chamado Pisístrato que, aproveitando-se da irrequieta insatisfação das classes mais pobres, se servia delas para conseguir o poder pessoal, para estabelecer na cidade aquele tipo de governo que a história iria considerar como o mais detestável de todos: a tirania.

8 DE MARÇO DE 1999

Estou mais uma vez em Atenas, trabalhando e estudando. Isso permite-me rever Kostas, ao qual enviei há umas duas semanas a fita com o segundo capítulo desta minha reflexão sobre a história dos antigos atenienses e sobre o milagre que em apenas cinqüenta anos eles souberam realizar em todos os campos da cultura e do pensamento.

O dia está lindo, com um vento firme de poente que afasta a pesada camada de smog *que normalmente oprime a cidade. O motorista de táxi esbraveja contra as obras do metrô que tornaram o trânsito ainda mais louco do que de costume enquanto eu, ao contrário, fico emocionado ao ver os arqueólogos que continuam destemidos o seu trabalho de escavação na praça Homonia. Aquelas muretas de pedras brancas e de argamassa avermelhada são o que sobra das casas dos atenienses do século V: fico todo arrepiado.*

– Diminua a marcha... – digo – diminua, por favor...

Gostaria de pular do carro para conversar com os colegas e segurar uma daquelas pedras, revirá-la entre as mãos, sentir o calor daquele áspero contato.

Kostas sarou da gripe, mas está um tanto desgastado. Recebe-me com um sorriso cansado e olhos vagamente embaçados.

– Como vai, Kostaki...

– Como espera que eu vá, com esta velha máquina?... Cada dia pifa uma nova peça. Gostaria de um café?

– Aceito.

– Turco?

– Sim, claro.

– A albanesa começou a mexer com o fogão.

– Quanto a isto não há problemas. Lá pelas suas bandas preparam o café do mesmo jeito.

Ficamos conversando sobre as coisas da vida, da política, do tempo. Quer saber dos meninos, da minha mulher, da minha mãe, do trabalho.

– Troquei de carro.

– Agora está com qual?

– Outro Alfa Romeo. Sempre gostei deles. Lembra a minha Giulietta preta? Era toda envenenada, parecia um foguete.

– Lembro. Eu nunca comprei um carro. São caros demais. Preferia ter uns bons ternos; com aquilo que se gasta para manter um carro dá para encomendar cinco ternos de primeira por ano, diria até de grande luxo, e ainda sobraria algum dinheiro.

– É verdade.

Oferece-me um cigarro e acende um para si mesmo enquanto chega o café.

– Não quer saber o que achei do capítulo que me enviou?

– Eu estava chegando lá.

– Nada disso. Você quer mesmo é desconversar, e eu até sei por quê.

– Você sempre sabe tudo.

– Só me faltava chegar a esta idade sem entender as coisas da vida!

A televisão está ligada, como eterno pano de fundo para as nossas conversas, sintonizada no canal da RAI. Ele nunca a desliga pois assim se mantém afiado em italiano.

– Então?

– Você queria evitar o assunto devido àquelas palavras de Sólon sobre a felicidade... dos mortos.

– Aquilo faz sentido. E não fico acanhado ao falar na morte com você até porque, batendo na madeira, ninguém me garante que eu não vá morrer primeiro. Poderia sofrer um desastre de carro, o meu avião pode cair, sabe lá se vou ter um infarto durante os exerícios matinais. Como diz Sólon, "o homem é mera vicissitude".

– Belas palavras! Gostaria de ter sido eu a dizê-las.

– Acha então que a vida não passa de simples casualidade?

– Não exatamente. Também há o phthònos theòn, *a inveja que a divindade tem de nós. Quando alguém está bem, a*

divindade sente inveja e na primeira oportunidade o atira à miséria. Concordo com Sólon, cem por cento.

– Qual divindade?

– Qualquer uma. Não creio que faça muita diferença. Segundo a mensagem cristã fomos todos resgatados, remidos do pecado original. Por acaso você reparou em alguma mudança nestes últimos dois mil anos? Veja bem, os antigos atenienses, pelo menos, haviam percebido que não podiam contar com ninguém, apenas consigo mesmos; nada de deus misericordioso, nada de pai do céu para se consolarem das desgraças, das doenças, das guerras, do cansaço de viver. Longe disso, achavam por bem ficar atentos para precaver-se contra o que podia vir daquele lado. Você não acha fantástico? Talvez seja por isto que conseguiram resultados tão extraordinários. Os filhos de pais compreensivos são uns desmiolados, os filhos de pais duros e impiedosos se fortalecem, aprendem a vencer as adversidades, a lutar com coragem.

– Pode ser, mas me parece uma imagem um tanto gasta.

– Quer a prova do que estou dizendo? Pense só no que vocês italianos eram antes do cristianismo: uma raça de leões que dominaram o mundo inteiro. E depois? De tanto ouvir os sermões dos padres que os chamavam de cordeiros, de carneirinhos, acabaram se convencendo disso. Deixaram-se desarmar achando que o mundo iria logo acabar e que Jesus voltaria a aparecer entre as nuvens do céu. Mas só vocês acreditaram. Os bárbaros nem pensaram em jogar fora as suas armas e aí a bagunça tomou conta de tudo por pelo menos quinhentos anos. Grande coisa!

– Essa visão também é muito simplista. A história é o mais complexo dos fenômenos humanos, o resultado de todas as vicissitudes, você não pode tratá-la deste jeito.

– Claro que posso, um cara que está a ponto de morrer pode dizer o que bem quiser.

Quanto a isso só podia concordar com ele.

– Admito, de qualquer maneira, que há alguma verdade no que você diz, embora não me pareça oportuno generalizar. – Ajudo-o a levantar-se um pouco e ponho na mesa a xícara depois de ele tomar o café. – Mesmo assim, contudo, não é

verdade que o mundo não mudou nestes últimos dois milênios. Um montão de coisas melhoraram, até a própria Igreja. Quer comparar os papas que temos agora com os da Idade Média e do Renascimento? E há muito mais interesse nos direitos humanos, uma maior sensibilidade contra as violações do direito internacional, mais participação na defesa do ambiente e das minorias étnicas.

– Somente no mundo ocidental. Antes de mais nada porque cometemos os crimes mais graves e nos sentimos culpados, e depois porque temos um humanismo arraigado nas culturas grega e romana. De qualquer forma, no que diz respeito ao indivíduo nada mudou. Só que as pessoas agora escrevem nos muros: "Jesus te ama". Se alguém tivesse escrito nos muros de Atenas "Zeus te ama", todos teriam caído na gargalhada, embora tivessem o maior respeito pelo deus.

– Você está de pirraça, assim não dá para conversar.

– É mesmo? Pense só em mim e na Alexandra, então. Éramos felizes, gostávamos um do outro. Não tínhamos filhos mas estávamos muito bem juntos. Bastava muito pouco para nos satisfazer: umas roupas, algumas viagenzinhas, jantar no restaurante duas vezes por mês. Não incomodávamos ninguém, a nossa era uma felicidade pequena, discreta. Mas não adianta, mesmo uma felicidade tão pequena tinha de despertar a inveja da divindade. E Alexandra se foi depois de sofrer tudo aquilo que um ser humano pode sofrer...

Os seus olhos brilham, mas não está chorando, e a sua voz é firme.

– Está sentindo muito a falta dela, não é?

– Muitíssimo. Quer comparar Alexandra, com a sua classe, a sua alegria, com esta minha... assistente?

Quer fazer piada para esconder as lágrimas. Preciso conter esta sua onda de pessimismo e amargura e lembro de repente de uma fábula de um casal idoso:

– Você conhece a história de Filêmon e Báucis?

– Acho que li no ginásio, mas não tenho certeza.

– Era um casal bastante idoso que vivia numa pobre choupana. Certa tarde dois viajantes apresentaram-se à sua porta pedindo hospedagem para a noite. Os dois velhinhos

ofereceram-lhes o parco jantar que haviam preparado, foram dormir numa esteira sem comer nada, deixando a cama para os forasteiros. Mas os hóspedes eram Zeus e Hermes, que viajavam disfarçados para ver como os homens se portavam. Transformaram o pequeno casebre num templo suntuoso do qual Filêmon e Báucis iriam ser os sacerdotes. Os dois velhinhos ainda viveram um bom tempo e finalmente morreram juntos, no mesmo dia, na mesma hora, no mesmo instante. Porque era isso que eles haviam pedido aos deuses, que a cada um fosse poupada a dor de levar o companheiro ao túmulo. Foram transformados em árvores diante do portal do santuário...

Não foi uma boa idéia contar essa história. Embora tente esconder, Kostas está muito comovido, e já não tem vontade de conversar.

III
Os tiranos

No decorrer do século VI a.C. afirmou-se em Atenas, em outras cidades da Grécia continental e insular, assim como nas colônias, uma forma institucional anômala que mais tarde foi duramente deplorada pelas fontes históricas: a tirania. A palavra "tirano", lastimada e odiada nos séculos e milênios seguintes, tem uma origem bastante obscura. No entender de alguns, a sua interpretação literal significaria "guardião do queijo", expressão totalmente desprovida de sentido para nós, mas tanto faz, pois o nosso conhecimento só chega até aí. Basicamente, contudo, indica a forma institucional na qual um homem governa sozinho, com poderes absolutos.

A execração que tal instituição mereceu remonta principalmente a fontes moralizadoras do século IV a.C. e também reflete o comportamento despótico de alguns tiranos da Sicília grega, como Dionísio I e Dionísio II de Siracusa. Na verdade esses homens quase sempre chegaram ao poder empurrados pelo entusiasmo popular, levados pelos escudos dos pobres e dos oprimidos que já não agüentavam os abusos das classes dominantes, os aristocratas e os proprietários de grandes patrimônios. A respeito deles surgiram inúmeras lendas.

Periandro de Corinto, por exemplo, teria ido para a cama com o cadáver da mulher Melissa que mais tarde iria jogar-lhe na cara o estupro, do além, com um horripilante oráculo do *nekromantion* de Efira: "Colocaste o pão no forno frio".

Faláris de Agrigento mandava prender os adversários políticos dentro de um touro de bronze que tinha canos nas ventas, de forma que quando acendiam o fogo sob a barriga do bicho, podiam-se ouvir através delas gritos desumanos que pareciam um grotesco mugido.

Dionísio de Siracusa, para deixar bem claro a um seu cortesão quão precária e pouco invejável era a vida de um tirano, forçava-o a jantar embaixo de uma espada pendurada sobre a sua cabeça e presa com um cabelo de mulher. O pobre coitado chamava-se Dâmocles e a ameaçadora espada tornou-se um dos lugares-comuns mais universalmente conhecidos.

A própria Atenas teve o seu tirano, e isso demonstra que as reformas de Sólon, corretas do ponto de vista teórico, haviam na verdade deixado inalterados os profundos desequilíbrios sociais do povo ateniense. Chamava-se Pisístrato, era parente de Sólon por parte de mãe e vangloriava-se afirmando descender de Pisístrato, filho de Nestor, rei de Pilos e herói da guerra de Tróia; foi sem dúvida alguma um dos mais sábios governantes da cidade. Teve de fugir duas vezes, mas sempre voltou e governou até o fim da vida, quando morreu de doença. Quem dilapidou o cabedal de decoro e sabedoria que o pai tinha acumulado foram os filhos que, com isso, deram a sua contribuição para a lenda negra da tirania.

Não sabemos ao certo como Pisístrato chegou ao poder, mas uma estranha história relatada por Heródoto conta que seu pai, Hipócrates, enquanto assistia aos jogos olímpicos como mero cidadão, ofereceu um sacrifício aos deuses. Naquela mesma hora os *lebetos* – uma espécie de caldeirões de bronze apoiados em tripés – começaram a ferver sem fogo e derramaram a água e as carnes que havia neles. Um sábio espartano chamado Quílon, que assistira ao prodígio, disse a Hipócrates para não se casar com uma mulher capaz de procriar; se já fosse casado, para mandá-la embora e, se já tivesse um filho, para renegá-lo, como se dissesse que o filho seria um monstro. Hipócrates não lhe deu atenção, e assim um dia teve o filho que seria o tirano dos atenienses.

Ao que parece Pisístrato chegou ao poder de forma gradual: sabemos que quando Sólon voltou a Atenas, depois de ter ficado afastado dez anos, encontrou uma situação bastante diferente: os megarenses haviam retomado Salamina e ele empenhou-se com todas as suas energias para que a ilha fosse reconquistada. O arconte polemarco, isto é, o responsável supremo pelas forças armadas, era justamente Pisístrato, que,

com uma brilhante e inesperada operação de contra-ataque, invadiu Nisa, ou seja, o porto de Mégara. Tendo chegado a um impasse, os atenienses e os megarenses pediram a arbitragem de Esparta, a qual decidiu que Mégara poderia ficar com Nisa desde que cedesse Salamina a Atenas. Com isso Pisístrato conseguiu subir muito no conceito dos concidadãos, pois se demonstrara valoroso no campo de batalha, e para os antigos esta era uma virtude maior do que qualquer outra: basta lembrar que quando o grande poeta trágico Ésquilo morreu na Sicília, teve uma inscrição tumular por ele mesmo ditada anteriormente, que dizia:

> Aqui jaz Ésquilo filho de Eufórion, ateniense
> morto em Gela de fartas colheitas.
> O bosque sagrado de Maratona
> E o medo de longa cabeleira
> podem testemunhar o seu valor.

Nem pensa em falar na glória de poeta que o tornaria imortal, mas não esquece o orgulho por ter lutado com honra contra os persas em Maratona.

Mas voltemos a Pisístrato e às vicissitudes atenienses daquela época sobre as quais as fontes históricas são um tanto nebulosas: relatam que estava havendo uma guerra civil entre os moradores da costa e os do interior da Ática e que Pisístrato formou uma facção sua entre os *diacroi*, isto é, os montanheses, pessoas que deviam ser muito pobres, para não dizer miseráveis. Uma vez que ele aspirava à tirania (quem nos conta isso continua sendo Heródoto), certo dia matutou um estratagema: ele mesmo feriu-se e aí apareceu num carro, ofegante e sangrando, na praça do mercado, dizendo que os seus inimigos, isto é, os seus adversários políticos, haviam tentado matá-lo. Um herói de guerra, além de líder político, estava em perigo e portanto pedia que o povo lhe reservasse uma guarda pessoal. A providência foi aprovada e a partir daí Pisístrato passou a circular cercado de guarda-costas armados com maças: nada de parecido, por enquanto, com os lanceiros mercenários contratados pelos tiranos.

Sólon, que provavelmente já imaginava no que aquilo tudo iria dar, proclamou que qualquer um que aspirasse à tirania pediria a proteção de uma escolta armada, mas a essa altura ninguém quis ouvi-lo. Como era de se esperar, certo dia Pisístrato ocupou a acrópole com a ajuda dos seus homens e assumiu o poder. O mais interessante, de qualquer forma, é que Heródoto lhe atribui mesmo assim um considerável respeito pelas instituições e uma notável habilidade administrativa. Que raio de tirano foi Pisístrato, então? Foi realmente um precursor dos ditadores modernos, um membro de uma escória execrável?

Pelo que as fontes nos contam, é evidente que naquele momento a força do Estado era bastante escassa, que a política se resumia ao choque entre as duas facções principais chefiadas por Mégacles, do clã dos Alcmeônidas, e por um tal de Licurgo. Isso leva-nos a imaginar uma situação bastante difícil, uma total confusão institucional, uma vida política reduzida à luta entre quadrilhas. Diante das circunstâncias, Pisístrato limitou-se apenas a inserir-se entre os dois contendores achando que desfrutava de maior prestígio e respeito por parte do povo. O fato de ele aparecer como chefe de uma terceira facção é considerado negativo, como uma ação que só contribuía para tornar a situação ainda mais confusa, mas não há a menor dúvida de que naquele momento ele ficou do lado dos mais pobres, assim como não há dúvida de que ele mereceu plenamente a fama de bom estadista e administrador da coisa pública. Quase certamente limitou-se a conter o poder exagerado dos aristocratas e dos novos-ricos, tentou implantar uma distribuição da riqueza mais justa, trouxe de volta a ordem na vida da cidade, promovendo assim um crescimento econômico que iria fortalecer a classe média, refrear o poder dos aristocratas e reduzir o número de pobres.

Num primeiro momento, entretanto, o seu governo sofreu uma repentina interrupção: os dois adversários que antes se combatiam coalizaram-se e conseguiram escorraçá-lo da cidade, recomeçando logo a lutar brutalmente um contra o outro e levando Atenas mais uma vez ao caos mais completo e violento. Mégacles, porém, desconfiando que naquela briga corria provavelmente o risco de levar a pior, entrou de novo

em contato com Pisístrato e selou com ele um pacto de ferro, chegando a prometer-lhe a filha como esposa. Nesta altura tudo estava preparado para a volta em grande estilo e a coisa aconteceu de forma tão esquisita que até o grande Heródoto, isto é, a fonte destas notícias, não pôde deixar de rir. Pisístrato pegou uma jovem de uma aldeia próxima, muito bonita e incrivelmente alta, mandou que vestisse uma armadura e os trajes da deusa Atená como eles apareciam nas estátuas, colocou-a ao seu lado no carro e dirigiu-se à cidade espalhando o boato de que a própria deusa estava trazendo Pisístrato de volta à sua acrópole.

A notícia tomou logo conta da cidade, sustentada por um grupo de arautos que circulavam pelos vários bairros proclamando o extraordinário evento. O boato tomou proporções gigantescas e uma multidão entusiástica apinhou-se ao longo do caminho adorando a deusa e aclamando Pisístrato.

Depois de certificar-se de que o poder estava firmemente em suas mãos, o homem honrou o compromisso assumido com Mégacles e casou com a sua filha. Já tinha, porém, dois meninos adolescentes, Hípias e Hiparco, e não queria mais filhos. Além do mais, os Alcmeônidas eram considerados malditos devido a um sacrilégio que haviam cometido ao massacrarem no recinto sagrado da acrópole os seus adversários políticos chefiados por um certo Cílon, que tentara dar um golpe de estado. Por isso (são as palavras de Heródoto) "unia-se a ela de forma não regular". Aconteceu então algo muito parecido com os modernos escândalos de política e de sexo: a jovem contou tudo à mãe e esta repassou a notícia ao marido, que a considerou um verdadeiro ultraje merecedor de imediata vingança. Mégacles recorreu aos antigos companheiros de facção e aprontou uma ação militar.

Pisístrato preferiu ir embora e partiu para Erétria, na ilha Eubéia, onde se aconselhou com os filhos. Foi justamente um deles, Hípias, quem se empenhou em convencê-lo a tentar reassumir o poder. Esse detalhe relatado por Heródoto é muito importante, pois deixa transparecer que Pisístrato preferia desistir do poder antes de levar a cidade a um banho de sangue para mantê-lo, e também deixa à mostra uma característica marcante da sua personalidade: a de um homem que evidentemente nada

sabe recusar às pessoas amadas e aos seus filhos em particular – um traço típico do espírito familiar mediterrâneo.

Passaram-se onze anos durante os quais Pisístrato preparou a sua volta coletando recursos nas cidades que lhe deviam favores (os tebanos foram os mais generosos), alistando mercenários, principalmente em Argos, e recebendo o entusiástico apoio de Ligdame, tirano de Naxos, e de Polícrates de Samos, tanto assim que houve quem chegasse a desconfiar de uma espécie de "internacional tirânica", hipótese sugestiva e nem um pouco desprovida de fundamento: até mesmo na nossa época houve e há solidariedade e ajuda recíproca entre os regimes autoritários.

Depois de engrossar as suas fileiras com os partidários vindos de Atenas ("um pessoal que prezava mais a tirania do que a vida de homens livres", estigmatiza-os Heródoto) desembarcou em Maratona, onde estava acampado, não muito longe, o exército da cidade. O vaticínio de um vidente aconselhou um ataque noturno, sob o luar:

> As redes foram lançadas,
> as malhas esticadas
> e os atuns chegarão na noite de lua.

Os atuns, nesse caso, eram os seus infelizes concidadãos que, depois do jantar, tinham ido para a cama enquanto outros passavam o tempo jogando dados. Pisístrato caiu em cima deles de surpresa, na calada da noite, provocou uma debandada geral e abriu caminho para a retomada do poder pela terceira vez. Cercou-se de mercenários e favoreceu a classe média urbana procurando evitar a migração dos camponeses para a cidade. Morreu de doença em 527 a.C., e sua morte foi muito lastimada.

Não foram poucos, com efeito, os seus merecimentos: de temperamento bonachão e simpático por natureza sabia fazer com que as pessoas gostassem dele e procurou manter relações decentes até com os aristocratas. Só alguns deles preferiram deixar a cidade: entre eles Milcíades, que se instalou numa grande propriedade pessoal na península de Galípoli – que então se chamava Quersoneso trácio –, e os alcmeôni-

das, que se fixaram em Delfos promovendo a restauração do templo de Apolo, certamente no intuito de conseguir alguma influência sobre o poderoso oráculo délfico. Pisístrato respondeu à altura com a solene purificação do outro grande santuário apolíneo de Delos. Ordenou que desenterrassem todos os mortos que se encontravam no raio de alcance visual do templo e mandou sepultá-los em outro lugar. Nessa ocasião foram provavelmente exumados os despojos dos habitantes pré-clássicos da ilha: micênicos e talvez até minóicos. Mas, como já vimos, esta não foi a única escavação arqueológica anômala no mundo grego antigo.

Durante o seu governo houve um aumento exponencial da produção artesanal, principalmente a de cerâmica com figuras negras que, por sua beleza e qualidade, acabou se impondo quase sem concorrentes em toda a área do Mediterrâneo. A técnica consistia em deitar sobre a superfície já cozida do vaso uma levíssima camada de argila crua que definia a forma das figuras. Esta camada passava então por um processo de oxidação que lhe conferia uma reluzente cor preta totalmente indelével. Os detalhes do desenho eram obtidos com o auxílio da ponta de um estilo ou com tinta branca. Como já vimos antes, a variedade das formas e das tipologias era extremamente rica, e a fantasia dos ceramistas levava a cada vez mais novas criações. Uma peça muito especial era uma vasilha para beber chamada *rhyton*, que tinha a forma de cabeças animais ou humanas, tanto masculinas quanto femininas. Também eram muito apreciados os que retratavam modelos exóticos como os etíopes (negros), que tinham a característica bastante realista dos cabelos crespos, dos lábios carnudos e do nariz achatado.

No campo das obras públicas Pisístrato distinguiu-se devido à construção de alguns santuários, entre os quais o de Zeus Olímpico. Além disto, foi com o seu patrocínio que se organizou a primeira "edição crítica" dos poemas homéricos, uma obra realmente notável por seu imenso valor cultural, verdadeira pedra fundamental, podemos dizer, da filologia moderna. Havia mais de um século, quando essa operação foi concluída, que os poemas já tinham aparecido em edições escritas, mas provavelmente ressentiam-se das muitas versões

orais que ainda circulavam. Parece, de fato, certo que até o século VIII a.C. o ciclo épico do mito troiano e os demais ciclos mitológicos do mundo grego continuaram circulando de forma oral, com composições improvisadas na hora pelos cantores profissionais que adaptavam os seus versos às exigências e à disposição dos ouvintes.

Não é fácil dizer de que forma Pisístrato exerceu a tirania uma vez que, pelo que nos foi transmitido pelas fontes, respeitou as instituições e as leis de Sólon, isto é, o Conselho dos nove arcontes (um órgão com funções tanto judiciárias quanto executivas), o Areópago (uma espécie de corte suprema que garantia a aplicação correta das leis e julgava os crimes de sangue), o Conselho dos quatrocentos (órgão deliberativo e legislativo) e o Heliéia (o tribunal popular). O mais provável é que Pisístrato tenha exercido uma forma de liderança baseada diretamente no seu carisma pessoal, na possibilidade de usar ameaças e favores, de levar adiante as suas propostas graças ao número dos seus partidários (a maioria, obviamente) que ocupavam cargos em todos os organismos de governo da cidade. Embora possa parecer estranho, não são poucos os estudiosos que acham que o seu regime de fato abriu caminho para a república popular imaginada e teorizada par Clístenes, onde o poder e a soberania ficavam nas mãos do povo, mas monitorados por um líder de grande carisma e inteligência e provido de notável capacidade de governo e persuasão.

Como vimos, a tirania foi praticamente um estágio obrigatório pelo qual, embora com resultados diferentes, tiveram de passar todas as cidades do mundo grego, ocidental ou oriental. O que não podemos esquecer é que quase sempre esses homens foram levados ao poder como árbitros entre as facções em luta e como defensores das classes mais fracas e rejeitadas da sociedade urbana. Isso quer dizer que os tiranos, apesar de terem em alguns casos exorbitado no uso do seu poder em sentido autoritário, manchando-se de crimes e abusos, exerceram uma função historicamente decisiva.

Sob Pisístrato a divisa ateniense, a dracma de prata, tornou-se a moeda mais apreciada e procurada em toda a área mediterrânea, o que significa que a economia da cidade se tor-

nara evidentemente a mais forte. As moedas tinham de um lado a cabeça de Atená coroada de louro, e do outro a coruja, animal símbolo da Ática e ave consagrada à deusa que também era chamada *glaukopis*, "olhos de coruja". O metal precioso para cunhá-las vinha das minas de prata do Laúrion onde os escravos e os prisioneiros de guerra trabalhavam em condições pavorosas.

Na época de Pisístrato também desenvolveram-se formas de arte destinadas a alcançar o maior prestígio, tais como a escultura em mármore e bronze, a arquitetura e o teatro, uma forma expressiva extremamente original que a lenda diz ter sido inventada por Téspis, o qual ia de uma aldeia para outra com um carro que funcionava como palco e uma cortina que lhe servia de pano de fundo, representando sob a forma de peças episódios da vida dos deuses e dos heróis.

Aquelas ingênuas apresentações, das quais nada chegou até nós a não ser o seu longínquo eco, foram a base sobre a qual se desenvolveu o teatro grego e, mais especificamente, a tragédia, palavra que no começo não tinha a conotação funesta que lhe damos agora: só queria dizer "canto do bode" ou "canto para o bode" ou talvez "canto para o sacrifício do bode", e quase certamente indicava uma ação cênica que se seguia a um rito religioso, algo parecido com aquilo que acontece nas igrejas cristãs com a celebração da missa.

Os anos imediatamente sucessivos à morte de Pisístrato foram marcados por mudanças dramáticas no cenário internacional que acabariam influindo de forma decisiva na história de Atenas: em 525, só dois anos depois de o tirano ter morrido, o imperador persa Cambises, filho e sucessor de Ciro, o Grande, invadiu o Egito, o último dos grandes reinos da terra ainda independente da Pérsia. O faraó Psamético III enfrentou-o em batalha perto de Pelúsio, no delta do Nilo, contando também com um bom número de mercenários gregos prevalentemente jônios, mas foi derrotado e aprisionado. Cambises não se limitou a subjugar o país: tratou com desprezo a sua religião e as suas tradições; contam até que matou pessoalmente o sagrado boi Ápis e meteu-se numa insana expedição contra os etíopes, provavelmente os núbios que viviam ao sul de Abu Simbel. O

seu exército perdeu-se no deserto e os homens entregaram-se a atos de canibalismo para sobreviver depois de já haverem devorado os animais de carga. Cambises salvou-se a duras penas, mas morreu logo em seguida vítima de uma conspiração. O Egito, de qualquer maneira, nunca mais reconquistaria a sua independência, pelo menos com soberanos indígenas.

A Cambises sucedeu Dario, que a história chamaria de "o Grande" devido às suas notáveis façanhas e ao sábio governo. Quem construiu o suntuoso palácio de Persépolis foi ele, assim como foi ele que aparelhou a "estrada do rei" que ligava Sardes no Egeu a Susa no Golfo Pérsico, com uma posta para muda de cavalos a cada vinte e cinco quilômetros. Dario conquistou o vale do Indo até o seu último afluente, superou o Amu Darja e o Syr Darja chegando às margens do lago de Aral; organizou o seu imenso império e cunhou uma magnífica moeda de ouro, o darico, assim chamada por mostrar no anverso a imagem do Grande Rei esticando o arco.

Enquanto isto, em Atenas o poder era administrado pelos filhos de Pisístrato, Hípias e Hiparco, principalmente por Hípias, que era o mais velho. O historiador ateniense Tucídides, que escreveu cem anos depois e jamais foi acusado de ter simpatia por regimes autoritários, conta que o governo deles não foi mau. Hípias usava o poder com moderação, era um homem muito afável e respeitava as instituições; limitava-se a colocar nos postos-chaves os seus amigos e procurava salvaguardar a legalidade e promover ao máximo a prosperidade da cidade.

Passaram-se assim catorze anos bastante tranqüilos até que aconteceu um fato que em seguida seria transformado em mito: a conspiração de Harmódio e Aristogíton para matar Hípias e Hiparco, derrubar a tirania e restaurar a liberdade. Mas a conspiração fracassou: só Hiparco tombou sob os punhais dos conjurados; Hípias salvou-se e reagiu com extrema violência. Harmódio foi morto na hora, Aristogíton foi condenado e executado mais tarde. Os dois mártires da liberdade tornaram-se símbolos do heroísmo libertário e o seu gesto foi eternizado num grupo escultural que chegou até nós por meio de uma cópia marmórea guardada no Museu Nacional de Nápoles: o

primeiro monumento que uma cidade ergueu em homenagem aos seus concidadãos.

Com toda a sua autoridade Tucídides afirma, contudo, que o gesto dos dois tiranicidas não foi certamente inspirado pelo amor à liberdade, mas sim por uma escabrosa história de amores masculinos. Harmódio era um jovem de incrível beleza, Aristogíton era um cidadão comum da classe média que se apaixonara por ele e se tornara seu amante. Acontece que Hiparco, o irmão mais moço de Hípias, também se apaixonara pelo rapaz e tentara seduzi-lo, mas sem sucesso; Harmódio não só resistira às suas propostas como também fora imediatamente contar tudo ao amante que, tomado de ciúmes, pensou logo em matar o rival que poderia tirar dele o amado com a força, graças ao prestígio e ao poder de que desfrutava. Hiparco, por sua vez, fulo de raiva diante da rejeição de Harmódio, humilhou então a sua irmã, recusando-se a deixá-la participar de uma cerimônia pública por considerá-la indigna (isto é, não-virgem!). Aquilo já era demais. Os resmungos transformaram-se em verdadeira conspiração que não demorou a encontrar o conectivo ideológico na luta dos cidadãos livres contra a tirania.

Hípias, que antes disto era um homem simples e até bonachão, tornou-se desconfiado e cruel. Muitos cidadãos foram aprisionados e condenados à morte só na base de denúncias e meras suspeitas, e outros foram perseguidos e desprovidos dos seus direitos civis.

Os alcmeônidas, que já tinham escolhido o exílio nos tempos de Pisístrato, foram justamente os organizadores da derrubada da tirania. Já se haviam tornado beneméritos aos olhos do Conselho do oráculo délfico ao reconstruírem o templo com mármore de Paros em lugar do tufo que constava do contrato. Decidiram então corromper a Pítia, a sacerdotisa de Apolo: toda vez que os espartanos viessem consultar o oráculo, ela deveria ordenar-lhes que marchassem contra Atenas a fim de livrá-la da tirania.

Para nós, modernos, é um tanto difícil acreditar que as pessoas no comando, numa cidade como Esparta, fossem acreditar que o deus Apolo realmente lhes ordenara expulsar os tiranos de Atenas, uma vez que mais tarde o próprio rei de

Esparta também corrompeu a pitonisa por motivos políticos. A explicação normalmente aceita é que devia haver uma espécie de vínculo do tipo "mente-braço" entre o santuário e a cidade com encargos e atribuições supranacionais, e que Esparta, em particular, desempenhava o papel de polícia internacional, como já vimos no caso da arbitragem entre Atenas e Mégara para o domínio de Nisa e Salamina.

Os espartanos prepararam-se então para levar a cabo aquilo que o deus de Delfos ordenara.

22 DE ABRIL DE 1999

Conversei com Kostas por telefone e pareceu-me estar em condições relativamente boas, sempre levando em conta as circunstâncias. Talvez sentisse o calor desta primavera já adiantada.

– O que achou da maneira com que tratei a tirania?

– Interessante. Achei até que, como um todo, foi alguma coisa basicamente positiva.

– Não exatamente. A tirania é um fenômeno negativo porque suprime a liberdade dos cidadãos. Devemos admitir, contudo, que se tratou quase sempre da resposta de alguns agitadores aos abusos dos aristocratas e dos latifundiários.

– Revolucionários, em outros termos.

– Isso mesmo, de certa forma. Mas é claro que, mais cedo ou mais tarde, uma instituição como essa só pode degenerar, e é por isto que a história acabou condenando-a com um veredicto negativo e sem apelação.

– Aquelas histórias de sexo, então, são incríveis...

– Já sabia que você não deixaria passar o assunto em brancas nuvens. Mas é isso mesmo.

– Nada mudou: no fim das contas o sexo sempre acaba levando a melhor sobre a política.

– Os políticos são homens e mulheres acostumados com o poder, e desde o começo do mundo o sexo sempre andou de braços dados com o poder.

– E aquele Pisístrato, que filho da mãe com aquela pobre moça.

– Fofocas. Pode ter sido apenas um pretexto. Não dá para saber o que realmente aconteceu.

– Eu acredito.

– Eu também, não tenho motivos para não acreditar.

– E a história de Harmódio e de Aristogíton?

– Também acho verdadeira. O amor masculino devia ser violento, sombrio, pois os homens são violentos por natureza, e afinal eles não eram afrescalhados, eram homens em todos os sentidos. Parece até que o próprio Filipe II, o pai de Alexandre o Grande, acabou sendo morto devido a uma escabrosa história de amores masculinos.

– E o que me diz de Periandro de Corinto? Uma história de arrepiar...

– Pois é. "Colocaste o pão no forno frio", coisa de filme de horror, não acha?

– Há uma coisa que não consigo entender: mesmo que os sacerdotes do oráculo fossem umas velhas raposas que metiam o nariz em tudo, como podiam saber o que acontecera no quarto de dormir, aliás, na capela mortuária de Melissa?

– Nunca saberemos, assim como não saberemos de muitas outras coisas misteriosas que tinham a ver com os oráculos. Afinal de contas, o mistério era a característica intrínseca que lhes permitia prosperar.

A curiosidade quase parece um remédio para ele; é só deixá-lo curioso que logo reage de forma positiva. É uma pena que eu não possa ficar ao seu lado mais vezes.

– Tchau, Kostaki.

– Tchau.

IV
A DEMOCRACIA

A morte violenta de Hiparco transformou profundamente o caráter de Hípias, o irmão sobrevivente. Como em parte já dissemos, a partir de então tornou-se desconfiado e cheio de suspeitas. Cercou-se de guarda-costas, uns mercenários violentos e brutais, e atacou sem a menor hesitação todos aqueles que porventura poderiam até vagamente urdir alguma coisa contra ele. A cidade, nessa altura já em pleno desenvolvimento econômico e cultural, não podia tolerar esse tipo de grilhões opressores. Os mais irrequietos eram aqueles mesmos aristocráticos que Pisístrato sempre tratara com algum respeito, ou pelo menos com moderação, administrando o poder com o seu típico bom senso para não perturbar os delicados equilíbrios internos dos vários setores da sociedade ateniense.

Vimos que foram justamente os alcmeônidas que tomaram a iniciativa, recorrendo a Esparta, que naquela época era governada por um homem de excepcional firmeza de caráter: o rei Cleômenes, filho de Anaxandrides. Contavam a seu respeito que, quando se apaixonara pela mulher, ela já era casada com outro espartano. Ele chegou então armado à casa do sujeito e pegou a mulher dizendo que, se o marido quisesse impedir, deveria lutar até a morte para mostrar o seu amor. O homem nem tentou reagir diante de um pretendente tão decidido e entregou-lhe a mulher: a união foi feliz e os dois amaram-se para sempre.

Cleômenes não exercia a soberania sozinho: em Esparta, com efeito, havia dois reis e naquele tempo o seu homólogo era Demarato, que porém não agüentava a comparação pois tinha uma personalidade muito mais fraca. Cleômenes era um

guerreiro formidável, de excepcional vigor, capaz de romper sozinho em batalha as linhas inimigas, e desempenhava o seu papel como verdadeiro soberano, administrando o poder do seu próprio jeito e entrando, portanto, continuamente em conflito com o Colégio dos éforos, os cinco magistrados nomeados pela Assembléia dos anciãos, que se haviam acostumado a agir como verdadeiro órgão executivo relegando os reis ao comando do exército e a cerimônias religiosas e representativas. Havia, assim, uma espécie de contínua queda-de-braço e, na ausência de normas constitucionais precisas que definissem a esfera de poder de cada instituição, acontecia que os éforos acabavam monopolizando o poder quando havia reis fracos ou indecisos, ou então ficavam sujeitos à vontade real quando se viam diante de soberanos firmes e determinados.

Para os alcmeônidas e os demais representantes do partido aristocrático, o rei de Esparta era o interlocutor ideal. Primeiro porque a monarquia sempre foi e continua sendo o parâmetro ideológico de referência para qualquer aristocracia, e segundo porque Cleômenes era o único líder bastante forte e ambicioso para acabar com um homem como Hípias.

A maneira com que os alcmeônidas envolveram Cleômenes e os espartanos na operação, como já tivemos ocasião de comentar, é no mínimo um tanto desconcertante pois, segundo nos conta Heródoto, chegaram a corromper a pitonisa e apelaram para o próprio Apolo a fim de provocar a ruína de Hípias e livrar Atenas da tirania.

Para nós, modernos, fica difícil imaginar até que ponto pudesse chegar a influência de um vaticínio do deus, mas sabemos com certeza que ninguém podia ignorá-lo. O oráculo era um poço de sabedoria, um verdadeiro "banco de dados" que acumulava conhecimentos sem parar desde tempos imemoriais, talvez até mesmo desde a idade micênica, e por isso gozava de imenso prestígio. Sabemos por meio de provas arqueológicas que mesmo nos séculos mais sombrios da chamada idade média helênica os grandes santuários, e em particular o de Delfos, continuaram sendo os únicos centros comerciais capazes de oferecer mercadorias muito caras e um estilo de vida suntuoso, o que nos diz muita coisa sobre o poder que

podiam exercer. Nenhuma cidade se entregava a qualquer tipo de empreendimento importante sem antes consultar o oráculo, e a interpretação do vaticínio ficava sempre aos cuidados de sacerdotes que tinham um incrível poder discricionário. O oráculo podia até declarar "guerras santas" contra Estados que se tivessem manchado de impiedade em relação ao santuário – por exemplo, cultivando terras que lhe pertenciam –, e todos tinham a obrigação de aderir ao chamado para que o culpado recebesse a justa punição.

Sabemos muito pouco acerca dos mecanismos internos do oráculo, do relacionamento entre a pitonisa e os sacerdotes, e entre estes e a assembléia política que, representando um determinado número de regiões da Grécia central, exercia a administração do santuário. Mas sabemos muito bem que os espartanos acataram as ordens do oráculo e organizaram duas expedições contra o Pireu. A primeira tentativa falhou, mas a segunda, guiada pelo rei Cleômenes, teve sucesso. Hípias teve de buscar abrigo na Ásia Menor, onde pediu e conseguiu a proteção do Grande Rei Dario. Por algum tempo, não se falou mais a respeito dele.

Nessa altura os alcmeônidas voltaram a Atenas e providenciaram para que a tirania nunca mais pudesse vingar. O autor da nova constituição foi um deles, Clístenes, filho de Mégacles, o autor dos primeiros preceitos democráticos na história da humanidade. Não era exatamente o que os espartanos tinham em mente: com a sua intervenção, com efeito, eles tencionavam instaurar em Atenas uma oligarquia aristocrática que tivesse com eles uma dívida de gratidão além de um relacionamento de algum modo subserviente, mas as coisas seguiram outros caminhos. Cleômenes bem que tentou mudar a situação para torná-la mais condizente com os desejos de Esparta, provavelmente impelido também pela aristocracia ateniense, mas os cidadãos-soldados da nova democracia defenderam com sucesso as suas conquistas.

Ao tornar-se arconte, Clístenes lançou uma reforma bastante complexa agindo antes de mais nada no plano territorial: juntou as aldeias e os vilarejos da Ática em comarcas chamadas *demos*, palavra que significa ao mesmo tempo "povo" e

"vilarejo", assim como acontece no espanhol moderno com a palavra *pueblo*. As duas cidades principais, Atenas e Braurônia, foram por sua vez divididas em vários demos. Os demos foram em seguida reunidos em conjuntos de dez, com cada conjunto representando uma das três regiões que formavam a Ática, e a partir desses trinta grupos foram estruturadas dez tribos que deviam eleger, cada uma, cinqüenta representantes que iriam formar o órgão legislativo chamado *Bulé* ("conselho"). Cada um desses grupos de cinqüenta representantes detinha a direção do Conselho (*Pritania*) pela décima parte de um ano. Além disso, cada tribo era formada por três componentes que representavam os habitantes da costa, da planície e das montanhas para que os colégios eleitorais fossem bem equilibrados também do ponto de vista social.

Estas reformas, de qualquer maneira, não aboliam as instituições sociais tradicionais nas quais se articulava a sociedade: permaneciam as fratrias em que eram subdivididas as quatro velhas tribos da Ática – grupos de famílias que provavelmente derivavam de antigas confrarias de guerreiros – assim como permaneciam as heterias (literalmente, "sociedades"), irmandades secretas dos aristocratas. Cabia às fratrias manter atualizadas as listas dos cidadãos, uma vez que quando nascia uma criança de sexo masculino o pai devia apresentá-la aos membros da fratria na ocasião de uma determinada festa anual (as *Apatúrias*) para que fosse reconhecida e aceita como membro da comunidade. E era dentro da fratria que os jovens celebravam o rito de iniciação à virilidade cortando os cabelos que até então haviam usado longos. Esta espécie de clã tinha tamanha importância para a vida dos indivíduos que, no caso de um membro ser assassinado sem que a família pudesse vingá-lo, a própria fratria iria se encarregar de levar a cabo a vingança.

Mais tarde os demos assumiram a responsabilidade de compilar as listas dos cidadãos, mas mesmo assim em segundo escrutínio pois ninguém podia ser incluído na lista se não pertencesse a uma fratria. A primeira inscrição, em resumo, era uma espécie de registro de família enquanto a segunda, a do demo, iria servir tanto como título de eleitor quanto para fins de alistamento militar. Com o passar do tempo, o demo

assumiu tamanha importância que acabou fazendo parte dos onomásticos das pessoas. Deixou-se, então, de identificar as pessoas pelo patronímico (por exemplo: Eupito, filho de Antenor), passando-se a distingui-las pelo demo de origem (Eupito do demo de Acarne).

Os cidadãos também elegiam um colégio de dez estrategos, um para cada tribo, que iriam guiar o exército na guerra, alternando-se um por dia no comando.

Esse detalhe deve certamente surpreender o leitor moderno que sabe quão fundamental é, numa guerra, a unidade do comando e a continuidade decisória, mas na praxe militar da Grécia entre os séculos VI e V a.C. isso era muito menos importante. O fato bélico, com efeito, era uma batalha que se desenvolvia em plena luz do dia, num determinado lugar, entre dois exércitos cujas formações eram equivalentes em largura e profundidade, e consistia num choque frontal que provocava a maioria das baixas na primeira meia hora. A formação que era forçada a recuar, tendo então de deixar seus mortos e feridos no terreno ocupado pelos adversários, tinha perdido a batalha campal: pedia uma trégua, negociava a devolução dos mortos e dos prisioneiros e as condições de paz que seriam válidas até o combate seguinte. Diante disso, como podemos ver, o papel do comandante era bastante limitado do ponto de vista estratégico. A sua importância era grande somente em nível tático e psicológico, pois o seu posto ficava na extrema direita da primeira linha e o seu exemplo podia ser determinante.

Podemos até supor que Clístenes, ao ditar a sua constituição, talvez pensasse numa espécie de emulação entre cada estratego no campo de batalha, para estimulá-los a afirmar a própria excelência e a da sua tropa em relação aos demais. Mas voltaremos a tocar no assunto mais tarde.

O que agora queremos frisar é que as normas promulgadas em 508 a.C. (data da reforma de Clístenes) tinham como base o sufrágio universal, o sorteio dos cargos (a fim de evitar fenômenos de corrupção) e o equilíbrio de todas as classes sociais na gestão da coisa pública. Para alguém ter acesso aos cargos do governo, com efeito, não era necessário o brasão de uma nobre ascendência nem um determinado nível de renda,

mas, sim, apenas o fato de ser cidadão, condição que competia a todos os homens que podiam demonstrar a sua ascendência ateniense por pelo menos três gerações. Eram excluídos do voto as mulheres, obviamente os escravos, e os residentes estrangeiros (*metoikoi*) que no entanto podiam exercer qualquer profissão. Garantia-se a todo cidadão a integridade física, a propriedade e a liberdade pessoal; em troca, exigia-se dele o respeito às leis, a fidelidade às instituições e a defesa da pátria em batalha, se disso houvesse necessidade. O equipamento pessoal, isto é, a custosa armadura da infantaria de linha, ficava nesse caso por conta dele. Esse equipamento consistia numa celada ou elmo de bronze com lâminas laterais para proteção do rosto, numa couraça de bronze, de couro ou de linho macerado e prensado (o conceito era o mesmo do colete de várias camadas à prova de balas) e reforçado com placas metálicas.

As couraças metálicas eram bivalves, amiúde de forma anatômica, presas lateralmente com tiras e fivelas; as de couro ou de linho prensado ficavam penduradas em duas ombreiras amarradas na frente a argolas que sobressaíam do peitoral. O hoplita também ficava protegido no abdome por largas tiras de couro reforçadas com placas metálicas que não lhe atrapalhavam os movimentos: asseguravam uma boa proteção contra os fendentes, mas não contra os golpes de picada. As pernas eram protegidas do tornozelo ao joelho por caneleiras anatômicas e, mais raramente, por coxotes sempre amarrados posteriormente. O escudo era considerado a arma (*hoplon*) por excelência. Redondo ou oval, cobria do queixo aos joelhos e era sustentado pelo braço esquerdo de forma que, em combate, também protegia o lado direito do companheiro de linha. Costumava ser enfeitado com imagens e símbolos heráldicos relativos à condição do guerreiro que o embraçava. As armas ofensivas eram o pique e a espada.

O progresso, mesmo em relação à constituição de Sólon, que sob certos aspectos continuou a vigorar, foi enorme. Só faltava mais uma coisa para se alcançar uma democracia realmente completa: o acesso das classes mais baixas aos cargos de primeiro escalão e a superação da gratuidade dos cargos públicos. Ninguém que ganhasse a vida com o próprio traba-

lho, com efeito, podia se permitir assumir um cargo público pois assim perderia a sua fonte de renda e já não teria meios para viver. Esse direito continuava portanto a existir no papel, mas nem todos, na verdade, podiam exercê-lo.

É claro que numa sociedade dessa época não se podia esperar o direito de voto para as mulheres: a plenitude de direitos decorria da plenitude de deveres, e antes de mais nada da defesa da comunidade – honra/ônus primeiro somente dos aristocratas, depois de todos os cidadãos, mas de forma alguma das mulheres. Se de fato hoje em dia as mulheres podem usar sem maiores problemas as mesmas armas mortíferas dos homens, naquele tempo seria impossível imaginá-las lutando em campo aberto com lança e escudo, uma vez que a divisão dos papéis (defesa para o homem, reprodução para a mulher) era muito rígida. O mito das amazonas, como já vimos, perdia-se num passado remoto e nebuloso e, detalhe curioso, mesmo assim elas eram sempre representadas como guerreiras a cavalo, com armas leves tais como arco e escudo em forma de meia-lua, mas nunca como soldados da infantaria pesada.

Paradoxalmente, as mulheres eram mais autônomas e livres na sociedade fechada e militarista de Esparta do que na democrática Atenas. Por lá as jovens exercitavam-se nos ginásios usando o curto quitão militar (os demais gregos, um tanto escandalizados, chamavam-nas de "coxas de fora") ou até dançavam nuas em certas festividades; já casadas, podiam livremente circular em público, possuir e transmitir patrimônios como os homens, e a elas cabia a honra de oficiar a solene cerimônia da entrega dos escudos aos filhos que partiam para a guerra, pronunciando a temível advertência: "[voltarás] com ele ou em cima dele" (isto é: morrerás antes de abandonar o teu posto em combate). Os guerreiros mortos ou feridos eram de fato trazidos de volta deitados em seus escudos em cujas braçadeiras os companheiros enfiavam as hastes das lanças transformando-os em macas.

Coisa bastante rara numa sociedade patriarcal, em Esparta temos até uma tradição de cunho quase feminista que chegou parcialmente até nós graças a Plutarco numa obra intitulada *Ditados de mulheres espartanas*. Há um episódio

particularmente esclarecedor quanto à condição feminina na cidade. Quando os delegados gregos da Jônia foram pedir ajuda militar ao rei de Esparta, Cleômenes, encontraram-no andando de quatro com a filhinha Gorgo nas costas. Diante daqueles olhos incrédulos, o rei disse: "Talvez não seja a maneira correta de receber hóspedes estrangeiros, mas se vocês são pais então irão entender." O que nos faz supor que em Esparta as meninas eram certamente amadas e paparicadas pelos pais mais do que os meninos, que deixavam a família ainda pequenos para morar nos quartéis. Temos notícias de mulheres espartanas titulares de fazendas de criação de cavalos de corrida cujas quadrigas participavam das olimpíadas, mais ou menos como os puros-sangues ingleses que agora correm em Ascot defendendo as cores da rainha ou de alguma dama da aristocracia britânica.

A reforma de Clístenes tornou irreversível o processo democrático, e a verdadeira tirania nunca mais voltou a aparecer em Atenas. Para evitar que isso acontecesse as atenienses adotaram uma medida radical e, de certa forma, profundamente injusta: o ostracismo, ele também atribuído à obra constituinte de Clístenes. Quando um cidadão se tornava poderoso demais ou a sua liderança podia de alguma forma ameaçar a democracia, a Assembléia dos cidadãos tinha o poder de votar uma moção para que ele fosse desterrado. Cada um escrevia o nome da pessoa em questão riscando-o na tinta preta de um caco de cerâmica (*ostrakon*), o papel para rascunhos dos antigos gregos. Se na hora da contagem os cacos superassem o quórum necessário, o homem tinha de deixar a cidade e não voltar antes de pelo menos dez anos, a não ser que fosse oficialmente chamado de volta com um decreto específico. Foi assim que muitas vezes Atenas acabou perdendo os seus melhores cidadãos, sem contar que nos momentos mais demagógicos o ostracismo tornou-se para alguns uma maneira muito cômoda de livrar-se dos adversários políticos.

Uma anedota de cunho conservador pode ser bastante esclarecedora a respeito do problema. Contam que, quando os atenienses se reuniram em assembléia para votar o ostracismo de Aristides – o adversário político de Temístocles –, um

camponês analfabeto que não o reconhecera aproximou-se e pediu-lhe para escrever no caco o nome de Aristides. Sem pestanejar, Aristides escreveu o próprio nome e devolveu o caco ao desconhecido adversário. Limitou-se a perguntar:

– Mas o que é que você tem contra este tal de Aristides, para querer exilá-lo?

E o camponês:

– Nada, só que estou farto de ouvir todo o mundo chamá-lo de "o justo".

É óbvio que a anedota circulou no intuito de desacreditar a democracia, de mostrar que nas mãos de incompetentes e ignorantes aquele sistema era uma arma perigosa e prejudicial, e de qualquer maneira não se pode negar que o ostracismo era uma condenação cruel baseada em meras suposições, aquilo que hoje chamaríamos de processo às intenções. Mas teremos a oportunidade de falar a respeito do radicalismo da democracia ateniense mais tarde. A coisa que mais surpreende é que um aristocrata como Clístenes, membro de uma família que sempre gostara do poder, conseguiu produzir um sistema político destinado a tornar-se modelo de convivência civilizada para os povos do mundo inteiro e que agora, depois de vinte e cinco séculos, continua insuperado. É claro que a constituição de Clístenes foi apenas a coroação de um longo processo iniciado primeiro por Sólon e depois, paradoxalmente, continuado por Pisístrato, que criou as premissas econômicas e sociais sobre as quais a democracia poderia assentar as suas bases. Não podemos esquecer, com efeito, que o reconhecimento dos direitos civis a todos os cidadãos de uma comunidade não passa de boa intenção se ao mesmo tempo eles não tiverem a possibilidade de exercê-los, e isso só acontece quando as condições de vida são pelo menos dignas para a maioria deles.

Livre da tirania, a cidade retomou o caminho do crescimento desenvolvendo-se até do ponto de vista demográfico. Nada, ou quase nada, sabemos acerca do "amaciamento" das novas instituições. De como o pessoal do campo se deixou convencer a abandonar os seus afazeres para participar da assembléia na colina da Pnice nem de qual foi a reação dos nobres. Não resta dúvida de que o prestígio destes últimos fi-

cou intato dentro das fratrias e eles provavelmente continuaram a ter bastante influência dentro das novas instituições. O Areópago, que reunia todos os ex-arcontes numa assembléia vitalícia, manteve a maior parte do seu prestígio. O que muitos continuam até hoje a se perguntar é como foi que aconteceu aquela espécie de milagre pelo qual os cidadãos das classes mais baixas, em lugar de se juntarem à volta dos nobres em busca da sua proteção (como aconteceria mais tarde em Roma com o sistema das clientelas), preferiram manter-se em sua maioria autônomos escolhendo a vida de homens livres. A resposta mais provável é que eles tenham entendido a força do voto e do conceito de "maioria" intrínseco à democracia. Sabiam que, graças ao seu grande número, eram importantes mesmo sendo pobres e humildes.

Na frente internacional, nuvens de tempestade iam-se acumulando no horizonte. Em 449 a.C. o rei Dario da Pérsia empreendeu uma expedição na Europa contra as tribos citas da atual Ucrânia. Mandou construir uma ponte sobre o Danúbio e deixou na margem meridional uma guarnição sob o comando de Istieu, tirano de Mileto e seu sátrapa, o qual por sua vez tinha deixado o poder em Mileto nas mãos de Aristágoras. A expedição não deu certo: assim como os seus epígonos russos fariam com Napoleão vinte e três séculos depois, os citas retiraram-se para o interior deixando atrás de si terra queimada, e Dario teve de enfrentar uma penosa retirada. Durante algum tempo nada se soube dele e do seu exército, e o nobre Milcíades, que morava em seu castelo nos arredores de Galípoli desde os tempos de Pisístrato, foi se encontrar com Istieu para convencê-lo a derrubar a ponte e deixar Dario entregue ao seu destino.

Enquanto isso, em Mileto, Aristágoras decidira atacar a ilha de Naxos para anexá-la à satrapia persa que Istieu lhe confiara e ganhar assim algum mérito aos olhos do Grande Rei, mas a expedição foi um desastre: os ilhéus rechaçaram o ataque infligindo a Aristágoras pesadas perdas das quais teria certamente de prestar contas a Dario quando ele voltasse. O homem teve então a idéia de proclamar a rebelião contra os persas dos gregos da Jônia (a costa ocidental da Anatólia) e

de liderá-los. Essa é, pelo menos, a interpretação de Heródoto, que nos apresenta Aristágoras como sendo um aventureiro oportunista e sem escrúpulos. Seja como for, Aristágoras sabia muito bem que não tinha a menor chance de resistir a Dario quando ele voltasse, a não ser buscando a ajuda dos gregos da pátria mãe. Partiu então para Esparta onde, como já vimos, encontrou o rei Cleômenes engatinhando no chão, brincando com a filhinha Gorgó, uma garotinha bastante impertinente.

O rei deu-lhe hospedagem, mas Aristágoras achou tudo muito desconfortável, tremendo de frio naquela casa onde, assim como em qualquer outra na cidade, era proibido por lei acender o fogo, mesmo no inverno, antes do pôr-do-sol. Estava com tanto frio que não tirava as mãos de baixo da capa e pedia a um escravo para atar-lhe os cadarços dos sapatos. Para olhos espartanos aquilo era tão estranho que a pequena Gorgó chegou a pensar que o hóspede estrangeiro não tinha mãos!

Aristágoras preparara-se bem, tinha até trazido consigo um mapa gravado sobre uma lâmina de bronze no qual aparecia uma boa parte do império persa. Disse que se os espartanos decidissem juntar-se a ele, os persas seriam desbaratados e o caminho estaria aberto até a capital, Susa. Cleômenes ficou um tanto perplexo, deu uma olhada no mapa e perguntou a que distância ficava aquela cidade, Susa, que ele mencionara. Aristágoras respondeu que ficava a uns três meses de marcha da costa.

– Meu hóspede – rebateu Cleômenes –, você não está desejando coisas boas para os espartanos se quer levá-los a três meses de marcha do mar.

Evidentemente a façanha de Xenofonte e dos seus "Dez mil", e ainda mais a de Alexandre, naquela época eram completamente inimagináveis. O resultado foi uma gentil mas firme recusa. Parece que Aristágoras tentou de outras formas, inclusive com presentes e dinheiro, mas sem conseguir o que desejava. Decidiu então recorrer aos atenienses.

Por mais corajoso que fosse, o exército de Atenas não podia ser comparado com o de Esparta, tão temível que muito poucos ousavam enfrentá-lo em campo aberto, e quem tentava acabava quase sempre se machucando, mas havia outra coisa a ser considerada: Atenas era a metrópole (isto é, a "cidade-

mãe") de Mileto e portanto não podia ignorar o chamado do sangue. E foi o que aconteceu: o ímpeto oratório de Aristágoras abriu uma brecha na assembléia que decidiu enviar vinte navios com uma tropa de mais ou menos cinco mil homens. "E isto prova", comenta Heródoto, "que é mais fácil convencer muita gente de uma só vez do que uma só pessoa tentando várias vezes." Mais cinco navios com cerca de mil homens foram enviados por Erétria, uma cidade na ilha Eubéia aliada de Atenas. Era uma decisão bastante leviana, pois com ela Atenas praticamente declarava guerra ao resto do ecúmeno, uma vez que o império persa já dominava todos os potentados do mundo conhecido, fazendo fronteira com o território de Cartago a oeste e com os principados do vale do Indo e das montanhas do Tibete a leste.

E acreditamos que desta vez Aristágoras achou por bem não mostrar aos atenienses o mapa de bronze que havia sido tão malsucedido com Cleômenes em Esparta.

Na primavera de 494 a.C. as forças conjuntas dos rebeldes jônios e das duas cidades gregas atacaram Sardes, a capital da satrapia da Lídia que já havia sido a sede de Creso, e saquearam-na. A acrópole defendida pela guarnição persa não foi atingida, mas, embora os gregos sempre negassem mais tarde qualquer responsabilidade, naquela ocasião foi destruído pelo fogo o templo da Grande Mãe dos deuses. Era um venerável santuário e tal ação ímpia despertou muita incredulidade e inquietação.

"Foi o começo de todos os males", escreve Heródoto, que, sendo filho de pai grego e mãe asiática, tinha a mente aberta e também compreendia as razões de quem não falava grego e não adorava os doze deuses do Olimpo. Enquanto isso, embora a duras penas, o Grande Rei conseguira reatravessar o Danúbio com o seu exército, alcançar a margem meridional guarnecida pelo fiel Istieu e estava agora se aproximando a marchas forçadas para punir o traidor Aristágoras e sufocar a rebelião dos jônios. O choque decisivo deu-se no mar, nas águas da ilhota de Lade bem em frente da baía de Mileto, e acabou sendo um desastre para os aliados. Heródoto quase parece rir com sarcasmo ao falar dos mercadores e dos burgueses de Mileto

que, sentados aos remos, ficaram logo com as mãos cheias de bolhas e não souberam acompanhar o ritmo da voga.

A cidade foi tomada e incendiada sem piedade, os rebeldes foram presos e sumariamente executados, as jovens mais lindas foram destinadas ao harém do Grande Rei, enquanto os rapazes mais bonitos foram castrados para se tornarem eunucos no mesmo serralho; a população inteira foi desterrada para o interior da Ásia. Quando tudo acabou, Dario quis saber quem ajudara os seus súditos a se rebelarem contra a sua autoridade.

– Os atenienses – foi a resposta.

– E quem vêm a ser esses atenienses? – teria perguntado Dario, ao mesmo tempo surpreso e indignado. Mas a coisa parece muito improvável uma vez que tinha um hóspede ateniense no seu próprio palácio, Hípias, o ex-tirano da cidade, que só esperava voltar para lá todo-poderoso, mesmo que fosse com o cargo de sátrapa da Pérsia. De qualquer maneira, continuando com o relato de Heródoto, Dario teria mandado um seu subalterno repetir todos os dias, no seu ouvido, "Rei, lembre-se dos atenienses", uma maneira como outra para dizer que Dario não gostara nem um pouco da intervenção ateniense na Ásia, que a considerava uma intolerável ingerência nos seus negócios internos e que tencionava tomar medidas drásticas para punir os culpados. Enviou então um exército para a Trácia apoiado por uma frota a fim de tentar uma invasão pelo norte. A notícia caiu como um raio em Atenas e, com ela, espalhou-se o medo. Não fazia muito tempo que um jovem político chamado Temístocles, que em pouco tempo estaria na boca de todos, apresentara na Assembléia uma proposta para destinar um fundo especial à fortificação do Pireu, que se prestava a tais obras muito melhor do que a ampla e desguarnecida baía do Falero. Os cidadãos aprovaram a moção e na certa não iriam se arrepender.

Estávamos agora em 492 e nesse ano um poeta trágico chamado Frínico apresentou uma tragédia intitulada *A tomada de Mileto*, na qual se encenava o martírio da cidade jônica pelos persas. O impacto no público, talvez não acostumado a ver tragédias que representavam fatos reais, foi devastador. Tanto assim que as autoridades atribuíram o primeiro prêmio

ao autor, mas o multaram "por ter lembrado coisas desagradáveis aos cidadãos" e proibiram reprisar a peça não só em Atenas como na Ática inteira. Esse exemplo de censura aplicado por um regime democrático merece alguma reflexão: evidentemente os magistrados atenienses receavam mais os perigos decorrentes de comportamentos irracionais da opinião pública do que problemas de ordem moral, como acontece com as democracias modernas. A pornografia, por exemplo, ou até a mera representação da sexualidade e do nu, rigidamente regulamentadas pelas nossas autoridades, parecem não ter incomodado minimamente os antigos atenienses. Justamente nesse período a pintura cerâmica mostra-nos cenas de simpósio muito ousadas, com práticas sexuais explícitas e extremas. Há quem interprete esse fenômeno como uma forma de compensação para os aristocratas que procuravam encontrar no âmbito particular as satisfações que as novas instituições democráticas agora lhes negavam no público, mas é provável que a própria democracia estimulasse os artistas a buscarem a liberdade até nesse campo.

Felizmente para os gregos, o exército persa foi dizimado pelos trácios e a frota naufragou nos recifes do monte Atos. A humilhação foi imensa e Dario resolveu tentar de novo dois anos mais tarde com uma expedição via mar que desembarcaria o exército invasor diretamente nas terras da Ática.

A frota partiu na primavera de 490 a.C. sob o comando do almirante persa Dátis, deixando um rastro de sangue e morte por onde passava. Erétria foi tomada de surpresa e arrasada; depois a esquadra virou para o sul, dirigiu-se para a Ática e atracou num local desabrigado que o povo chamava de "campo do funcho silvestre", e que nos milênios seguintes ficaria famoso como símbolo da luta de homens livres contra a tirania do invasor estrangeiro: Maratona. Era o mesmo lugar onde, muitos anos antes, Pisístrato desembarcara de volta do seu exílio em Eubéia, e quase certamente deve ter sido Hípias, presente ao lado das tropas persas, quem sugeriu o local para o desembarque.

Atualmente há ali uma pequena cidade com uma praia muito freqüentada, e o antigo túmulo dos atenienses caídos em batalha está cercado de canteiros de flores, hotéis e restaurantes;

mas naquela longínqua primavera de 490 era um areal descampado com somente alguns casebres de pescadores. A frota persa fundeou, os soldados desembarcaram, puxaram os navios para a areia e então acamparam sem dar sinal de querer sair dali tão cedo. Talvez Dátis não tivesse vontade de embrenhar-se nos terrenos montanhosos do interior para não se expor inutilmente ao risco de ciladas: a experiência da desastrosa expedição por terra de 492 ainda era uma ferida aberta, e ele achou melhor esperar que os atenienses dessem o primeiro passo.

Enquanto isso, estes últimos já estavam a par da sorte infeliz que coubera aos eretrienses e sabiam que o exército persa estava acampado em terras áticas a dois dias de marcha da cidade. Enviaram a Esparta um corredor famoso chamado Filípides, que percorreu a distância entre as duas cidades em apenas dois dias, com um desesperado pedido de ajuda. Os espartanos disseram que iriam intervir, mas não antes da celebração das festividades de Ártemis Órtia que só aconteceriam no plenilúnio. Desconsolado, Filípides voltou com a decepcionante resposta da mais poderosa cidade da Grécia e também contou uma estranha história: enquanto corria para Esparta aparecera diante dele o deus Pã. Uma alucinação talvez devida ao grande desgaste, ou quem sabe algum cabeludo pastor vislumbrado perto de uma nascente? Nunca saberemos, mas os atenienses acharam por bem construir mais tarde, no sopé da acrópole, um pequeno santuário ao deus Pã para lembrar o fato.

Atenas estava só: somente a pequena Platéias, cidade limítrofe em território beócio, respondeu ao chamado alinhando dois mil soldados ao lado dos dez mil atenienses. Considerando um homem válido para cada quatro habitantes, e que mais uns seis ou sete mil homens haviam ficado para presidir a cidade, podemos concluir que Atenas e a Ática tinham ao todo de sessenta a setenta mil habitantes: nada em comparação com os trinta ou quarenta milhões que com toda probabilidade povoavam o imenso império persa, única superpotência do mundo de então, que além do mais já mantinha relações no Ocidente com os cartagineses e talvez também com os etruscos, que mais tarde se tornariam seus aliados.

O responsável pelas atividades militares, o arconte polemarco Calímaco, reuniu o colégio dos estrategos. Provavelmente apresentaram-se armados da cabeça aos pés, como era costume no caso de alerta máximo, para ouvir as propostas do governo da cidade e dizer o que pensavam. Entre eles estava Milcíades, de volta do Quersoneso trácio depois da derrota dos pisistrátidas, o único a saber alguma coisa acerca dos persas e da sua maneira de lutar. Era um aristocrata, um senhor que dominava com absolutismo o seu principado na Trácia, e isso demonstra o prestígio e a consideração de que ainda gozavam os nobres em caso de guerra, mesmo depois da constituição de Clístenes. Afinal, havia sido ele quem sugerira que Istieu derrubasse a ponte sobre o Danúbio e deixasse o Grande Rei entregue à sua sorte nas estepes cíticas.

Milcíades tinha idéias muito claras: era preciso chegar o quanto antes a Maratona e acampar bem em frente dos persas para prevenir qualquer movimento deles e impedir que se provessem de mantimentos. Ele foi tão determinado que os demais generais desistiram do revezamento diário no comando em seu favor, para que o companheiro pudesse levar adiante o seu plano de batalha.

As tropas atenienses chegaram à planície de Maratona, acamparam a meia milha de distância das forças persas e os dois exércitos ficaram um diante do outro, estudando-se sem ousar tomar a iniciativa. Os soldados de Atenas e Platéias eram doze mil ao todo, enquanto nas palavras de Heródoto os persas somavam cem mil, mas quase ninguém acredita que de fato pudessem ter trazido por mar um contingente desse tamanho: uma estimativa mais razoável poderia ser de uns trinta ou quarenta mil homens, de qualquer maneira uma superioridade esmagadora.

Preocupado com as dificuldades de suprimento do seu exército, que tinha as montanhas atrás de si, e achando que os espartanos, mesmo que viessem, jamais chegariam a tempo, Milcíades decidiu tomar a iniciativa. Reuniu o estado-maior e explicou o que tinha em mente: uma verdadeira loucura. Sabia que o ponto forte do exército inimigo eram os inúmeros arqueiros que, com seus arcos de curvatura dupla, podiam soltar em parábola enxames de dardos com mortíferas pontas de

ferro. Se os persas conseguissem manter as formações gregas a distância durante bastante tempo, as baixas iriam ser muito pesadas: menos da metade dos guerreiros chegariam a ter contato físico com o inimigo. Era absolutamente necessário superar correndo o espaço crítico ao alcance dos arcos inimigos, de forma a tornar mínimo o tempo em que estariam expostos aos mortais enxames de flechas dos arqueiros persas.

Fácil de dizer: na verdade significava superar em disparada e sem romper a formação duzentos metros sob o peso de uma armadura completa (cerca de trinta e cinco quilos de ferro, bronze e couro), chegar ofegante ao embate com o inimigo esperando não ter esgotado as melhores energias e aí engalfinhar-se num corpo-a-corpo que se anunciava dos mais furibundos. Os hoplitas atenienses e gregos em geral estavam habituados a praticar o *hoplódromos* (a corrida com o escudo), uma especialidade atlética que também se disputava nas olimpíadas e que tinha a finalidade de acostumar os jovens com o peso do grande escudo que, sustentado pelo braço esquerdo, desequilibrava o baricentro do guerreiro para aquele lado.

Provavelmente Milcíades alinhava em suas fileiras somente os jovens na flor da idade e do vigor, enquanto os mais velhos haviam ficado para presidiar as muralhas da cidade, e podia então contar com esse viço atlético para a estratégia que tinha em mente. Sabia muito bem, com efeito, que a infantaria persa dava o melhor de si na luta a média distância, mas que no corpo-a-corpo não iria agüentar o impacto da avalanche de bronze e ferro da falange hoplítica. Foi assim que na madrugada do oitavo dia as sentinelas despertaram alguns guerreiros em voz baixa e aí, passando a palavra sem ruídos, sem toque de cornetas, a tropa inteira acordou. Todos consumaram a primeira refeição de pé e em seguida alinharam-se em suas posições. A palavra de ordem passou de homem para homem, de fileira para fileira. Os olhos de todos fixaram-se no braço levantado do comandante supremo, à espera do sinal de ataque, naqueles longos momentos em que cada um pensava na esposa e nos filhos e tentava juntar todas as energias físicas e psíquicas preparando-se para ficar cara a cara com a morte.

Ao sinal do chefe, a falange avançou a passo, como um todo, e aí, a uns duzentos metros do inimigo, começou a correr cada vez mais rápido enquanto o ar se enchia do estrondo das armas. O impacto foi pavoroso: o muro de escudos metálicos chocou-se com as postações persas com extrema violência e empurrou-as para trás. O armamento leve dos irânicos, que usavam escudos de vime e coletes de couro, não agüentou o embate a curta distância contra as armas pesadas dos hoplitas de Atenas e de Platéias, e as tropas de Dátis começaram a recuar para a linha da praia deixando inúmeros mortos e feridos no caminho. Finalmente, tomados de pânico, os soldados persas procuraram em massa refúgio nos navios.

Heródoto conta incríveis episódios de heroísmo, como aquele de um guerreiro ateniense chamado Cinégiro que, pendurado na popa de um navio, procurava içar-se a bordo. Uma machadada amputou-lhe a mão, mas ele conseguiu mesmo assim pular para dentro e jogar para o mar os inimigos empurrando-os com o escudo. O arconte polemarco Calímaco morreu em combate com cento e noventa e um dos seus soldados, mas o tributo de sangue pago pelos persas foi muito maior. Nessa altura Dátis pensou numa ação de contra-ataque e ordenou que levantassem velas para o Pireu. A cidade só era defendida por um pequeno presídio de reservistas enquanto o grosso da tropa ainda estava em Maratona. Além do mais, ao verem aparecer a frota persa, os atenienses iriam certamente pensar que a batalha havia sido perdida, que a sua melhor juventude havia sido ceifada e que agora só lhes restava pedir rendição.

Milcíades percebeu logo que, a não ser que informasse imediatamente o seu governo, a vitória conseguida no campo de batalha podia tornar-se vã devido à astuciosa manobra do inimigo. Chamou Filípides, o corredor, e mandou-o de volta à cidade para avisar que não se rendessem de forma alguma, pois o seu exército havia vencido e estava prestes a chegar.

Depois de ter lutado ao lado dos companheiros a manhã inteira, Filípides despiu as armas e saiu correndo em direção a Atenas. Uma boa parte do caminho era entre íngremes colinas, mas o jovem sabia que a salvação da cidade estava em jogo. Chegou ao entardecer, gritando com as suas últimas for-

ças "*Nike! Nike!*" (Vitória! Vitória!) e tombou ao chão sem vida, vencido pelo esforço sobre-humano. A cidade fechou as portas e reforçou os postos de guarda, e quando a frota de Dátis entrou na enseada, o almirante persa percebeu logo que a vantagem da surpresa com que contava havia desaparecido. Os atenienses sabiam que haviam vencido e estavam prontos a repelir qualquer ataque. Não teve outra escolha a não ser voltar atrás e enfrentar a ira do seu soberano. Os espartanos chegaram quando a batalha já havia acabado e tomaram o caminho de volta sem nem mesmo desembainhar as espadas. Filípides percorrera em poucas horas mais de quarenta quilômetros: a cada quatro anos o seu sacrifício é lembrado nas olimpíadas modernas quando atletas de todos os cantos do mundo competem na mesma distância percorrida por ele em busca do reconhecimento mais prestigioso e cobiçado – o de corredores "maratonistas".

4 DE JULHO DE 1999

– Você sabia que eu estava em Maratona quando Marinatos desencavou o túmulo dos plateienses? – Kostas ficou emocionado ao ler sobre a batalha de Maratona e estava agora segurando a velha edição de Heródoto que usava na escola.

– E por que estava lá?

– A prefeitura de Atenas estava muito interessada naquelas novas escavações, e eu também pensava que os plateienses deviam ter sido enterrados em algum lugar não muito longe dali. E você, já esteve em Maratona?

– No mesmo ano em que a gente se conheceu, e depois voltei uns oito, dez anos atrás, não lembro mais, justamente para ver a escavação de Marinatos.

– Marinatos já morreu, não é?

– Sim, e Andrónikos também já se foi, o arqueólogo que encontrou o túmulo de Filipe em Vergina. Dois grandes arqueólogos, que nada têm a invejar aos maiores do passado.

– O que é que vocês sentem ao segurarem nas mãos os ossos de homens que fizeram a história?

– Depende. Os arqueólogos não são diferentes de todos os demais pesquisadores. Alguns pensam principalmente no que vão ganhar em termos internacionais, e há outros que são tomados por emoções muito fortes. Lembro que já vi um colega chorar comovido. Mas são poucos. É preciso manter-se jovem e de alguma forma ingênuo para ainda sentir emoções. Muitos acham que um verdadeiro cientista não se deixa levar pelos sentimentos, mas no meu entender esta atitude só pode ocultar pobreza de espírito.

– Também acho. Sabia que a minha albanesa foi-se embora?

– Embora para onde?

– Embora, talvez de volta para casa.

– Ficou sozinho? Precisa de alguma coisa?

– Não. Antes de ir embora encontrou uma substituta, uma garota kosovara bastante esperta. Sabe de uma coisa? Hoje mesmo pensei naquela marca de sapatos esportivos...

– Nike.

– Essa mesma. Tiraram o nome do grito de Filípides.

– Eu sei. Mas agora pronunciam "Naike", do jeito americano.

– Nem me fale... Até os gregos pronunciam assim!

– E os italianos também. É o que chamam de colonização cultural. A palavra é nossa, mas só nos parece digna de ser pronunciada se voltar transformada e distorcida numa língua estrangeira que nos parece mais prestigiosa, mais internacional...

– Naike... Coitado do Filípides.

– Pois é, coitado do Filípides. Tchau, Kostaki.

V
Salamina

Como todos fazem quando estão prestes a enfrentar alguma coisa considerada impossível, os atenienses também haviam feito uma promessa à sua deusa protetora: se vencessem a batalha, sacrificariam uma cabra para cada inimigo morto. Mas, uma vez que não dispunham de tantos milhares de cabras, decidiram prorrogar o pagamento à deusa e por um determinado período sacrificaram-lhe quinhentas cabeças por ano no dia de uma festividade particular, e também remediaram a sua falta de consideração para com o cabeludo Pã, que se queixara com Filípides, erguendo-lhe um templo na acrópole.

A batalha de Maratona tornou-se um acontecimento memorável: o valor dos que lá lutaram virou um exemplo. Podemos imaginar facilmente como os guerreiros foram recebidos na volta pelos seus concidadãos, pelas tribos, pelas fratrias e pelas suas famílias. Cada um deles tornou-se um herói e já mencionamos como o poeta Ésquilo, que lutou contra os persas, quis que a laje tumular lembrasse a sua participação naquela batalha campal antes que a sua glória como poeta trágico.

Uma cidade, sozinha, humilhara em campo aberto as forças do maior império de todos os tempos, que de fato ia da Macedônia até o Indo. Podemos até pensar, é claro, que Dario tinha subestimado a determinação e o valor dos seus adversários, mas o resultado não muda.

Os cento e noventa e dois atenienses mortos foram cremados no local, uma honra imensa que só raramente era concedida, e sobre as suas cinzas ergueu-se um túmulo que pode ser visto até os nossos dias. O mesmo aconteceu com os plateienses, cujo túmulo foi encontrado há não muitos anos pelo arqueólogo grego Marinatos. Milcíades pediu que o governo da cidade erguesse uma estrela comemorativa de mármore em sua homenagem como lembrança da sua vitória contra os persas. Responderam-lhe que isso certamente seria feito se ele tivesse ganhado a batalha sozinho: uma resposta que deixa entender até que ponto o espírito igualitário típico das democracias estava arraigado na sociedade ateniense. Mas Milcíades era e continuava sendo um aristocrata, e procurou outros caminhos para afirmar o seu prestígio: pediu e conseguiu uma frota para uma expedição punitiva contra Paros. O pedido foi aceito sem maiores objeções, mas, na verdade, embora se possa ver na manobra de Milcíades a intenção de castigar as ilhas que haviam abrigado presídios persas tornando-se dessa forma uma ameaça para o povo da Ática, aquilo tudo não passava de um verdadeiro ato de pirataria oficializada.

O empreendimento foi um fracasso total: talvez faltasse o fator surpresa ou então a experiência nas técnicas de cerco; acontece que depois de seis semanas Milcíades foi ferido e forçado a levantar o sítio. Ao voltar a Atenas foi processado e condenado a pagar uma multa enorme: cinqüenta talentos. Para termos uma idéia do absurdo dessa quantia, basta pensar que mesmo no período do seu maior esplendor – quando chefiava a liga de Delos – o tesouro da cidade somava quatrocentos talentos.

Apesar das suas posses no Quersoneso e de ser o genro de um rei trácio, ele não conseguiu pagar e foi então jogado na cadeia, onde morreu, talvez devido aos ferimentos sofridos. Desconhecemos o motivo de um tratamento tão duro e severo, mas pode ser que o povo ateniense que proferiu a sentença estivesse a par de coisas a respeito da expedição que nós ignoramos. O filho de Milcíades, Címon, ainda era um rapazola quando herdou aquela enorme dívida e tentou tomar conta do melhor jeito possível da irmã Elpinice, mas era tão pobre que não podia conseguir-lhe um dote à altura. A jovem era realmente linda, e a convivência dos dois provocou muitas fofocas maldosas: contavam que eram amantes, e Plutarco chega a dizer que, segundo alguns testemunhos, Elpinice, não podendo aspirar a um casamento digno da sua posição, preferiu casar oficialmente com o irmão, coisa aliás permitida pela lei ateniense.

As duas notícias não parecem ser lá muito confiáveis: o que por sua vez sabemos com certeza é o fato de ambos terem sido muito bonitos e providos de irresistível fascínio. Címon, de temperamento rude mas franco, era alto, atlético, com uma grande cabeleira negra e encaracolada, e gostava das mulheres, com as quais aliás tinha bastante sucesso. Acabou casando com Isodice, uma bisneta de Clístenes, tornando-se assim parente dos alcmeônidas. Tudo indica que foi um grande amor e, quando ela faleceu, o rapaz caiu no mais profundo desespero. Segundo outras indiscrições que chegaram até nós do mundo antigo, Elpinice teria sido a amante de Polignoto, o maior pintor da época, e talvez até seu modelo. Os mexericos diziam que o rosto de uma das heroínas da guerra de Tróia representada por Polignoto no pórtico Pecile ("enfeitado") era na verdade o de Elpinice.

Grandes mudanças aconteceram nessa época na cidade. A produção cerâmica teve uma expansão extraordinária graças a pintores de vasos de excepcional talento, tais como Esmicro e Eufrônio; nas suas criações ainda podemos perceber a rivalidade entre os dois graças a uma série de alusões e alfinetadas satíricas que aparecem na forma de curtas frases atribuídas aos personagens pintados e que tornam a coisa toda parecida com uma história em quadrinhos. Toda a visão plástica da arte sofreu uma transformação: foram abandonados os modelos estáticos da época arcaica em prol de composições mais dinâmicas. O *Efebo* de Crítio, por exemplo, embora mantenha a coroa arcaica de caracóis todos iguais em volta da testa, possui uma moldagem de massas musculares macia e delicada, e o apoio sobre a perna esquerda proporciona ao seu corpo uma harmoniosa leveza totalmente nova no que diz respeito à tradição dos *kouroi*, sempre representados de frente, de braços rígidos e esticados ao longo do corpo, de punhos fechados, sorriso estereotipado nos lábios e olhos exageradamente arregalados.

Também desapareceu, nessa época, o hábito de os aristocratas construírem imponentes e caros simulacros para os túmulos dos seus mortos, e pode ser que essa tenha sido mais uma conseqüência do aparecimento da democracia. Os rostos das estátuas passam a expressar sentimentos verdadeiros, como no caso dos guerreiros representados no frontão do templo de Afaia em Egina. Quem viu esses grupos na Glyptothek de Munique não pode esquecer a expressão de esgotamento e dor no rosto do guerreiro moribundo na ponta direita do frontão oriental, ou a dramática postura do seu companheiro que, na outra ponta, se apóia agonizante no escudo. São representações de uma intensa e dolorida consciência da morte que, se por um lado relembram a tradição heróica e aristocrática devido aos temas apresentados, por outro refletem a individualidade humana com uma participação até então desconhecida, o que é sinal de uma evolução cultural que se expressava de várias formas e por meios diferentes, mas que tendia sem dúvida ao desenvolvimento da dignidade e da personalidade do indivíduo.

É bem verdade que a nossa visão da escultura antiga em mármore é um tanto distorcida pelo fato de estarmos acostumados a vê-la toda branca, enquanto originalmente era pintada em cores muito vivas. Não podia ser de outra forma: o brilho da forte luz mediterrânea sobre superfícies brancas teria criado reflexos ofuscantes e amortecido a unidade dos volumes e das formas. Mas um observador moderno, já acostumado à brancura do mármore na luz discreta dos museus e à fascinação dos fragmentos, ficaria provavelmente chocado ao ver as estátuas do frontão de um templo grego no triunfo das suas cores originais. Precisamos contudo confiar no gosto dos gregos e aceitar a idéia de que os seus templos eram lindos exatamente do jeito imaginado pelos seus criadores.

Nessa época o teatro também teve um notável desenvolvimento. A tragédia evoluiu para formas mais complexas, com um maior número de atores em cena e com representações de grande intensidade emocional, enquanto se aperfeiçoava um gênero que teria muito sucesso junto ao público e um grande impacto sobre a vida política: a comédia. As origens da palavra são até hoje motivo de controvérsia. Há quem diga que vem de *komodia* (canto da aldeia); outros, de "canto do *komos*", a dança ritual dionisíaca, coisa não muito provável, uma vez que as representações aconteciam principalmente durante as Grandes Dionisíacas (as festas em honra do deus Dioniso ao qual era dedicado um bonito teatro na encosta meridional da acrópole). Seja como for, a comédia tinha uma conotação debochada e até obscena tanto no diálogo quanto na caracterização dos atores, o que não escandalizava nem um pouco os sacerdotes do deus sentados na primeira fileira. Esse seu espírito no mínimo mordaz condizia perfeitamente com a sátira política, de forma que muitos líderes públicos de primeiro escalão tiveram de acostumar-se com as troças que os escarneciam no palco, sem recorrerem a qualquer tipo de censura a não ser em casos muito raros.

A paixão dos atenienses pelo teatro tornou-se incontida: nas Dionisíacas, os espetáculos começavam de manhã e acabavam ao anoitecer, durante vários dias sem parar, e o povo trazia consigo o almoço e às vezes até o jantar para comer nas arquibancadas. Não encontramos vestígios de mictórios nos teatros gregos (como tampouco, aliás, nos anfiteatros romanos, que eram bem maiores), e isso nos leva a crer que os espectadores saíam vez por outra do teatro para satisfazer as suas necessidades. Em época posterior as características da representação teatral seriam teorizadas pelos filósofos, mas a sua função pedagógica e deliciosamente política foi logo percebida pelas autoridades e pelos políticos mais espertos. Eram eles que financiavam as encenações e nomeavam os responsáveis pelos coros e pela escolha dos atores. Pode ser até que tivessem alguma influência na redação dos textos e na dramatização: afinal, eles não eram muito diferentes dos produtores de agora.

Os atores só podiam cantar com a própria voz e com a mímica do corpo, mas não com a expressão do rosto, sempre escondido atrás de uma máscara que se identificava com o personagem representado. Para nós modernos, acostumados a reparar em cada detalhe expressivo dos atores filmados em primeiro plano, essa maneira de representar parece inconcebível, tanto assim que, quando tragédias antigas são reapresentadas nos teatros clássicos, os atores nunca recorrem ao uso de máscaras; mas naquele tempo os espectadores teriam considerado absurdo que personagens consagrados pelo *epos*

– como Hércules ou Teseu – mudassem de aspecto (com a troca dos atores) a cada apresentação, e que um ator emprestasse o seu rosto a personagens diferentes. Uma brilhante descrição da psicologia popular a respeito disso nos é fornecida por García Márquez em *Cem anos de solidão*, em que se descreve o escândalo dos espectadores ao verem "ressuscitar" num filme um sujeito que haviam visto morrer em outro. E mesmo hoje em dia os produtores procuram recorrer sempre ao mesmo ator para interpretar o personagem de algum seriado, e às vezes o desaparecimento do ator também determina a morte do personagem, pois o público se recusa a aceitar um rosto diferente daquele ao qual se acostumou.

A felicidade e o orgulho por terem derrotado praticamente sozinhos os persas em Maratona iriam ser, para os atenienses, motivo de propaganda política durante muitos anos junto aos demais gregos, mas nos anos imediatamente seguintes à vitória eles viveram com o medo constante de uma segunda invasão. Se Dario tinha reprimido tão duramente a rebelião jônia, como é que poderia engolir agora um sapo daquele tamanho? Egina, de qualquer maneira, continuava sendo uma ameaça, uma vez que entregara em sinal de submissão terra e água aos embaixadores persas em 490 e detinha uma posição estratégica bem no meio do golfo Sarônico.

A coisa chamou a atenção até de Esparta, onde o rei Cleômenes tentou convencer o governo a ordenar uma expedição punitiva contra os eginos. Provavelmente sentia na pele a frustrada participação em Maratona e queria reafirmar aos olhos dos gregos a imagem de Esparta como potência protetora e hegemônica. A proposta encontrou a dura oposição do outro rei, Demarato; Cleômenes corrompeu então a Pítia Periala e ela vaticinou que o seu colega era bastardo, isto é, filho de uma relação adulterina da mãe, e que portanto não era digno de reinar. Demarato partiu para o exílio e, assim como já havia feito Hípias, foi buscar asilo no palácio do Grande Rei. Mas o engano de Cleômenes veio à tona: Periala foi escorraçada do santuário e Cleômenes foi destituído. Chamado de volta por medo que organizasse um golpe militar, foi em seguida preso a mando dos éforos com a desculpa de ter-se entregado à "moda bárbara" de beber vinho puro e ter, por isso mesmo, ficado louco.

Os éforos ordenaram que fosse acorrentado a uma coluna numa praça da cidade sob os olhares atentos de um hilota. O fim do valoroso rei espartano foi de gelar o sangue: certa manhã, ao alvorecer, percebeu que o hilota tinha adormecido, pegou a faca que o escravo tinha no cinto e começou a rasgar as próprias pernas do tornozelo à virilha, para depois cortar o ventre e tombar numa poça de sangue. Uma morte que mereceria uma meditação mais atenta, pois na certa esconde algum misterioso ritual (tão estranhamente parecido com o haraquiri) com o qual o rei quis jogar na cara da cidade o seu sangue. Sucedeu-lhe o meio-irmão Leônidas, enquanto Leotíquides ficou no lugar de Demarato.

Atenas tampouco se manteve isenta de problemas internos: são desses anos as notícias que Heródoto nos dá a respeito dos primeiros ostracismos de pessoas consideradas "amigos dos tiranos", o que nos deixa pensar que Hípias ainda era vivo. Mas se for verdade que em Maratona bastou um espirro para que ele cuspisse um dente, já devia estar bem velhinho e bastante caquético. O próprio Temístocles correu esse risco, numa votação que entretanto não alcançou o quórum. As escavações arqueológicas na ágora forneceram-nos um bom número de cacos com o nome e o patronímico dele riscados no fundo negro: "Temístocles, filho de Neocles." Evidentemente a sua carreira política havia sido muito rápida e o seu poder crescera a ponto de suscitar aquele tipo de reação.

Enquanto isso, as obras de fortificação do porto e das docas do Pireu continuavam, até mesmo devido a ameaças bastante próximas, como a de Egina.

O rei Dario não teve a chance de vingar a humilhação sofrida porque foi forçado a cuidar de uma grande rebelião que estourou no Egito em 486 e quando morreu, logo a seguir, parece que as suas últimas palavras no ouvido do filho Xerxes foram as famosas: "Não se esqueça dos atenienses."

E Xerxes não esqueceu. Logo que conseguiu dominar outra revolta, dessa vez dos babilônios, aprontou a maior expedição que jamais se vira. Heródoto fala de cinco milhões de homens e de mil navios, o que na verdade soa um tanto exagerado, mas muitos consideram bastante realista o número de trezentos mil soldados, o que para a época é sem dúvida nenhuma uma enormidade. Bem sabendo do desastre de Mardônio, o general que chefiara a primeira tentativa de invasão em 492, o imperador mandou cortar um canal na península do monte Atos para que a frota pudesse evitar os recifes e ordenou a construção de uma ponte através do Bósforo que permitisse a passagem do gigantesco exército. A primeira tentativa foi um fracasso: parece que Xerxes usou duas equipes de engenheiros, uma fenícia e a outra egípcia. A técnica era a da ponte de barcaças, mais tarde comprovada em muitas travessias fluviais dentro do Império persa. Provavelmente puxaram os dois cabos-guias de uma margem para a outra rebocando-os com navios de guerra e então esticaram-nos com guindastes através das caneluras de quatro roldanas, duas na Ásia e duas na Europa, fincando-os firmemente no chão. Prenderam então nos dois cabos esticados e paralelos as barcaças sobre as quais deitaram esteiras cobertas de terra. Mas aí houve uma borrasca. O cabo de cânhamo trançado pelos fenícios, ao molhar-se, encolheu muito mais do que o de papiro dos egípcios que, no entanto, ficou muito mais encharcado do que o de cânhamo. Toda a estrutura desequilibrou-se e foi rapidamente destruída pela fúria das ondas.

Xerxes mandou cortar a cabeça dos engenheiros para que os seus sucessores fossem mais cuidadosos com os cálculos e mandou chicotear o mar enquanto eram proferidas estas palavras:

> O Grande Rei te inflige este castigo porque lhe causaste
> um grave dano sem dele ter recebido afronta alguma.
> E por isso mesmo ninguém te oferece sacrifícios,
> ó desprezível correnteza, turva e salgada.

Aí as obras recomeçaram. Desta vez estudou-se o movimento das correntezas – muito fortes no Bósforo – e foram instalados dois cabos duplos de cada lado, um de papiro e outro de cânhamo, a fim de balancear com perfeição os repuxos, e no começo da primavera o imenso exército principiou a desfilar diante dos olhos do Grande Rei: persas, medos, babilônios, citas, partos, ircanos, indianos, egípcios, frísios, lídios, etíopes e capadócios, um contingente como jamais se vira antes. Chegaram à Europa e os rios secavam com sua passagem, as cidades esvaíam-se em sangue para alimentá-los: a narração de Heródoto assume tons épicos ao descrever a Ásia inteira derramando-se como uma inundação sobre a pequena Grécia.

Os atenienses e os espartanos convocaram então em Corinto um congresso das cidades gregas para decidir o que fazer, e desta vez também participaram velhos inimigos de Atenas, os megarenses e os eginos. Enquanto isso, uns e outros consultaram um oráculo de Delfos para saber o que podiam esperar; a resposta foi uma ducha fria: aos atenienses foi aconselhada uma fuga apressada, pois a força invencível dos medos iria destruí-los e a pitonisa já podia ver os templos dos deuses molhados de suor diante da perspectiva de serem arrasados e queimados.

O desespero dos emissários foi tão grande que eles não se atreviam a voltar a Atenas e ficavam ali mesmo, nos degraus do templo, entregues ao terror e à mais completa aflição. Passou por lá um sujeito e perguntou o que havia com eles. Ao saber da resposta, aconselhou que voltassem para dentro e ameaçassem jejuar até a morte se o deus não lhes desse um oráculo mais animador. E o vaticínio chegou: havia uma esperança de salvação desde que os atenienses construíssem uma muralha de madeira. Heródoto também relata que na última parte do oráculo havia uma referência a Salamina, mas isso é um tanto difícil de se acreditar e parece mais um presságio proferido com a sabedoria de quem já sabe o que aconteceu, isto é, a vitória naval nas proximidades da ilha. Aos espartanos foi dito: "Quanto a vocês, habitantes de Esparta de largas ruas, ou seu alto penhasco será pelos homens persas conquistado ou, se isso não se der, terão de prantear a morte de um rei da estirpe de Heracles." Como se dissesse que se os persas não ocupassem a cidade, teriam mesmo assim de lamentar a perda de um dos seus reis.

Aqui também a primeira parte do oráculo é a mais verossímil, enquanto a segunda parece ter sido difundida após a morte de Leônidas nas Termópilas. O ponto firme sobre o qual não podemos ter dúvidas é que o oráculo de Apolo desencorajava com firmeza a resistência contra os persas, como se tivesse tomado partido a favor deles. O Conselho que controlava o santuário, com efeito, era formado principalmente pelos representantes dos pequenos Estados tribais da Grécia central, os mais expostos a uma invasão persa, e não podemos descartar a hipótese de eles já terem comunicado ao Grande Rei a sua disponibilidade para um acordo.

Esta atitude do oráculo representava um obstáculo formidável, muito difícil de ser removido. Pelo que nos conta Heródoto, em Atenas Temístocles tinha resolvido o problema de forma brilhante interpretando a absurda resposta délfica como uma exortação para construir uma frota (a muralha de madeira) e conseguira convencer a Assembléia a destinar os rendimentos das minas de prata do Laurion para a construção de cem trirremes: embarcações com três ordens de remadores inventadas pelos coríntios e com um coeficiente de penetração muito alto, o melhor que a tecnologia militar naval da época tinha a oferecer.

Mas como convencer os gregos a lutar contra os persas se isso contrariava a vontade do deus Apolo? A única solução possível era separar as responsabilidades do Conselho anfictiônico da vontade do deus, e provavelmente foi mais uma vez Temístocles que criou uma verdadeira obra-prima política: os confederados juraram que depois de ganhar a guerra "aqueles que, embora sendo gregos, medizavam [estavam do lado dos medos, isto é, dos persas] iriam ser dizimados em prol do deus de Delfos".

A mensagem era muito clara: por um lado desmascarava os Estados que escondiam o seu assentimento ao invasor atrás das palavras do oráculo, por outro confirmava a fidelidade dos confederados ao deus de Delfos ao qual se prometiam as dízimas tiradas dos traidores. Nesta altura os representantes da Lócrida, da Fócida e da Dórida, que tinham o controle da Anfictionia, ficaram encostados na parede e viram-se até forçados a dar uma explicação. Responderam com um lance igualmente astucioso: mandaram dizer que estavam prontos a combater ao lado dos confederados, mas que não podiam fazê-lo sozinhos; ficariam bem felizes em juntarem as suas fileiras às dos outros, mas só se estes viessem defender os passos entre a Macedônia e a Tessália.

Sabiam que isso não era possível e que nem mesmo os relâmpagos de Zeus iriam tirar os espartanos das imediatas cercanias do Peloponeso. Os confederados tiveram de pelo menos ensaiar uma tentativa de ajuda, e mandaram um pequeno contingente, nada mais do que um grupo de exploração, ao qual só coube reconhecer a impossibilidade de defender os passos ao norte da Tessália.

Mas os problemas não acabaram por aí: na hora de se definir a linha defensiva, os espartanos fincaram o pé: não estavam dispostos a tirar um homem sequer do istmo de Corinto, a estreita faixa de terra que ligava a sua "ilha" ao continente helênico, confiando que nenhuma força no mundo poderia romper as suas postações e que dali poderia partir a contraofensiva. Temístocles teve de chegar às raias da chantagem deixando pairar no ar a idéia de que os atenienses, caso fossem levados ao desespero, poderiam até considerar outros ajustes.

A ameaça funcionou e os espartanos concordaram em fixar a linha de defesa nas Termópilas, uma estreita passagem entre o monte Eta e o mar da Grécia central, entre a Beócia e a Tessália. Nos dias de hoje o local seria irreconhecível se não fosse pelo monumento que na década de 1950 trezentos espartanos emigrados para os Estados Unidos mandaram erguer às suas custas. O rio que por ali passa, com efeito, com os seus sedimentos empurrou a costa quase um quilômetro para trás. Ainda podem ser vistas, no entanto, as antigas termas que já no passado davam o nome ao lugar (literalmente: "as portas quentes").

Na verdade os espartanos continuaram a entrincheirar-se no istmo e só mandaram às Termópilas trezentos guerreiros. Tratava-se sem sombra de dúvida de uma tropa de elite, destinada à guarda pessoal do rei, mas não passava mesmo assim de um punhado de homens. Juntaram-se a eles setecentos tespienses e cerca de sete mil aliados do Peloponeso e de outros recantos da Grécia.

Para conseguir esse resultado não propriamente brilhante Temístocles teve de abrir mão do comando supremo da frota em prol do navarca espartano Euribíades, mas na verdade o comandante real continuava a ser ele, pois sete oitavos da esquadra aliada eram formados por navios atenienses. Também foi pedida ajuda aos gregos das colônias, particularmente aos siracusanos, que já dispunham de uma frota numerosa. Mas o tirano deles, Gélon, disse que só aceitaria se lhe fosse confiada a chefia suprema da frota confederada, e então a coisa não deu em nada.

Para dar proteção a Leônidas do lado do mar, a esquadra tomou posição no canal de Euripo, entre a Eubéia e a costa grega, e lá travou o primeiro combate com a frota persa, perto do promontório Artemísio, saindo vencedora.

O resto do relato de Heródoto é quase um poema épico, tanto assim que as vicissitudes dos trezentos nas Termópilas têm inspirado a literatura ocidental par mais de vinte e cinco séculos. O rei de Esparta manteve heroicamente a sua posição por muitos dias, rechaçando a gigantesca maré do exército invasor até que um traidor, um tal de Efialtes, indicou aos persas uma senda que subia pelas montanhas até descer do outro lado, por trás das linhas gregas.

Quando percebeu que todos os caminhos à sua volta estavam bloqueados, Leônidas dispensou os aliados e ficou com os seus trezentos homens, aos quais se juntaram os setecentos tespienses que se recusaram a deixar o rei de Esparta entregue ao seu destino. Parece que naquela noite Temístocles enviou um navio para proporcionar uma saída por mar aos seus aliados, mas Leônidas recusou: as suas ordens eram para manter aquele passo e não iria arredar pé. Limitou-se a enviar a Esparta dois guerreiros (Heródoto legou-nos os seus nomes: Eurito e Aristodemo) com uma misteriosa mensagem da qual nunca chegamos a conhecer o conteúdo. Sabemos, porém, que logo se espalhou o boato de os dois terem feito de tudo para receberem o encargo e assim salvarem a sua vida, merecendo então o escárnio de todos e as acusações mais aviltantes. Um deles, tomado pelo mais negro desespero, acabou se enforcando numa viga da sua casa; o outro sumiu para reaparecer um ano depois no campo de batalha de Platéias a fim de procurar a morte e resgatar a própria honra aos olhos dos companheiros.

Quando os persas desembocaram no passo, encontraram os espartanos cuidando dos cabelos, um ritual com que se aprontavam para morrer. Embora cercado de todos os lados, no entanto, os guerreiros lacedemônios formaram um quadrado no topo de um pequeno morro e venderam muito cara a sua pele. Tanto assim que em certa altura Xerxes mandou recuar a infantaria e avançar os arqueiros, que ficaram atirando no pequeno contingente até acabar com o último dos soldados de Leônidas. O corpo do rei foi degolado e crucificado, e aí o exército de Xerxes invadiu a Grécia central.

Esparta pagara um preço muito alto em nome da causa comum, sacrificando um dos seus reis e trezentos dos seus melhores guerreiros: agora podia dedicar-se à defesa do istmo enquanto do lado do mar cabia aos atenienses desempenhar a contento o seu papel. Não podemos afirmar que Leônidas e os seus tenham sido conscientemente sacrificados desde o começo, mas a coisa não é totalmente impossível. Plutarco conta que, ao partir para a missão, Leônidas disse à mulher, Gorgó (a mesma que, ainda menina, vimos brincar com o pai Cleômenes): "Case com um homem bom e dê-lhe bons filhos."

Mais tarde, no túmulo dos trezentos, Esparta mandaria colocar uma lápide com os dizeres:

> Forasteiro, anuncia aos espartanos
> que nós aqui tombamos
> obedecendo às suas leis.

Segundo Cícero, essas palavras eram do poeta Simônides, o mesmo que depois compôs uma lamentação intensamente comovida em honra deles.

Logo após o massacre das Termópilas a Assembléia dos atenienses foi convocada para votar uma proposta dramática. Sabendo que a cidade não poderia agüentar um cerco que a esgotaria por terra e por mar, Temístocles pediu que os seus concidadãos abandonassem suas casas, embarcassem na frota e se retirassem para a ilha de Salamina, em cujas águas iriam enfrentar a frota persa. O debate deve ter tido tons intensamente trágicos: pela primeira vez a jovem democracia via-se diante da possibilidade real da destruição do seu solo pátrio, tendo de tomar uma decisão ao mesmo tempo urgente e aflitiva: valeria realmente a pena apostar tudo numa única cartada, numa batalha naval terrível e aleatória?

Os atenienses enviaram as mulheres e as crianças para Trezena, na Argólida (que, é bom lembrar, era a cidade na qual se hospedara o menino Teseu), e embarcaram: abandonaram as casas nas quais haviam nascido, os templos dos deuses aos quais haviam oferecido sacrifícios nos dias de festa, e dirigiram-se para Salamina. Todos sem exceção, aristocratas e mercadores, artesãos e operários. Címon, que entre os aristocratas era talvez o mais atento às tradições, subiu na acrópole e dedicou à deusa as rédeas e o freio do seu cavalo: um gesto muito significativo. Aqueles objetos eram os próprios símbolos da aristocracia e costumavam acompanhar o falecido quando as suas cinzas eram enterradas. Dedicando-os à deusa queria dizer que a partir daquele momento já não havia "cavalheiros" e povo, mas sim apenas povo, e que todos eram chamados a lutar pela sobrevivência de uma pátria que nessa altura se identificava com os seus cidadãos. Aí ele também embarcou, soltando provavelmente o cavalo nos campos para que não morresse de fome. Da mesma forma soltou o seu cão que, porém, não quis abandonar o dono: quando viu que se afastava a bordo de uma trirreme pulou no mar, superando a nado o espelho d'água entre a Ática e Salamina, e juntou-se a ele, morto de cansaço, naquele extremo limiar de terra pedregosa que se tornara o último baluarte da liberdade. Esse episódio relatado por Heródoto deve ter certamente comovido e encorajado os fugitivos convencendo-os de que, em Atenas, nem mesmo os cachorros estavam dispostos a aceitar a dominação do invasor.

Dos penhascos de Salamina os atenienses viram espessas nuvens de fumaça e sinistros clarões tomarem conta da noite, enquanto as chamas se alastravam descontroladas pela cidade. Viram os templos dos deuses que ardiam como tochas no céu negro da Ática. Para Xerxes era a vingança do templo da Grande Mãe queimado em Sardes pelos jônios e os atenienses. Para estes últimos, era o fundo do poço da humilhação.

Lá pelo fim dos anos 50 um estudioso americano publicou uma inscrição encontrada em Trezena, na Argólida, que continha o decreto de Temístocles para a evacuação de Atenas. Mais tarde descobriu-se que o achado era falso, tendo sido quase certamente elaborado em meados do século IV a.C. a fim de reavivar o tema da luta dos atenienses contra os bárbaros no momento em que surgia a ameaça macedônia. Mas o cuidado com o qual foi preparado e a verossimilhança que induziu ao erro inúmeros estudiosos ilustres fazem com que valha a pena reproduzi-lo. Poderemos assim ter uma idéia de como Atenas enfrentou a crise com as providências mais apropriadas.

> O conselho e o povo decidiram: Temístocles, filho de Neocles, do demo de Freares, propôs. Que se confie a cidade a Atená, protetora de Atenas, e a todos os demais deuses para que a protejam e mantenham o bárbaro longe do país. Que os próprios atenienses e os estrangeiros residentes em Atenas abriguem as mulheres e os filhos em Trezena sob a proteção de Piteu, herói e fundador do país; que os velhos e os bens móveis fiquem então a salvo em Salamina. Os tesoureiros e as sacerdotisas, que fiquem na acrópole guardando aquilo que pertence aos deuses; que todos os outros atenienses e os estrangeiros no vigor dos seus anos sejam embarcados nos duzentos navios preparados para este fim e lutem contra o bárbaro na defesa da liberdade própria e dos demais gregos, junto com os espartanos, os coríntios e eginos e com quem mais quiser participar do perigoso empreendimento.
>
> A partir de amanhã, os estrategos indicarão duzentos comandantes de trirreme, um para cada navio, escolhidos entre os proprietários de bens imóveis residentes em Atenas que tenham filhos legítimos e uma idade inferior a cinqüenta anos, aos quais os navios caberão por sorteio. Alistarão então dez soldados de infantaria naval para cada navio, de idade compreendida entre vinte e trinta anos, e quatro arqueiros; ao mesmo tempo em que se sortearem os comandantes de trirreme, também serão escolhidos por sorteios os marujos destinados à manobra de cada navio. Os estrategos também escreverão em tábuas brancas os nomes dos demais membros da tripulação de cada navio, baseando-se para os atenienses nos registros em que são inscritos os cidadãos, e para os estrangeiros nos nomes lançados no arquivo do pole-

marco; e isso será feito para cada navio, para cada equipagem, dividindo os homens em grupos de cem sobre os quais haverá o nome da trirreme e do comandante e dos marujos encarregados da manobra, para que cada equipagem saiba em que trirreme terá de embarcar.

E depois de definirem as tripulações destinadas por sorteio a cada trirreme, o Conselho e os estrategos completarão os quadros dos duzentos navios após tributarem um sacrifício propiciatório a Zeus Onipotente, a Atená, a Nike, a Poseidon Protetor. Logo que o aparelhamento dos navios for concluído, cem deles acorrerão em defesa do Artemísio da Eubéia, enquanto os outros cem ficarão nos arredores de Salamina a fim de proteger o território do resto da Ática. E para que, unânimes, todos os atenienses lutem contra o bárbaro; aqueles que foram desterrados por dez anos também se dirijam a Salamina e lá permaneçam à espera de o povo decidir a seu respeito.

Enquanto isso, a frota persa composta de embarcações fenícias, egípcias e até jônias superou o cabo Súnio e entrou no golfo Sarônico deixando ostensivamente à mostra a sua esmagadora superioridade: cerca de quinhentos navios de guerra contra os trezentos dos confederados. Temístocles abrigara a frota dentro do estreito de Salamina, pois sabia muito bem que em mar aberto não teria a menor chance contra o número preponderante de barcos inimigos, mas mesmo assim as suas guarnições ficaram bastante impressionadas. Indecisa quanto à oportunidade de aventurar-se naquele estreito espelho d'água, a esquadra persa parou ao largo enquanto, provavelmente, o seu estado maior tentava escolher a estratégia mais aconselhável. Temístocles sabia o que estava fazendo, mas o medo serpejava entre os oficiais do alto comando: permanecer por ali queria dizer ficar bloqueados sem a menor possibilidade de fuga. Chegaram a pensar em rumar para o norte, a fim de encontrar uma saída através do canal de Mégara. Para fazer com que o seu plano prevalecesse, Temístocles enviou então às escondidas um bote supostamente "traidor" que avisou o comando persa das intenções gregas de fugirem para o istmo de Corinto a fim de evitar o choque. Os persas deslocaram imediatamente a frota egípcia que deu a volta à ilha pelo lado oeste e bloqueou ao norte o canal de Mégara, enquanto o resto da esquadra avançava fechando a estreita passagem entre a costa Ática e a ilhota de Psitaléia.

Os persas fundearam por lá e esperaram a noite toda sem que nada especial acontecesse. É provável que nem tenham percebido uma deserção: um comandante da Jônia chamado Penécio, da ilha de Tenos, aproveitou as trevas e passou com o seu navio para o lado dos gregos. Heródoto, trinta anos mais tarde, leu o seu nome no trípode que os confederados dedicaram ao deus de Delfos, depois do fim da guerra, com os nomes de todos aqueles que haviam lutado contra os bárbaros.

Mais um personagem foi anunciado no meio da noite a bordo da capitânia da esquadra ateniense: era Aristides, "o justo", que havia sido exilado com um processo de ostracismo. Vinha de Egina e, deixando de lado os antigos rancores, informou que a frota persa tinha bloqueado ambos os lados do canal de Salamina. Aquilo era música para os ouvidos de Temístocles, que não esperava outra coisa e logo tomou as providências para o caso.

Naquele mesmo dia o imperador Xerxes havia mandado erguer um trono para si no topo do monte Escaramangá para melhor assistir, no dia seguinte, à vitória da sua esquadra.

Ao alvorecer a situação estava bem clara na cabeça dos chefes gregos, isto é, que não lhes sobrava outra saída a não ser lutar, e o alto comando reuniu-se para ouvir o plano de Temístocles: uma obra-prima de estratégia que um complexo sistema de sinalização entre a capitânia e vários pontos da costa iria coordenar. No fim da reunião, cada comandante retirou-se para a própria unidade de combate e esperou pelo sinal de partida. A frota grega, que se alinhara perto da margem com a proa para o leste, zarpou ao raiar do sol e deslocou-se para o meio do canal. Enquanto isso, os megarenses e os eginos ficaram de tocaia um pouco mais ao sul, dentro da baía de Ambelaques, onde podiam se esconder atrás do promontório de Cinosura que a fecha do lado meridional. Os coríntios, com uma frota de cinqüenta navios, dirigiram-se para a norte com velas desfraldadas a fim de proteger o resto da esquadra no caso de os egípcios chegarem por trás através do canal de Mégara. Isso deve ter convencido ainda mais os persas de que os gregos não tinham intenção de travar batalha: com efeito, quando estavam se preparando para a luta, as guarnições sempre arriavam os mastros dos navios para que os remadores pudessem manobrar com mais rapidez.

O almirante fenício que estava no comando dos persas não teve mais dúvidas e mandou a sua frota entrar no canal. A armadilha de Temístocles estava funcionando. A um sinal da capitânia, os megarenses e os eginos saíram do seu esconderijo atacando a esquadra jônia que foi forçada a separar-se do resto da frota para enfrentar o perigo que vinha do oeste. Os demais, no entanto, continuavam avançando no encalço dos navios gregos que recuavam para o norte até o ponto mais estreito do canal, entre a costa ática e a ilhota de Farmacusses.

E então Temístocles deu o sinal: um estandarte levantou-se na capitânia, toques de cornetas ricochetearam de um navio para o outro; os gregos inverteram a rota e lançaram-se em frente a toda velocidade, talvez alcançando uns nove ou dez nós. O impacto foi brutal e o fado quis que, por sorte dos gregos, o almirante fenício fosse um dos primeiros a tombar. Ao perceberem que naquelas águas e sem comandante a situação era-lhes desfavorável, os fenícios tentaram recuar para o mar aberto, mas se chocaram com os demais barcos persas que vinham do sul, criando a maior confusão. Para piorar as coisas, naquela altura levantou-se um forte vento de siroco que empurrava os navios da retaguarda persa contra os fenícios, que procuravam recuar.

As trirremes de Temístocles, esbeltas e velozes, lançaram-se no meio daquela balbúrdia como lobos entre um rebanho de ovelhas, abalroando um depois do outro os pesados navios inimigos com seus esporões. Ao verem isso, os jônios jogaram ao mar os seus comandantes persas e juntaram-se em massa aos irmãos gregos. Ao entardecer o canal estava cheio de carcaças de barcos à deriva, de náufragos e de cadáveres que a correnteza empurrava lentamente para o litoral da Ática ainda guarnecido pelos seus companheiros. Do trono na montanha Xerxes só pôde assistir impotente à ruína de sua frota, e talvez o vento tenha levado até ele o eco do peã de vitória que vinha dos navios gregos.

Ferragosto[*] de 1999

Estou em casa, sozinho, esperando os amigos para o tradicional jantar de Ferragosto. *Fico pensando que em Atenas deve estar fazendo um calor infernal e que no apartamento da Larisis 20 não há ar-condicionado. Decidi chamar Kostas pelo telefone e, apesar de tudo, encontrei-o bastante animado e conversador.*

– Como é que eles sabem que o documento para evacuar a cidade é falso? Pareceu-me perfeitamente autêntico, e além do mais realmente excepcional.

– Quanto a ser excepcional, não há a menor dúvida, e também devo dizer que há quem defenda com todo o vigor a sua autenticidade.

– O que é que você acha?

– Eu estou do lado daqueles que o consideram falso. Veja bem, é uma questão um tanto complicada: há motivos de ordem filológica, conceitual e histórica. É linear demais, demasiado bem organizado. Contém conceitos, como o de eleutheria *(liberdade), que naquela época não existiam e que só se desenvolveram durante o século IV. E aí aquela referência aos coríntios, megarenses e espartanos parece um convite para uma aliança toda particular. Se o escrito fosse verdadeiro, isto é, realmente daquela época, mencionaria todos os aliados, e não só três. E além do mais deixa entender que a evacuação é coisa perfeitamente prevista e organizada, quase uma escolha estratégica, em vez de uma dolorosa necessidade como de fato foi. E há também outros indícios...*

---

* Do latim *Feriae Augusti*, feriado de Augusto, isto é, de agosto. Festa pagã com a qual se celebrava em 15 de agosto o verão europeu e que, cristianizada, sobreviveu até hoje. (N.T.)

– Já basta, confio em você. Mas para que o truque, então?

– Sabe como é, objetos desse tipo eram muito importantes do ponto de vista da propaganda: ficavam expostos em lugares públicos, as pessoas passavam, acabavam lendo. Ora, se por exemplo Atenas se preparava para resistir a um exército macedônio durante uma das muitas guerras que se seguiram à morte de Alexandre, tornava-se quase natural inventar um documento no qual se apresentava uma antiga aliança vitoriosa contra um precedente invasor como garantia de vitória também na situação presente. Não sei se estou me explicando direito.

– Entendi muito bem. Gostaria de saber se documentos desse tipo chegaram realmente a influenciar a opinião pública.

– Se os preparavam com todo esse cuidado e de forma tão verossímil, então quer dizer que influenciavam. Ninguém trabalha em troca de nada. Não havia televisão, nem rádio, nem jornais: é provável que o impacto de uma inscrição pública fosse muito maior do que podemos imaginar.

– Também lembrei-me daquela vez que você e o seu amigo acabaram num polígono de tiro no Escaramangá só porque queriam ver o lugar do trono de Xerxes.

– Faltou pouco para eles nos acertarem. Sabe lá onde deve estar agora aquele jovem tenente que nos tirou dali e nos ofereceu uma garrafa de Metaxá. Talvez tenha-se tornado um general. Como é que se diz "general" em grego moderno?

– Strategós.

– Claro. Tchau, Kostakis. Até a vista.

– Tchau. Lembranças a todos.

VI
A liga naval

O júbilo pela vitória foi imenso e logo surgiram em toda parte as histórias mais mirabolantes sobre quem tinha afundado o maior número de barcos inimigos, sobre quem tinha sido o primeiro a travar combate com as forças inimigas, mas também sobre quem procurara fugir e só voltara quando tudo havia acabado. Contaram que um comandante ático estava perseguindo um vaso inimigo quando este abalroou um navio persa, pondo-o a pique. O perseguidor deu então meia-volta achando que devia se tratar de um dos barcos jônios que haviam desertado e passado para o lado dos gregos. Tratava-se no entanto de um navio aliado dos persas, um vaso sob o comando de Artemísia, mulher de um potentado da Cária, aliada de Xerxes e sua amante. Com esse estratagema conseguiu livrar-se da captura, mas deixou os atenienses tão furiosos que eles chegaram a oferecer um prêmio pela sua cabeça: achavam insuportável o fato de uma mulher ter ousado atacá-los numa ação militar. Artemísia, porém, acabou juntando-se ao resto da frota persa que se abrigara na baía do Falero onde foi dar com o Grande Rei prostrado e abalado com a inesperada derrota.

O outono já estava no ar e era preciso tomar uma decisão: Xerxes deixou a maior parte do exército invernando na Tessália e rumou para os estreitos, antes que os gregos tivessem a idéia de derrubar a ponte. Idéia, aliás, que já passara pela cabeça de Temístocles, mas que não fora do agrado do alto comando espartano, que por sua vez achava melhor facilitar ao máximo o caminho do inimigo em fuga. Ao que parece, Temístocles teria então enviado uma mensagem ao Grande Rei afirmando que havia sido ele quem convencera os gregos a não derrubarem a ponte, para que no futuro o monarca se tornasse seu devedor por não ter ficado enredado na península helênica.

Essa afirmação de Heródoto parece ser mera maledicência, mas não são poucos aqueles que nela acreditam: Temístocles já enviara ao Grande Rei uma mensagem que, do ponto de vista persa, tinha tudo para parecer verdadeira: por que então não deveria parecer verdadeira esta também? Afinal, o líder ateniense sabia muito bem quão aleatória era a sorte de um homem na sua cidade e como era fácil cair em desgraça. A possibilidade de encontrar abrigo, algum dia, junto do poderoso senhor da Ásia devia parecer-lhe uma boa medida de segurança contra qualquer infortúnio. Mas também é possível que essa notícia tenha sido criada *a posteriori*, quando de fato o fugitivo Temístocles encontrou refúgio junto do rei Xerxes.

Na verdade uma tempestade já se encarregara da destruição da ponte, o que prova que a estrutura era de qualquer forma inadequada à situação climática e à perigosa força das correntezas daquele trecho de mar. Xerxes acabou atravessando os Dardanelos em navios de guerra, mas os cabos da ponte ficaram na Europa aos cuidados do sátrapa Artaozo, no caso de se apresentar a ocasião para uma nova tentativa.

Enquanto isso os atenienses voltaram para a sua cidade onde um espetáculo desolador esperava por eles: as casas saqueadas e arrasadas, os templos dos deuses queimados, despojados e profanados, as estátuas derrubadas e despedaçadas ou desfiguradas, as mais valiosas roubadas. Entre estas últimas, o grupo brônzeo de Antenor que representava Harmódio e Aristogíton, os dois tiranicidas. Um século e meio mais tarde, Alexandre, o Grande, encontrou-o no palácio de Susa e enviou-o de volta a Atenas num daqueles seus gestos típicos que tinham um excepcional valor propagativo. Ao se recuperarem depois do saque, os atenienses encomendaram outro grupo, provavelmente ao escultor Crítio, que foi inaugurado três anos mais tarde: uma cópia dele, em mármore, pode ser vista no Museu Arqueológico Nacional de Nápoles, mas a posição das duas figuras, resultado de uma restauração no século XVIII, é bastante duvidosa.

Não é fácil imaginar direito como eles se sentiram ao voltar à cidade: de uma forma ou de outra era possível dar um jeito nas casas, pelo menos para enfrentar o inverno, mas o que fazer com as lojas e as fábricas que haviam sido destruídas ou saqueadas, com os campos pisoteados, os animais domésticos mortos para saciar o apetite do exército inimigo? Azeite, vinho, trigo: tudo havia sido levado embora. Talvez tenham recorrido a empréstimos e a compras nos mercados adjacentes que haviam sido poupados pela guerra, talvez uma boa parte dos mantimentos tivesse sido enviada a Salamina antes da evacuação. Seja como for, o povo arregaçou as mangas e recomeçou tudo partindo de zero. Por si só, isso já pode ser considerado um ato de coragem e de incrível confiança, uma vez que ainda havia um poderoso exército inimigo na Beócia. As estátuas dos deuses e dos heróis profanadas pelos persas na acrópole foram enterradas numa vala sagrada.

Aquilo que para os atenienses era uma obra de profanação, para os persas era, ao contrário, a meritória destruição de simulacros dos demônios (*daiwa*), e Xerxes gabou-se disso numa inscrição na parede do seu harém em Persépolis. Essa jactância, entretanto, iria ser por sua vez duramente punida por Alexandre, o Grande, que destruiu o próprio palácio real e a capital inteira.

No começo do outono Temístocles enviou uma embaixada a Esparta solicitando que o exército confederado tomasse posição entre a Ática e a Beócia, mas o pedido foi recusado. Exaustos e desanimados, dessa vez os atenienses não tiveram ânimo para enfrentar de novo os persas sozinhos, como em Maratona, e, quando o exército inimigo virou para o sul com o apoio dos traidores tebanos, abandonaram novamente a cidade e buscaram refúgio em Salamina. Os persas tentaram então convencê-los a se aliarem a eles, mas só conseguiram uma desdenhosa recusa: os guerreiros que em Maratona tinham vinte anos estavam agora com trinta, e nada no mundo faria com que se desonrassem, nem mesmo a obtusa insensibilidade dos espartanos. As negociações continuaram até alguém conseguir que os coriáceos lacônios entendessem que de nada adiantaria eles se entrincheirarem no istmo de Corinto se a frota ateniense não defendesse a costa e presidiasse o mar. Toda aquela inflexibilidade, portanto, não era conveniente: os espartanos acabaram compreendendo, e os persas acharam por bem retirar-se para o norte e passar o inverno na Tessália.

O filho de Leônidas, Plistarco, naquele tempo era ainda um menino e o governo nomeou então um regente: o escolhido foi Pausânias enquanto, como já vimos, Leotíquides havia substituído Demarato. Os mensageiros dos reis lacedemônios percorreram a Grécia livre conclamando os guerreiros de todas as cidades e nações helênicas para a derradeira batalha contra o bárbaro, e a resposta foi impressionante. Na primavera seguinte perfilou-se em Platéias o maior exército grego de todos os tempos: quarenta mil hoplitas de armadura pesada mais sessenta mil homens de infantaria leve, além de alguns esquadrões de cavalaria. Praticamente todos os homens disponíveis ao sul do passo das Termópilas.

O exército persa sob o comando de Mardônio desceu da Tessália e acampou, já preparado para a luta, perto da fronteira da Ática, enquanto bandos de cavaleiros percorriam os campos em contínuas ações de desgaste: Pausânias, que talvez tivesse confiado demais no grupo formidável que conseguira juntar sob a sua bandeira, deve ter percebido logo que descer em campo aberto daquele jeito não havia sido afinal uma idéia tão boa.

Para piorar as coisas, os persas envenenaram a nascente Gargáfia tirando assim dos gregos o acesso à água potável. O regente espartano tomou então uma decisão bastante arriscada, mandando os seus homens recuarem para Platéias, onde poderiam se postar em posição mais vantajosa. A tropa movimentou-se durante a noite, mas com os primeiros raios do sol os persas perceberam logo o que havia acontecido e soltaram a cavalaria que se precipitou sobre o exército em marcha, fustigando-o com nuvens de flechas. As tropas gregas, que durante a marcha se haviam dividido em duas partes, ficaram por isto mesmo numa situação ainda mais difícil. O primeiro contingente conseguiu de qualquer forma postar-se com firmeza perto das ruínas do templo de Hera em Platéias, enquanto o grosso das forças de Pausânias foi forçado a parar e ficar em formação de combate para deter o lento mas constante aumento do número de baixas provocado pela ação da cavalaria inimiga, muito rápida e precisa em seus ataques. O regente espartano mandou um pedido urgente ao outro grupo para que se juntasse a ele, mas eles responderam que não iriam se mexer: cabia a ele mesmo sair do problema e tentar alcançar uma posição mais defensável nas proximidades do *heraion*.

Pausânias, no entanto, não podia sair dali, pois estava perfilado diante do inimigo, e formar fileiras para marchar seria naquela altura um verdadeiro suicídio. Já certo da vitória, Mardônio preparou-se para desfechar o golpe decisivo. Sob o sol a pique que fazia derreter os soldados dentro das armaduras, o exército pan-helênico cerrou fileiras e segurou na horizontal as pesadas hastas de freixo. Atenienses e espartanos, coríntios e megarenses, junto com os demais contingentes de cada canto da Grécia, compactaram-se num bloco impenetrável que se opunha ao ataque inimigo com uma muralha de escudos. Mardônio tinha esquecido, ou simplesmente removido da lembrança, Maratona e as Termópilas, e talvez não soubesse que as mães espartanas podiam aceitar um filho morto mas não fugitivo, nem se desse conta de que os atenienses jamais iriam querer ver a sua cidade invadida e saqueada pela terceira vez.

Se o comandante persa tivesse insistido em sua tática de mobilidade recorrendo principalmente à cavalaria, que podia sangrar lentamente o inimigo de longe, teria decerto vencido. Mas deixou-se tentar pelo embate a curta distância e pelo corpo-a-corpo, e a sua infantaria, embora valorosa, esmigalhou-se contra a barreira impenetrável de lanças e escudos. Contam que foi justamente nesta altura que um dos dois sobreviventes espartanos das Termópilas, do qual nada mais se soubera, reapareceu para resgatar a própria honra e perecer no campo depois de distinguir-se "com atos dignos de serem lembrados".

O próprio Mardônio foi mortalmente ferido enquanto tentava conduzir os seus homens ao ataque e o seu fim deixou o exército completamente desnorteado. As tropas gregas postadas perto do Heraion de Platéias avançaram então abrindo uma nova frente enquanto a cavalaria persa, agora sozinha, já não sabia como reagir diante da repentina mudança da situação.

O sol ainda lançava os seus últimos raios quando os restos daquele que havia sido o maior exército de todos os tempos retiravam-se em pânico para os passos setentrionais, antes que o ambíguo rei Alexandre II da Macedônia, que no começo se mostrara favorável a um entendimento com os persas, decidisse recuperar o apreço dos gregos, atacando-os no caminho de volta.

Pausânias entrou na barraca de Mardônio com os oficiais do seu estado-maior e mandou os cozinheiros persas servirem o jantar, esquecendo dessa vez a tradicional austeridade lacedemônia. Heródoto conta que ficou muito impressionado, chegando mesmo a afirmar: "Isto, sim, é que é vida!"

Agora que os persas haviam sido expulsos do solo grego, deu-se início a uma cerimônia terrível e solene: em todas as cidades que haviam caído sob o domínio do inimigo apagou-se o fogo sagrado que ardia perenemente na acrópole, aquele mesmo do qual os colonizadores tiravam os tições antes de partir para terras longínquas onde iriam fundar novas cidades, aquele mesmo que na imaginação popular havia acompanhado a comunidade desde o começo, o presente que Prometeu havia roubado dos deuses. Essa tradição do fogo sagrado tinha as suas mais remotas raízes no paleolítico, quando o fogo representava a sobrevivência do grupo humano e a sua ausência era sinônimo de morte e esquecimento. Apagar este fogo era como virar a página, como recomeçar do nada. E um novo fogo foi de fato consagrado em todas as cidades, ateado pela chama que ardia na presença do deus de Delfos. Dedicou-se a Apolo Délfico um trípode de bronze feito com a fusão das armas persas apreendidas em Platéias, no qual estava gravado o nome de todas as cidades que haviam participado da liga sagrada. A sua base era formada pelas caudas de três serpentes entrelaçadas que subiam formando uma espécie de coluna, até as suas cabeças se afastarem para sustentar a bacia superior.

Quase oito séculos mais tarde aquele trípode foi levado, juntamente com outras gloriosas relíquias, como o Paládio de Tróia e os pregos da cruz de Cristo, para Constantinopla pelo imperador Constantino, para ser colocado no meio do hipódromo. Só chegou até nós a parte inferior, em forma de coluna entrelaçada, que pode ser vista na praça Sultan Ahmet, em Istambul. Essa coluna, que é quase o símbolo da identidade do Ocidente no seu primeiro enfrentamento com a Ásia, está agora exposta à intempérie sem qualquer proteção, e corre o risco de sofrer danos irreparáveis.

Xerxes certamente não se dera por vencido e uma nova frota já estava se reunindo ao longo das costas da Ásia Menor, fosse para manter sob controle os gregos das colônias, fosse para retomar as hostilidades em grande estilo. A frota pan-helênica, sob o comando do outro rei de Esparta, Leotíquides, mas formada em sua maioria por vasos atenienses, apresentou-se em massa diante do promontório de Micale onde os persas, receando um confronto em mar aberto, haviam entrincheirado a sua infantaria depois de deixar em seco as embarcações.

Heródoto conta que um navio de Leotíquides passou bem perto da costa, ao alcance da voz, e um arauto gritou aos jônios, em grego, que na hora da luta se lembrassem das suas origens e dos deuses comuns. A palavra de ordem seria *Hera kai Nike!* (Hera e Vitória!). Em seguida o rei de Esparta ordenou o ataque. Deve ter sido uma verdadeira operação de desembarque, com milhares de soldados da infantaria naval descendo das trirremes para atacar as postações persas e queimar os barcos em seco na praia. Os jônios passaram em massa para o lado dos gregos e a batalha foi decidida num piscar de olhos. A Jônia inteira levantou-se escorraçando os presídios persas e, pela primeira vez desde os tempos da talassocracia micênica, o Egeu tornou-se um lago grego.

O verão de 479 a.C. mal começara. As guerras persas haviam chegado ao fim. Quando o verão terminou os atenienses já haviam retomado a posse da sua cidade, e dessa vez para sempre.

A obra mais urgente era sem dúvida a reconstrução das muralhas, mas aí, estranhamente, os espartanos se opuseram. Disseram que em toda a Grécia a única fortaleza inexpugnável era o Peloponeso, controlado pelos seus presídios, que qualquer conjunto de muralhas na península poderia ser usado pelos persas e que, portanto, aquela cerca fortificada era desaconselhável. Temístocles foi pessoalmente a Esparta para discutir o assunto; na verdade só contemporizou com todo tipo de estratagema até saber que os seus concidadãos, todos, homens e mulheres, meninos e velhos, e até escravos, trabalhando noite e dia sem parar, usando estátuas e lajes funerárias, colunas e qualquer tipo de material disponível, tinham reconstruído as muralhas em sua altura original e com o comprimento total de seis quilômetros. Uma empresa que poderia parecer impossível, mas é preciso pensar que no fundo se tratava mais de uma restauração do que de uma reconstrução *ex novo*. Afinal de contas, os persas não deviam ter tido o tempo, nem a vontade, de derrubar a cerca até os alicerces.

Temístocles limitou-se a deixar que os espartanos constatassem o fato, e foi justamente o que eles fizeram com um sorriso amarelo; disseram que nunca havia sido sua intenção intimar coisa alguma, que os deles não passavam de meros conselhos. Estavam mentindo, era evidente, pois desejavam manter a sua posição de Estado-guia dos gregos, e talvez estivessem até um tanto assustados com a força e o prestígio de Atenas que cresciam tão impetuosamente.

Enquanto isso os atenienses também cuidavam do abastecimento de trigo. Durante todo o período das guerras persas, quando os estreitos estavam em mãos inimigas, tiveram de interromper as importações da Criméia e procuraram outro mercado, o do vale do Pó, no norte do Adriático, onde estabeleceram contatos privilegiados com os vênetos, com os etruscos de Spina, uma cidade de madeira que se erguia no delta do rio. Haviam provavelmente delegado a esses povos as operações de polícia daquele mar empesteado de piratas. Em troca de trigo e cavalos exportavam as suas mais belas cerâmicas, vasos extremamente delicados dos mais famosos artistas que foram encontrados pelos arqueólogos italianos a partir dos anos 20 quando começaram as obras de saneamento nos alagadiços de Comacchio e se encontraram as necrópoles da região de Spina. Era necessário, porém, reabrir à navegação os estreitos, de forma que uma frota ateniense sob o comando de Xantipo desembarcou um contingente em Sesto, no promontório do lado ocidental do estreito, e atacou a cidade que controlava a entrada dos Dardanelos.

Perto dali, no presídio persa sob o comando do sátrapa Artaozo, estavam guardados num armazém os cabos de tração da grande ponte de barcaças que Xerxes havia lançado no Helesponto. Além de ter em custódia aquele material estratégico, provavelmente recuperado depois que a tempestade derrubara a estrutura, o sátrapa também se tornara culpado aos olhos dos gregos por ter profanado o santuário de Protesilau, personagem da epopéia homérica que contavam ter sido o primeiro a pisar no solo da Ásia quando os aqueus desceram em campo contra Tróia, e que ali tombara trespassado por uma flecha inimiga. O infeliz oficial persa foi capturado e pregado vivo numa tábua de madeira para que o seu terrível castigo aplacasse o espírito zangado do herói Protesilau. Aí a esquadra inverteu a rota e voltou para as suas bases na Ática antes que o tempo piorasse.

Mas a entrada do Bósforo ainda continuava sob o controle da Pérsia e no ano seguinte uma nova frota confederada, dessa vez às ordens de Pausânias, dirigiu-se primeiro a Chipre para livrá-la dos presídios persas, e depois a Bisâncio, que logo capitulou. Pausânias instalou-se como comandante supremo, mas a sua gestão do poder irritou os aliados jônios que não estavam acostumados com toda aquela arrogância. Os espartanos chamaram-no de volta para submetê-lo a um inquérito, mas dessa vez Pausânias escapou. As coisas não correram tão bem para ele quando, mais tarde, um jovem chamado Argueilos, que havia sido seu amante, o enganou marcando um encontro num local isolado onde se haviam escondido espiões do governo e induziu-o a falar sobre seus contatos secretos e particulares com a corte persa. O rapaz, desprezado, queria sem dúvida ir à desforra, e provavelmente Pausânias tinha muitos inimigos até na sua própria cidade. Seja como for, foi preso e murado vivo no templo de Atená "da Casa de Bronze", e só foi tirado do santuário quando estava quase morrendo para que o seu cadáver não o contaminasse. Ao contrário do que se costumava fazer com os traidores, o seu corpo não foi jogado no rio Queadas: permitiram que fosse enterrado num túmulo, pois afinal se tratava do vencedor de Platéias, mas o seu fantasma continuou a assombrar as noites dos espartanos por muitos anos.

Esses fatos, obviamente, estragaram o relacionamento dentro da confederação, e o contingente do Peloponeso (espartanos e aliados) separou-se do resto da frota. Essa atitude um tanto fanfarrona quase fez sorrir os aliados: os barcos lacedemônios não passavam de umas duas dúzias contra os mais de duzentos dos ático-jônios, mas a coisa não deixaria de ter conseqüências bastante desagradáveis. Não deu em nada, por exemplo, a idéia de se formar um exército pan-helênico com comando unificado como estrutura permanente de defesa comum, e as diferenças entre Esparta, potência continental, e Atenas, potência marítima, tornaram-se cada vez mais evidentes.

Nada ou quase nada sabemos acerca do que foi debatido nas assembléias populares em Atenas nesse período tão crucial: a euforia da vitória devia estar tomando conta de todos e a cidade no seu conjunto deve ter ficado até atônita diante do seu novo papel de grande potência – pelo menos em nível regional – e das conseqüências que isso acarretava no seu relacionamento com os aliados, assim como com a superpotência persa que, apesar de vencida, não estava atemorizada nem, muito menos, subjugada. E em Susa também, na capital imperial, foi preciso fazer o balanço de um fracasso sem apelação. Em vinte anos de embates furiosos por terra e por mar, os persas jamais haviam conseguido levar a melhor sobre os gregos do continente.

No ano seguinte, em 477 a.C., conforme solicitação de Aristides, reuniram-se em Delos os representantes de algumas cidades da Jônia, das ilhas Cíclades e dos estreitos, presididos pelos representantes do governo de Atenas, e estipularam uma aliança com a fórmula: "Os teus inimigos serão meus inimigos, os teus amigos serão meus amigos", que com algumas leves modificações sobrevive até hoje, quase testemunhando a sua remota origem, em certas sociedades secretas e até criminosas na área do Mediterrâneo. A sua finalidade era manter o controle do Egeu com uma marinha de guerra de caráter permanente. Cada cidade teria de contribuir com um determinado número de navios, de remadores e de guerreiros embarcados, mas em seguida quase todas elas preferiram oferecer dinheiro vivo aos atenienses, ficando então livres para continuar as suas atividades econômicas e comerciais.

Atenas, que provavelmente se entregara a essa aventura de forma bastante desavisada, aceitou a troca, que em poucos anos iria transformar a liga num império. De fato, quem contribui para uma aliança com um batalhão de armados pode retirá-lo a qualquer momento, enfraquecendo a aliança e ao mesmo tempo reforçando a si mesmo; quem, ao contrário, faz isso com o dinheiro acaba se entregando nas mãos dos que detêm o poder. Até aquele momento nenhum Estado, nem mesmo o Império persa, mantivera uma marinha militar permanente: tratava-se de um empreendimento difícil e arriscado. Os navios de guerra eram incômodos, com muito pouco ou nenhum espaço para a carga e para o descanso dos marujos, e não proporcionavam abrigo contra a intempérie nem o sol escaldante. Um modesto depósito na proa e um pequeno porão na popa permitiam guardar água potável e uma quantidade mínima de comida. E mais, o barco tinha dimensões extremas no sentido do comprimento, para acomodar o maior número possível de remadores, mas isso criava problemas hidrodinâmicos, principalmente num mar de ondas curtas e violentas como o Mediterrâneo. O único modelo em tamanho real e capaz de navegar que já se construiu, a trirreme *Olympias*, não demorou a ficar com a sobrequilha rachada após algumas saídas para o mar aberto.

Uma frota permanente iria, além do mais, precisar de muitas bases relativamente próximas umas das outras e de muitos recursos financeiros para a construção e a manutenção dos navios, para os salários e os mantimentos dos remadores e dos soldados embarcados. Quando Alexandre, depois de invadir a Ásia, se viu obrigado a pagar as guarnições da marinha ateniense, sua aliada, preferiu dispensar a frota antes de deixar-se sangrar pelo custo para mantê-la. Calcula-se que na época da liga de Delos isso chegava a algo entre quatrocentos e quinhentos talentos por temporada, isto é, para cada seis meses, se levarmos em conta que durante o inverno a frota ficava parada nas bases devido ao clima e à necessidade de reparos.

A esquadra, entretanto, gerava empregos, e uns quarenta anos mais tarde Aristófanes, numa das suas comédias, ironizava as atitudes belicosas dos *tetos* (a classe dos trabalhadores braçais indigentes), "sempre dispostos a empurrar os barcos para o mar para ganhar os seus dois óbolos por dia (um terço de dracma) de salário". Também aumentavam as encomendas para os estaleiros do Pireu e para as fábricas de armas. Lísias, um famoso orador ateniense contemporâneo de Péricles, levava uma vida abastada com os ganhos da sua fábrica de escudos. Os *tetos*, além do mais, podiam ser substituídos pelos escravos que chegavam em número cada vez maior. Alguns deles eram até empregados em operações policiais, provavelmente devido à escassez de homens válidos que agora se dedicavam à guerra.

Nessa altura a boa estrela de Temístocles pareceu começar a perder o seu brilho. Sabemos que patrocinou uma tragédia inspirada nas guerras persas, escrita por um poeta chamado Frínico; também sabemos que promoveu a construção de uma muralha dupla (as chamadas "Longas Muralhas") que ligava as fortificações do Pireu aos paredões que guarneciam Atenas: isso permitiria que a cidade continuasse a receber mantimentos constantes, mesmo em caso de cerco por terra.

Apesar disso, podemos reparar que a figura que aparece cada vez mais é Címon, sem dúvida menos brilhante do que Temístocles, menos sutil, mais guerreiro e menos político, mas de belo aspecto, carismático, grande lutador e amante fogoso de lindas mulheres, um verdadeiro destruidor de corações. Ele continuou a limpar o Egeu dos presídios persas e sitiou Éion, uma cidade trácio-macedônia na foz do rio Estrímon. O comandante persa da guarnição, não podendo de forma alguma resistir, jogou no rio o tesouro da cidade e depois deixou-se queimar numa fogueira com a mulher e os filhos. Heródoto, que conhecia muito bem os costumes persas, fala nele com a maior admiração.

Algum tempo depois, um oráculo de Delfos ordenou que Címon trouxesse de volta a Atenas a ossada de Teseu, o herói nacional da cidade e da Ática. O general começou a procurar em Ciros, a ilha onde, conforme a lenda, Teseu teria sido assassinado, e mandou cavar no local em que vira uma águia raspar o chão com as garras. Teve sorte: uma picareta destampou o túmulo de um guerreiro da idade do bronze, bastante imponente para parecer Teseu e, quem sabe, até bem próximo dele do ponto de vista histórico, sempre admitindo que Teseu tenha realmente existido. A ossada foi trazida com grande aparato e então com cortejo solene até o templo especialmente construído na ágora que, por isso mesmo, recebeu o nome de Theseion.

Címon acreditava que era necessário manter boas relações com os espartanos, enquanto Temístocles achava que nesta altura Atenas já devia pensar numa liderança absoluta, mesmo que para tanto tivesse de compactuar ou até aliar-se aos persas para dominar a Grécia e esmagar a rival. Talvez ele ainda sentisse algum rancor desde a época em que tivera de receber ordens de almirantes espartanos que, de mar, sabiam bem pouco. O choque entre os dois homens públicos estava se tornando inevitável.

A vitória sobre os persas e o comando de uma grande liga naval transformaram Atenas profundamente. Do ponto de vista psicológico, os seus cidadãos ficaram cheios de orgulho e patriotismo, sentimentos que receberam posterior alento graças à riqueza cada vez maior gerada pela expansão econômica. A construção naval, o grande estaleiro das Longas Muralhas, as infra-estruturas e as necessidades de abastecimento, ligados a uma grande frota operacional, não só determinaram um considerável fluxo de dinheiro, de bens e serviços, como também de benefícios indiretos. Arquitetos e engenheiros, mestres-de-obras, operários qualificados, assim como banqueiros e comerciantes, seguradores e cambistas instalaram em Atenas e no Pireu as suas firmas e os seus escritórios.

A construção civil também recebeu um grande impulso e, para planejar os novos bairros no Pireu, chamou-se um arquiteto muito famoso, Hipódamo de Mileto, homem de grande valor que, no entanto, tinha atitudes excêntricas e vestia roupas espalhafatosas que alimentavam boatos e fofocas, como acontece com alguns *designers* de hoje. O desenvolvimento econômico também teve conseqüências no meio ambiente: os bosques do Himeto foram destruídos e a montanha, erodida pelas enxurradas, reduziu-se a rocha nua, aspecto que basicamente se mantém até os nossos dias. Com o passar do tempo e a cada vez maior demanda de madeira, as demais florestas da Ática também ficaram depauperadas.

Aumentou o número de escravos e de residentes estrangeiros, mas Atenas continuava sendo uma cidade relativamente pequena se comparada com os padrões modernos, mal chegando, talvez, a uns cem mil habitantes. Isso fazia com que pudesse manter uma incrível identidade cultural e política, e mesmo os residentes estrangeiros gozavam das garantias e da proteção da lei, embora não tivessem o direito de voto. Para o despacho dos seus negócios comerciais ou legais recorriam a uma instituição bastante parecida com os nossos consulados, cujo representante era um cidadão ateniense que mantinha relações especiais com as cidades de origem deles.

Do ponto de vista ideológico, o tema das guerras persas manteve-se bem vivo tanto nos mais altos níveis da produção literária e teatral como em nível mais corriqueiro, conforme podemos ver na pintura vascular que mostra cenas que mais parecem charges humorísticas.

Num vaso com figuras vermelhas conservado no Museu de Hamburgo, um grego nu e de pênis ereto na mão corre para alcançar um persa (reconhecível pelas roupas orientais e pelo corte da barba), o qual, dobrado em dois, oferece as nádegas com cômica e resignada careta. É a transposição figurativa das piadas que certamente circulavam entre os marujos da frota e os soldados do exército, e que continuam até hoje sendo motivo de riso nesses ambientes.

Em nível mais alto, sublime aliás, não podemos esquecer a montagem e a encenação de *Os persas*, de Ésquilo, peça patrocinada em 472 a.C. por um rapaz com pouco mais de vinte anos do clã dos alcmeônidas do qual muito se ouviria falar mais tarde: Péricles. Uma apresentação como essa poderia ser atualmente comparada a um grande filme de guerra com tons marcadamente ideológicos, mas é preciso lembrar que para os gregos, e mais ainda para os atenienses, a tragédia também tinha um valor ritual. Ésquilo respeita os inimigos vencidos, descreve a aflição da derrota por parte dos persas e particularmente da rainha-mãe Atoxa, mas também ressalta o conceito de *hybris*, a arrogância de quem se recusa a reconhecer os próprios limites humanos, fundamental na ética dos gregos.

O Grande Rei foi punido com a derrota por ter violado as normas impostas ao seu poder pela natureza, por ter posto um cabresto no mar e cortado a terra, dando prova de insolente altivez. Dessa forma a tragédia também tinha uma função educativa para o público, que acompanhava as apresentações com apaixonada atenção. Mas, na verdade, a própria Atenas, ébria com o seu sucesso e a sua potência, não muito depois iria manchar-se do mesmo pecado de orgulho. Entre os seus homens públicos havia pessoas extremamente ambiciosas, de grande inteligência mas também de grande arrogância, como Temístocles, os quais achavam que nada poderia limitar o seu atrevimento. E havia homens moderados, como Címon, que acreditavam mais no equilíbrio: se funcionava internamente entre os vários poderes do Estado e as várias camadas da sociedade, também deveria funcionar em política exterior, entre os vários potentados da Grécia.

Como veremos mais tarde, Atenas decidiu seguir até o fim o caminho de grande potência, e de nada adiantaram os conselhos dos mais avisados que procuravam detê-la em sua louca corrida. De qualquer maneira, um certo pessimismo existencial típico da natureza grega alimentava a convicção fatalista de que as cidades, assim como os homens, têm seu destino traçado. As palavras que Heródoto põe na boca de um oficial persa na época da invasão de 480 expressam, na realidade, uma convicção profunda sua: "Hóspede, o que tem de acontecer por vontade divina é muito difícil que o homem consiga evitá-lo. E o pior dos sofrimentos humanos é justamente este: prever muitas coisas sem ter controle algum sobre elas."

15 DE SETEMBRO DE 1999

Telefonei para Atenas como já é meu hábito. A voz de Kostas está muito mais fraca e trêmula, e quando transcrevo do gravador as nossas conversas às vezes tenho de voltar atrás para entender as suas palavras. Mesmo assim o seu espírito continua firme.

– Achei muita graça naquela história do grego que persegue o persa de pinto na mão, e o outro que oferece a bunda.

– Tinha certeza disso. Por outro lado é uma boa maneira para deixar bem claro o que diziam e faziam as pessoas comuns. Não podemos ficar falando de Temístocles e de Címon o tempo todo.

– Deus me livre. E as pessoas comuns deviam dizer o mesmo que a gente: "Vamos deixar os persas com umas hemorróidas e tanto!"

– Mais ou menos isso.

– E a história daquela trirreme que reconstruíram tal e qual? Você chegou a ver?

– A Olympias*?*

– Ela mesma. Eram navios realmente tão poderosos?

*– Pode crer. Não só a vi, cheguei mesmo a navegar nela. Uma experiência fantástica, com um marcador de voga que gritava "*Two in, three out!*" (Dois para dentro, três para fora!), querendo dar as ordens dos remos. Certa vez, num ensaio geral, conseguiram alcançar doze nós de velocidade: é algo extraordinário para uma embarcação como aquela. Foram encomendados trezentos mil pregos de cobre para segurar o seu madeirame, todos feitos à mão, e mandaram sentar nos bancos remadores profissionais. Só olhar para ela no mar já era uma emoção indescritível. Era como estar em Salami-*

na, ainda mais porque as provas aconteciam justamente naquele mar.

– E onde está agora?

– Quebrou. A sobrequilha rachou durante uma das suas saídas, e não creio que tencionem consertá-la. É uma pena: vai acabar apodrecendo. Veja só, é o único modelo jamais construído em escala 1:1, e funciona! Acho que certa vez Napoleão III tentou algo parecido, mas foi um fracasso total: acredito que o barco dele nem conseguia se mexer. Este, ao contrário, conseguiu dar várias saídas antes de quebrar.

– E você tem certeza de que eram construídas daquele jeito mesmo? Com três ordens de remadores sobrepostas?

– Não viu as fotos que lhe mandei?

– Vi, mas não soube distinguir os detalhes. Já não enxergo tão bem, você sabe.

– Temos praticamente certeza de que havia três ordens de remadores sobrepostas.

– E como chegaram a essa conclusão?

– Bom, há pinturas vasculares, uns afrescos de época posterior, e até um verso de Aristófanes que não deixa dúvidas.

– Como assim?

– Diz que os remadores da segunda ordem tinham a bunda na altura da boca dos da terceira, com as conseqüências que você bem pode imaginar.

Posso ouvir as suas risadinhas no outro lado do telefone. As piadinhas meio grossas sempre o deixam de bom humor.

– O que foi que o impressionou mais neste capítulo?

– A conclusão: aquela frase de Heródoto contém todo o pessimismo político e existencial do mundo.

– Ele, no entanto, coloca-a na boca de um oficial persa.

– Não creio que isto mude as coisas. O que pesa na alma é a inevitabilidade do destino contra o qual o homem não pode lutar. E o fato de podermos prever os problemas que esperam por nós não serve de consolo.

– Vamos esquecer o assunto, prefiro Aristófanes, que é mais divertido. Estou lendo agora mesmo Os acarnianos, *pois vou precisar da peça mais tarde: é fantástica. Lembra aquela vez que a vimos juntos no teatro de Herodes Ático?*

– Lembro muito bem. Todos os seus amigos estavam lá, e todos morreram de tanto rir.

E dá uma boa gargalhada. Acho que Aristófanes lhe faz bem.

VII
Péricles

A vitória de Salamina continuou durante um bom tempo a ser o foco do cenário cultural e publicitário de Atenas e da Grécia. A tragédia *As fenícias*, de Frínico, também tratava da derrota dos persas e começava com uma cena dentro do palácio de Xerxes, onde um serviçal preparava os assentos para os poderosos do Império. Podemos supor que a popularidade do vencedor fosse proporcional ao prestígio daquela vitória. Em 470 Temístocles apareceu em Olímpia para assistir aos jogos e mandou montar uma tenda onde se alojar de gosto um tanto espalhafatoso e, digamos assim, *parvenu*, provocando comentários bastante cáusticos por parte dos nobres. Mesmo assim, quando entrou no estúdio, foi mais aclamado do que os próprios atletas vencedores das provas.

Hoje em dia ninguém ficaria surpreso com isso, pois a televisão faz entrar dentro de casa as imagens de todos os personagens importantes, de forma que eles podem ser reconhecidos à primeira vista. Antigamente, no entanto, a circulação das imagens das pessoas só acontecia por meio das estátuas e dos retratos. É evidente, portanto, que os que haviam sido os primeiros a reconhecê-lo deviam ter espalhado a notícia entre os espectadores de maneira rápida e eficiente.

Naquele mesmo ano Temístocles foi banido e é bem possível que a imensa facilidade com que podia ser reconhecido à primeira vista tenha tido o seu peso no seu afastamento. O grande capitão fugiu para Argos e então circulou por vários lugares do Peloponeso durante todo o ano seguinte enquanto Címon, no comando da frota confederada, alcançava o maior sucesso da sua vida: depois de chegar à foz do rio Eurimedonte, na costa meridional da Anatólia, travou batalha com a frota persa e derrotou-a, depois desembarcou e venceu as forças terrestres deixando-as em debandada. Quando uma esquadra fenícia apareceu para dar apoio ao inimigo, ele levantou mais uma vez as âncoras e travou novo combate naval em que desbaratou a frota adversária. Duzentas trirremes acabaram sendo destruídas e um número ainda maior foi capturado, juntamente com vinte mil soldados inimigos, que foram vendidos como escravos. Címon voltou então a sua atenção para Chipre.

O dinheiro do saque e o lucro na venda dos escravos engordaram os financiamentos para a construção das Longas Muralhas.

A glória de Címon não podia ser maior, ainda mais porque as vicissitudes de Pausânias em Esparta haviam permitido que os éforos pusessem as mãos na sua correspondência, descobrindo assim documentos que também comprometiam seriamente Temístocles. Os éforos pediram então aos atenienses que condenassem à morte Temístocles. Aquele que humilhara em batalha o rei dos reis acabou tendo de fugir perseguido de todos os lados, primeiro para o Épiro, de lá para Corfu, e finalmente para a Ásia Menor, onde foi amavelmente recebido por Artaxerxes, o sucessor de Xerxes. Parece bastante claro que por trás dessa operação que viu agentes atenienses e espartanos trabalhando lado a lado numa ação conjunta poderíamos vislumbrar a *entente cordiale* entre as duas cidades e a política de Címon, que visava a partilha das esferas de influência – marítima para Atenas, continental para Esparta –, política contra a qual Temístocles sempre lutara. Sendo assim, tampouco podemos descartar que os papéis encontrados no arquivo secreto de Pausânias fossem mais ou menos inventados: infelizmente a falta de elementos seguros força-nos a recorrer a todo tipo de ilações.

Temístocles estava certamente a par de estratégias confidenciais e de dados de fundamental importância no âmbito militar e econômico, e por isso mesmo o Grande Rei Artaxerxes reservou-lhe um tratamento principesco destinando-lhe a renda de três cidades inteiras, costume típico dos persas, do qual também se fala várias vezes na *Anábasis* de Xenofonte.

Talvez o fugitivo se tenha beneficiado com as cartas que tinha escrito anteriormente, admitindo que as escreveu, mas não há dúvida de que ele tenha de fato se beneficiado com os seus conhecimentos, que podiam ser muito úteis ao inimigo. As nossas fontes, no entanto, relatam que, quando o rei persa pediu-lhe ajuda contra Atenas e contra os gregos, ele ficou tão aflito por não poder demonstrar a sua gratidão pela hospitalidade recebida – uma vez que jamais trairia o seu povo – que preferiu se matar. Morreu em Magnésia com apenas sessenta anos, depois de despedir-se de um por um dos amigos com um aperto de mão, tomando um veneno de efeito imediato. Deixou muitos filhos e filhas, entre as quais uma se chamava estranhamente Itália e outra, Ásia. Plutarco visitou a sua sepultura quase seis séculos mais tarde na praça principal de Magnésia.

Enquanto Címon estava atarefado em Chipre, a cidade de Tasos, na ilha do mesmo nome, decidiu sair da liga com decisão unilateral; o general ateniense respondeu com o bloqueio naval da ilha e o sítio da cidade que, no entanto, precisou de dois anos para ser bem-sucedido. O motivo do atrito entre Atenas e Tasos eram as minas de ouro do monte Pangeu e as ambições atenienses de controlar com uma colônia a passagem do rio Estrímon numa localidade chamada "nove estradas". A tentativa fracassou num mar de sangue quando os colonizadores que haviam adentrado o interior foram aniquilados pelos trácios perto de Drabescos.

Como já dissemos, o sítio de Tasos foi mantido, tanto assim que os habitantes enviaram uma mensagem a Esparta pedindo que invadisse a Ática para forçar os atenienses a saírem da ilha no intuito de defenderem o seu próprio território. Tucídides – o grande historiador que levou adiante a obra de Heródoto, mas com uma metodologia original até hoje reconhecida – conta que os espartanos estavam a ponto de partir quando aconteceu um grande cataclismo: um terremoto de força devastadora arrasou toda a cidade, deixando de pé, conforme a tradição, um único edifício.

Címon, que voltara a Atenas, foi acusado diante da Assembléia pelos seus adversários políticos, principalmente Efialtes e, mais moderadamente, Péricles, que haviam assumido o papel de depositários da política antiespartana de Temístocles. Um mexerico difundido naquele tempo, que chegou até nós graças aos escritos de Plutarco, conta que a irmã de Címon, Elpinice, foi visitar Péricles em particular para induzilo a retirar a moção contra o irmão. Péricles teria respondido com desdém: "Estás velha demais, Elpinice, para esse tipo de coisa." Provavelmente Elpinice ainda era uma formosa mulher, mas talvez superestimasse o seu poder de sedução, se de fato havia algum fundamento nessa história.

A acusação era a de Címon ter aceitado o ouro oferecido pelo rei Alexandre da Macedônia para desistir de penetrar no interior e se apossar dos territórios que os habitantes de Tasos dominavam no continente. Ao que parece, Címon respondeu que em Atenas ele era o próxeno (isto é, o "representante consular") dos espartanos, que eram pobres, e não dos tessálios ou dos jônios, que eram ricos. O tribunal absolveu-o e ele retomou a sua política de equilíbrio entre as duas grandes potências da Grécia.

Se nessa altura Temístocles estivesse em Atenas, o curso da história bem que poderia ter sido bastante diferente, pois não há dúvida de que ele não perderia a oportunidade de dar um duro golpe na cidade rival prostrada pelo sismo, descortinando dessa forma um cenário totalmente diferente para o futuro do mundo grego. É claro que essa hipótese, no entanto, só pode ficar no plano da mera especulação. Quem por sua vez não deixou escapar a ocasião foram os hilotas, que se mexeram sem hesitação: levantaram-se em massa e atacaram a cidade. Foram rechaçados pelo valor do jovem rei Plistarco, mas em lugar de ficarem subjugados puseram-se a caminho da sua pátria ancestral, a Messênia, e entrincheiraram-se entre as minas da sua antiga capital, Itome, um lugar sombrio sobre o qual pairavam sinistras lendas.

Contavam que o último dos seus defensores, o rei Aristodemo, assim como já havia feito Agamêmnon em Áulis, sacrificara a sua própria filha para conseguir a vitória contra os espartanos.

Os longínquos epígonos daqueles antigos guerreiros começaram então a restaurar as muralhas e as casas, à espera de um longo cerco por parte das tropas lacedemônias.

Címon bem que poderia ter ficado satisfeito com uma postura neutra, mas preferiu ao contrário convencer a Assembléia a votar o envio de quatro mil hoplitas para ajudar o exército espartano em apuros. O pequeno contingente partiu entre duros protestos da oposição, contrária à idéia de a democracia ateniense enviar tropas para auxiliar um governo de oligarcas decidido a sujeitar mais uma vez um povo desde havia muito oprimido, mas digno da maior consideração por nunca ter esquecido as suas origens de nação livre e valorosa.

A chegada dos atenienses, entretanto, não ajudou em nada as operações militares, despertando aliás a desconfiança e a irritação dos espartanos. Pode ser que as tropas áticas não conseguissem disfarçar a sua simpatia pelos hilotas sitiados, ou talvez algum oficial ateniense tenha falado demais, mas, qualquer que fosse o motivo, em certa altura os espartanos dispensaram os atenienses dizendo que já não precisavam deles. O gesto foi interpretado como um ultraje sangrento e provocou uma reação imediata e violenta: Péricles e Efialtes não tiveram a menor dificuldade para botar Címon no banco dos réus e pedir em seguida o seu ostracismo. O grande capitão, o herói do Eurimedonte, teve de abandonar a pátria sem nunca ter representado um perigo para as suas instituições, muito pelo contrário. Ele via Atenas e Esparta como uma parelha de bois que deviam puxar juntos e plenamente de acordo o arado da política grega; achava que sem uma das duas cidades a Grécia ficaria "coxa" e acreditava com firmeza que os únicos inimigos dos gregos eram os persas.

O voto de desconfiança que afastou do poder Címon e os seus partidários também permitiu que Efialtes desse mais um retoque institucional na direção da democracia plena: mandou votar uma moção pela qual o Areópago perdia todas as suas atribuições políticas, a não ser as relativas à sua antiga competência, isto é, os crimes de sangue. O último baluarte da aristocracia era dessa forma desmantelado com uma operação de engenharia institucional que só pode ser comparada, nos nossos dias, com a exautoração da Câmara dos Lordes na Inglaterra por parte do governo de Tony Blair. Faltava apenas mais um corolário para a plenitude da soberania popular: a remuneração pública dos cargos que permitisse, a quem vivia do seu próprio trabalho, abandoná-lo para dedicar-se ao serviço do país. Uma providência que o próprio Péricles tomaria durante o período em que ocupou ininterruptamente o cargo de estratego, de 449 a 429 a.C.

Naquele mesmo ano Ésquilo apresentou a *Oréstia*, a monumental trilogia (*Agamêmnon*, *Coéforas*, *Eumênides*) que iria consagrá-lo como um dos grandes gênios universais. As três peças, que alguém já considerou o ponto mais alto jamais alcançado pela mente humana, contam uma das mais sangrentas histórias do mito grego, o epílogo de uma pavorosa série de vinganças. Atreu, rei de Micenas e pai de Agamêmnon, descobre que seu irmão Tiestes seduziu-lhe a mulher e, para vingar-se, mata os três filhos deste e dá de comer ao pai uma noite num jantar, e só no fim da monstruosa refeição informa-o do cardápio. O filho sobrevivente de Tieste, Egisto, seduz mais tarde a mulher de Agamêmnon, Clitemnestra, e convence-a a matar o marido quando ele voltar da guerra de Tróia. A própria Clitemnestra tem bons motivos para buscar vingança pois Agamêmnon sacrificara a filha deles, Ifigênia, a fim de propiciar a expedição para Tróia.

Por sua vez Orestes, o filho de Agamêmnon, não pode eximir-se de vingar a morte do pai, mesmo que isso signifique matar a mãe. Numa cena de intensa vibração dramática, Clitemnestra descobre o peito diante do filho, gritando: "Golpeia, se puderes, este peito que te amamentou!" E Orestes desfere o golpe. A cena acontece praticamente diante dos olhos dos espectadores, e podemos imaginar o impacto que deve ter tido sobre as pessoas que assistiam emudecidas à representação. E também podemos imaginar o público: sentados nas arquibancadas, quase certamente deviam estar Péricles e Efialtes, que acabavam de levar a cabo a reforma do Areópago. Talvez também estivesse Míron, um jovem artista que iria revolucionar a arte da escultura, e lá devia estar Fídias, que iria legar para a eternidade de forma plástica o próprio espírito da sua cidade: provavelmente, naquela altura já devia estar se preparando para o trabalho que o tornaria famoso pelos séculos afora.

Não sabemos ao certo se as mulheres podiam assistir às representações cênicas, mas, como muitos afirmam que isso era possível, lá devia estar também Elpinice, a irmã de Címon. E é provável também a presença do pedreiro Sofronisco com a mulher Fenarete, uma parteira que acabava de gerar um menino, saudável mas nem um pouco bonito, que um dia seria mundialmente conhecido. Haviam-lhe dado o nome de Sócrates.

Depois de matar a mãe, Orestes é perseguido pelas Erínias, as pavorosas divindades da vingança: seus olhos derramavam lágrimas de sangue, a sua pele exalava um insuportável fedor de podridão, os seus cabelos lambuzados de sangue aninhavam inúmeras cobras venenosas. Divindades da violência ancestral, da mais cruel e implacável justiça privada, elas desencadearam na alma de Orestes uma incurável contradição. Ele, que matara a mãe para vingar o pai, impusera-se na mesma hora a obrigação de vingar a mãe. Finalmente, perseguido pelas Erínias, o jovem chega a Atenas onde se entrega ao tribunal do Areópago que, com a ajuda de Atená, compõe a aflitiva dicotomia.

Cativados por uma ação cênica de avassaladora potência, arrastados por um remoinho de paixões e de extremo *páthos*, os espectadores chegavam a um desfecho no qual a interminável série de arcaicas vinganças era resolvida pelo veredicto de um órgão institucional da sua cidade. Era o triunfo da lei sobre o arbítrio, da norma sobre o caos, do direito público sobre a violência privada. Era a consagração da passagem do mundo arcaico dos aristocratas, baseado na desforra, para o mundo moderno da cidadania.

A escolha de um desfecho como esse só podia acontecer dentro de uma perspectiva que visava a glorificação da cidade como conjunto harmonioso de todos os seus componentes políticos e sociais. Por um lado celebrava-se o Areópago como Assembléia dos aristocratas, por outro como instituição mais uma vez levada pelas recentes reformas à sua função original de tribunal para os crimes de sangue. Um tribunal que Ésquilo exaltava como finalmente "livre de qualquer acessório que, como lama, só turva a água". E não é por acaso que, justamente nessa trilogia, aparece pela primeira vez a expressão "governo do povo", isto é, democracia.

A cidade estava agora lançada para a sua irresistível ascensão, guiada pelo gênio do jovem Péricles, que assumira as rédeas do partido democrático radical depois do assassinato, até hoje não resolvido, do seu mestre Efialtes. O Pireu pululava de navios, os mercados estavam cheios de todo tipo de mercadorias: a presença, comprovada pelas fontes históricas, de frutas e verduras frescas em pleno inverno demonstra que havia nas praças de Atenas uma clientela disposta a pagar o que elas valiam e que os cargueiros podiam trazê-las de Chipre, do Egito e da Síria num prazo suficientemente breve para não prejudicar a qualidade. Como no caso dos famosos figos de Cartago que Catão, o Censor, oferecia aos seus colegas do senado romano.

Segundo uma inscrição publicada em 1936, um Fídias que acabava de completar trinta anos (provavelmente havia nascido no ano da batalha de Maratona) foi encarregado em 460 a.C. da execução de uma estátua de bronze de Atená a ser colocada na acrópole. Com a altura de nove metros, foi o primeiro colosso realizado no Ocidente (o mais recente é a Estátua da Liberdade, em Nova York), e a ponta da sua lança deixava ver de longe o seu brilho dourado, visível dos barcos que entravam nas águas do Pireu. Na mão esquerda segurava um grande escudo historiado fundido pelo bronzista Mys (nome bastante curioso, pois significa "rato") segundo desenhos de um pintor de Éfeso tão bom quanto vaidoso e arrogante: Parrásio.

Fazia-se chamar de "o homem da doce vida" ou então de "príncipe dos pintores", e parece que de fato era o máximo no seu ofício, principalmente nos esboços e nos desenhos (os seus esboços a carvão ainda se vendiam por preços extorsivos nos antiquários romanos dos séculos I e II d.C). Um tanto mais difícil é entender exatamente o que queria dizer aquela "doce vida", mas, como um dos seus passatempos preferidos era pintar cenas de erotismo explícito, pode ser que essa fosse a razão do apelido.

Ao deixar definitivamente de lado o seu namoro com Esparta, Atenas aliou-se aos inimigos dela, os argivos e os tessálios, assumindo uma atitude sem volta que, mais cedo ou mais tarde, iria fatalmente levá-la a uma confrontação com a rival. Até assinou uma aliança com Mégara, desde sempre sua inimiga, pois naquele momento estava em guerra contra Corinto, aliada de Esparta. Assim como os atenienses estavam fazendo entre o Pireu e Atenas, os megarenses também construíram um sistema de "longas muralhas" que ligava a cidade ao seu porto no golfo Sarônico de forma que, se o outro porto de Nisa, no golfo de Corinto, viesse a ser ameaçado ou bloqueado, a cidade poderia continuar a ser abastecida pelo Oriente. Seguiu-se um período de dura confrontação com Esparta, durante o qual os atenienses chegaram a lutar (e vencer) ao lado dos argivos contra os espartanos no Peloponeso.

Seguiram-se outros embates bastante violentos em várias frentes: na ilha de Egina e em Mégara, onde se travou um sangrento combate com os coríntios, de resultado duvidoso. Na mesma época, após cinco anos de até então inúteis tentativas, os espartanos finalmente dobraram a resistência dos hilotas de Itome, mas os atenienses conseguiram evitar a chacina também devido à intervenção do oráculo de Delfos, que emitiu um vaticínio muito claro: "Soltai os suplicantes de Zeus Itometa."

Havia uma referência explícita ao templo de Zeus dentro das muralhas da cidade sitiada, e o oráculo permanece até hoje bastante obscuro uma vez que, naquela época, o santuário délfico estava decididamente do lado de Esparta. Os espartanos deixaram que os hilotas se retirassem e os atenienses os acomodaram em Naupacto, finalmente livres pela primeira vez desde que haviam nascido, conseguindo firmar ao mesmo tempo uma base amiga bem na entrada do golfo de Corinto.

Nessa altura Atenas já estava empenhada em várias frentes, tendo inclusive recomeçado a sua ofensiva contra Chipre para tirar definitivamente a grande ilha do controle persa. Enquanto isso, no Egito, que também era uma província da Pérsia, havia estourado uma revolta chefiada por um príncipe líbio chamado Inaros, que pediu a ajuda de Atenas para resistir ao contra-ataque persa. Esse pedido demonstrava que Atenas tinha alcançado a envergadura de grande potência internacional e que a sua estrutura militar era considerada capaz de enfrentar o exército imperial. E mais, para os atenienses tratava-se de uma oportunidade excepcional. O Egito era um lugar fabuloso, um Eldorado do qual se contavam maravilhas, mas, de um ponto de vista prático, também era o maior produtor de trigo do mundo, o único produtor de papiro, a terra onde estavam guardadas imensas riquezas, enormes quantidades de ouro. Aprontou-se imediatamente uma frota que subiu pelo Nilo, e desembarcou um corpo expedicionário para ocupar a capital, Mênfis. A guarnição persa, no entanto, resistiu entrincheirando-se na fortaleza, e a guerra ficou num impasse.

Nas outras frentes lutou-se novamente contra os espartanos em Tânagra, mas sem sorte. Dois meses depois, entretanto, os atenienses retomaram as hostilidades contra os beócios que agora estavam sozinhos, derrotaram-nos duramente em Enofita e expandiram a sua hegemonia até a Beócia e a Fócida. A aliança com os foceus era particularmente importante pois permitia chegar ao controle do santuário de Delfos. Era um verdadeiro golpe de mestre, pois o oráculo délfico gozava de um prestígio e de uma autoridade sem comparação: ninguém podia desafiá-lo e ninguém podia se permitir ignorá-lo. Além do mais, o santuário tinha um peso econômico enorme devido à imensa quantidade de tesouros dedicados como ex-votos que eram guardados no recinto sagrado. Aquela montanha de ouro e prata, nas mãos de quem soubesse usá-la de forma apropriada, podia transformar-se numa força de choque excepcional. Mas meter-se nos assuntos internos de Delfos era como mexer em casa de marimbondos, pois o santuário era a garantia de equilíbrios supranacionais que ninguém podia impunemente subverter ou até mesmo perturbar. Era fácil, portanto, prever que haveria reações violentas, coisa que de fato aconteceu.

Logo em seguida Egina rendeu-se: Atenas impôs a destruição das muralhas, a entrega da frota e o pagamento de um tributo anual. Mostra-se bastante gritante, nessa época, a disparidade entre os planos grandiosos que a cidade conduzia longe da Grécia, do Egito a Chipre, dos Dardanelos à Líbia, com ações não apenas militares como também de cunho diplomático que alcançavam a Itália e a Sicília, e a mesquinhez da situação na península helênica, onde a presença de tantos agrupamentos de forte personalidade e a falta do equilíbrio almejado por Címon geravam uma condição de contínuo e quase endêmico conflito. Embora relativas a um período ligeiramente posterior, são impressionantes as palavras com que os coríntios se referem aos atenienses: "Nunca vivem em paz e não deixam os outros viverem em paz."

Em 456 foi definitivamente terminada a construção das Longas Muralhas, um duplo corredor fortificado que, unindo num único conjunto defensivo a cerca urbana de Atenas e o Pireu, fundia numa coisa só a cidade e o seu porto, tornando-a de fato imune a qualquer sítio desde que a sua frota continuasse a dominar os mares. E justamente para afirmar de forma inequívoca o seu domínio sobre o mar, naquele mesmo ano Atenas mandou uma frota dar a volta ao Peloponeso. Tratou-se principalmente de uma ação ostensiva que não conseguiu grande coisa, a não ser a destruição dos estaleiros de Gítio, a base naval dos espartanos. A esquadra alcançou Patras e, antes de voltar pelo mesmo caminho, infligiu uma dura derrota aos habitantes de Sicione, eles também aliados de Esparta.

Enquanto isso a situação no Egito ia ficando cada vez pior. Num primeiro momento o Grande Rei tentara remover o contingente ateniense convencendo os espartanos a invadirem a Ática e enviara para esse fim um emissário com uma vultosa quantia de dinheiro. A diplomacia persa já entendera que enfrentar diretamente os gregos, fossem eles atenienses ou espartanos, não era lá muito aconselhável; só servia para juntá-los todos em volta da mesma causa e a derrota em campo aberto era quase certa. Muito melhor jogar uns contra os outros, aproveitando as particularidades e as rivalidades entre cada *pólis*. Por outro lado, os próprios atenienses já haviam tentado entrar num acordo autônomo com os persas, mas sem sucesso.

Segundo uma reconstituição cronológica que nos parece plausível, a batalha do Eurimedonte deve ter acontecido por volta de 466 a.C. Logo em seguida, em 465, houve a embaixada do alcmeônida Cália que, ao que parece, o Grande Rei decidiu receber por medo de perder Chipre. A missão diplomática não surtiu efeito algum, mas, nos anos seguintes, os círculos moderados atenienses, saudosos da política de Címon e do poder do Areópago, elaboraram o texto de uma pretensa "paz de Cália" assinada pelo Grande Rei em 449 a.C. com a qual ele reconhecia a hegemonia ateniense no Egeu, empenhava-se a não entrar nesse mar e a manter as suas tropas a três dias de marcha das costas da Ásia Menor.

A opinião da maioria dos estudiosos é que aquele texto, tão favorável a Atenas e renunciador para os persas, seja uma falsificação. Na época em que foi elaborado, com efeito, havia bons motivos para meditar sobre os efeitos arrasadores das guerras fratricidas entre os gregos e as óbvias vantagens que isso trazia para a Pérsia. E isso acontecia muito antes de Filipe e Alexandre constrangerem todos os gregos – exceto os espartanos – a uma aliança militar contra o Império persa que levaria à sua destruição e ao nascimento de um Império grego que, apesar de efêmero, iria se espalhar do Adriático ao oceano Índico, do Danúbio ao Indo.

Mas voltemos ao tempo da missão persa a Esparta, que provavelmente aconteceu por volta de 456. Segundo o relato de Tucídides, o dinheiro que deveria convencer os espartanos a atacar Atenas a fim de induzi-la a chamar as suas tropas de volta do Egito acabou sendo gasto sem resultados apreciáveis. Talvez o persa até tenha conseguido corromper algum chefe político, mas ninguém suficientemente importante para influenciar as decisões do governo: seja como for, o Grande Rei decidiu então passar às vias de fato e enviou uma força expedicionária que escorraçou os atenienses e seus aliados de Mênfis. Estes entrincheiraram-se então numa ilhota no delta do Nilo, onde resistiram por mais de um ano e meio.

Finalmente, ao perceber que não conseguiria desembarcar as suas tropas de assalto, o comandante persa decidiu desviar o canal em volta da ilha, deixou os navios atenienses em seco e mandou avançar o exército pelo leito do rio. Em número muito maior, bem alimentados e equipados, os persas não tiveram dificuldade em sobrepujar as tropas exaustas da liga ateniense. Como se não bastasse, uma frota proveniente de Atenas e que provavelmente trazia mantimentos e reforços, não sabendo do acontecido, acercou-se para lançar âncora; foi agredida frontalmente pelas tropas persas de terra, enquanto uma esquadra fenícia fechava-lhe o caminho de volta ao mar aberto. Os barcos gregos foram aniquilados e só umas poucas unidades conseguiram furar o bloqueio e voltar a Atenas com a notícia da derrota. Inaros, o organizador da revolta, foi capturado e empalado pelos persas.

Os sobreviventes desse desastre conseguiram abrir caminho em busca da salvação avançando penosamente ao longo das costas mediterrâneas até Cirene. Tucídides só dedica umas poucas linhas a essa empresa, que deve ter tido lances heróicos: aquele bando de infelizes teve de marchar mais de dois mil quilômetros pelo deserto, sem mantimentos nem equipamento, deixando atrás de si um rastro de mortos.

Cinqüenta anos mais tarde um grupo de mercenários gregos que haviam lutado perto de Babilônia às ordens do príncipe persa Ciro, ao ficarem sem comandante, retiraram-se subindo o Tigre na tentativa de alcançarem, eles também, uma colônia grega. Depois de atravessarem as montanhas da Armênia em pleno inverno, chegaram finalmente às margens do mar Negro. Xenofonte, o escritor ateniense que estava com eles, tornou-os famosos como os míticos "Dez mil".

Parece-nos quase natural perguntar como é que as pessoas comuns de Atenas aceitaram, depois do ostracismo de Címon, os pesados tributos em termos de vidas humanas que a política imperial da cidade lhes impunha. Na verdade, porém, embora isso possa parecer estranho, uma certa saudade da política de Címon só se manifestou muito mais tarde entre os círculos conservadores, lá pela metade do século IV. A democracia tornara todos co-responsáveis, já não havia um Areópago para ser culpado ou um chefe aristocrata em cima do qual jogar a responsabilidade. Todos haviam aprovado, todos haviam sido partícipes das escolhas propostas pela Assembléia. Claro que, obviamente, havia uma motivação tanto social quanto econômica que muito influía nesse tipo de escolhas. A afirmação de Atenas, as suas conquistas, a formação do seu império naval deviam-se principalmente aos remadores da frota, a sua coordenação, ao seu "trabalho de equipe". E os remadores eram *tetos*, isto é, pessoas que nada possuíam e cuja única fonte de renda contínua e segura era o salário a bordo dos navios. Muitos deles, além do mais, eram destinados aos presídios militares de além-mar que os atenienses chamavam de *kleruquias* (de *kleros*, sorte), uma vez que os selecionados eram escolhidos por sorteio. Nesses lugares eles recebiam um lote de terra, uma casa e talvez até alguns escravos, e portanto uma posição social invejável que se baseava justamente no fato de serem cidadãos de Atenas.

Uma das conseqüências da afirmação da democracia radical foi, portanto, o imperialismo e a proliferação dos conflitos. Tudo isso, obviamente, era sublimado como patriotismo: a cada ano, no outono, a cidade recolhia-se no momento solene das celebrações, nos ritos que exaltavam a honra e o valor daqueles que haviam tombado em nome da pátria, lambia as próprias feridas e preparava-se para uma nova temporada de grandeza.

Nas suas *Suplicantes*, Ésquilo mais uma vez nos fornece uma explicação mítica para justificar a nova política ateniense de alianças de cunho antiespartano, relembrando a antiga irmandade entre atenienses, argivos e tessálios na época dos pelasgos, povo ancestral que talvez possa ser identificado com a memória histórica dos micênicos. De forma que, ao se sentarem nas arquibancadas de pedra dos teatros, os atenienses se espelhavam no seu passado mítico, reconciliavam as suas contradições no majestoso ritmo dos versos dos poetas, fortaleciam as suas convicções.

A derrota no Egito foi sem dúvida muito amarga, não só devido ao sonho malogrado de domínio ultramarino sobre um país incrivelmente grande e rico, como também pelas pesadas perdas humanas e econômicas que a aventura comportou. Os atenienses perceberam então que a sua posição era muito difícil, já que estavam expostos aos ataques de Esparta na frente interna e aos da Pérsia na externa. Acharam melhor, portanto, tentar sair da casa de marimbondos da Grécia, onde afinal parecia não haver muitas possibilidades para suas tentativas expansionistas. Chamaram então de volta do exílio Címon, o homem que melhor do que qualquer outro sabia como tratar com os espartanos e lutar contra os persas.

O herói voltou, aceitando de bom grado o chamado da pátria, e mediou com os espartanos uma paz de cinco anos; pôsse então no comando de uma nova frota de duzentos navios de guerra e de uma eficiente força expedicionária e rumou para Chipre, onde sitiou a cidade de Cítion; durante uma ação nos arredores de Salamina de Chipre foi ferido e morreu. A esquadra decidiu então levantar âncora para voltar, mas foi interceptada pela frota fenícia às ordens do Grande Rei e forçada a travar batalha. O choque foi muito duro, mas os atenienses acabaram levando a melhor e a esquadra voltou ao Pireu vitoriosa. No final, entretanto, o balanço foi mais negativo do que positivo e ficou patente a necessidade de se traçar uma nova política externa.

A paz qüinqüenal recém-assinada mal conseguiu durar um ano: os espartanos, sabendo muito bem do enorme peso político e moral do oráculo de Delfos, enviaram um exército para a Fócida a fim de libertar o santuário com uma reserva mental típica dos gregos: oficialmente não estavam violando a paz pois estavam atacando os foceus e não os atenienses, mas o resultado foi o mesmo.

Os atenienses contra-atacaram no ano seguinte (estamos por volta de 448 a.C.), entregando mais uma vez Delfos aos seus aliados foceus. Enquanto isso, também tentaram fortalecer com toda uma série de iniciativas tanto religiosas quanto políticas o mais importante dos seus centros religiosos: o santuário de Elêusis, bem perto de Atenas, onde se celebravam os mistérios de Deméter e Perséfone, as divindades do além, por meio de algum tipo de transe, provavelmente provocado por substâncias alucinógenas. A tentativa não deu em nada, uma vez que o prestígio de Delfos era grande e firme demais e porque a situação da Grécia central mudou em pouco tempo de forma radical. Em algumas cidades da Beócia, que já estavam havia quase dez anos sob o controle de Atenas, os oligárquicos retomaram o poder e proclamaram a independência, enquanto a Lócrida (uma pequena região a oeste da Beócia) também se rebelava. Atenas respondeu com determinação enviando para a região um general chamado Tolmides, que porém foi derrotado em Queronéia e teve de recuar. A Fócida, agora isolada de Atenas e apertada entre a Beócia independente e o Peloponeso novamente unido sob a hegemonia de Esparta, viu-se forçada a voltar para a esfera de influência desta última. Obviamente Atenas perdeu todo e qualquer controle sobre o grande santuário de Delfos que, pelo menos nominalmente, reconquistou a sua autonomia.

Parecia, nessa altura, que os deuses tinham virado as costas para a cidade: a Eubéia, a grande ilha bem próxima da Ática, insurgiu e abandonou a liga de Delos, e Péricles acudiu imediatamente com um exército para retomar o controle da situação. Mégara também denunciou a aliança com Atenas e atacou os presídios atenienses postados nas fortificações de Nisa, aliando-se a várias outras cidades do Peloponeso das quais Esparta tinha assumido o comando supremo. Na chefia das tropas da liga do Peloponeso, o rei Plistoanate atravessou o istmo de Corinto, nessa altura guardado por forças amigas, e invadiu a Ática até chegar a poucos quilômetros de Atenas. Péricles decidiu então voltar apressadamente da Eubéia.

Ao que parece, Plistoanate só queria dar uma lição aos atenienses: limitou-se a arrasar o território mas evitou o choque direto com os adversários, preferindo voltar ao Peloponeso com o seu exército. Péricles deu então meia-volta, foi mais uma vez à Eubéia e sujeitou-a de novo ao domínio de Atenas.

Já era mais do que evidente que o choque com Esparta só levaria a uma dispendiosa e inútil guerra de desgaste: os fatos haviam demonstrado aquilo que a geografia e a lógica já deveriam ter deixado bem claro, isto é, que Atenas podia aspirar ao domínio no mar enquanto ninguém podia competir com Esparta no que dizia respeito à hegemonia no continente. Chegou-se então a estipular uma paz de trinta anos que na prática sancionava o *status quo*. Os atenienses desistiam de todos os seus encraves no Peloponeso, começando por Nisa, o porto de Mégara no golfo Sarônico, e aí Trezena, Pege e a Acaia. Em troca disso, Esparta não contestava o domínio ateniense sobre a Eubéia nem se opunha à entrada de Egina na liga de Delos. Chegava-se assim a uma forma de equilíbrio entre as duas grandes potências, cada uma delas na chefia de uma aliança militar: a liga de Delos e a liga do Peloponeso, a primeira principalmente marítima e a segunda marcadamente continental.

Nessa mesma época os aliados da liga délio-ática foram convencidos a votar, por motivos de segurança, a transferência do tesouro federal da ilha de Delos para Atenas, onde foram guardados quatrocentos talentos de prata.

Enquanto isso os artistas representavam um novo homem, o ideal de uma humanidade segura de si e poderosa. O bronze, que Fídias já fundira para erguer a sua *Atená combatente* (*Prómakhos*) no topo da acrópole, permitia soluções de incrível atrevimento. A sua elasticidade e, ao mesmo tempo, solidez pareciam a metáfora do homem ateniense, destemido e argucioso, temerário e brincalhão.

Por volta de 451 Míron forjou o seu celebre *Discóbolo*, um atleta tenso como um arco prestes a realizar o lançamento. Para nós só ficaram cópias de mármore daquela fantástica obra-prima, todas caracterizadas pelo antiestético apoio em forma de tronco sem o qual a estátua se partiria na altura dos joelhos, mas o original de bronze apoiava-se apenas no pé esquerdo e na ponta do direito: uns poucos centímetros quadrados bastavam para sustentar a poderosa envergadura do atleta, o grande torso musculoso, os braços esticados em arco numa postura de vibrante energia.

O dinheiro acumulado na acrópole já não era gasto apenas para exigências militares, mas também para o embelezamento de Atenas. É claro que gastar desse jeito o dinheiro de todos os membros da liga em prol da cidade dominante era uma decisão um tanto arbitrária, mas esse arbítrio criou um dos mais grandiosos e espetaculares monumentos de todos os tempos: o próprio símbolo do espírito grego, imitado em milhares de estruturas através dos séculos, o templo por excelência, verdadeiro milagre de proporções e harmonia, um navio de deuses apoiado num rochedo: o Partenon!

A sua construção deveu-se ao envolvimento pessoal do próprio Péricles, que, para desenhá-lo, chamou os arquitetos Ictino e Calícrates, ambos de escola hipodâmica. Demoliu-se o monumento anterior, um santuário arcaico conhecido como *Ekatompedon* (cem pés), este também dedicado a Atená Partenos e decorado com terracotas policromas. A construção do templo, todo em mármore pentélico, levou quinze anos e empregou mão-de-obra extremamente qualificada. Com o comprimento de 69,54 metros e a largura de 30,87, tinha oito colunas dóricas no lado menor e dezessete no maior. No interior havia a cela dividida em duas partes por um muro transversal, no qual se abria o portão que dava para o verdadeiro santuário. A parte mais curta, uma espécie de saguão, era sustentada por quatro colunas provavelmente em estilo jônio; a parte mais comprida, por sua vez, era dividida em três naves por duas fileiras de colunas dispostas em duas ordens sobrepostas que chegavam até o teto. No fundo da nave central erguia-se a estátua do culto que representava a deusa Atená: um colosso com treze metros de altura em marfim e ouro.

Fídias foi chamado para executá-la e para desenhar as esculturas que iriam enfeitar o monumento: as métopas da arquitrave externa com cenas de luta entre os centauros e os lápitas, o friso contínuo que decorava a orla superior da cela com a representação do grande cortejo das panatenéias – a mais importante das solenidades atenienses – assim como os grandes grupos esculturais dos frontões leste e oeste. No primeiro aparecia a disputa entre Atená e Poseidon para a posse da Ática, no segundo o concílio dos deuses. Dezenas de milhares de metros cúbicos de mármore foram cortados das encostas do monte Pentélico e transportados com trenós de madeira até a base da acrópole, de onde eram puxados com guindastes ao longo de um plano inclinado que chegava à grande esplanada superior. Tratava-se de grandes paralelepípedos ou de toras cilíndricas que iriam ser transformadas em colunas.

Alguns dos gênios mais criativos que a nossa espécie produziu durante toda a sua história estiveram presentes naquela esplanada até a conclusão dos trabalhos: arquitetos, escultores, bronzistas, pintores, todos cercados por um bando de aprendizes e assistentes, e mais mestres-de-obras, pedreiros, carpinteiros, ferreiros e canteiros. Máquinas gigantescas foram montadas para levantar e colocar no lugar os blocos que pesavam várias toneladas, os imensos capitéis com mais de dezesseis metros quadrados de área e finalmente as estátuas, descomunais mas ao mesmo tempo muito delicadas, que iriam enfeitar os frontões. O mais provável é que colocassem no lugar os blocos grosseiramente esboçados para que só em seguida os artistas dessem o acabamento e o polimento final.

A cidade inteira assistia ao surgimento daquele milagre, e aqueles volumes, aquelas proporções, aquela harmonia tornaram-se regras fundamentais para a Grécia e para o mundo. O povo de deuses e heróis que dia a dia tomava forma e cor no esplendor ofuscante do sol do céu ático era o espelho de uma sociedade e de um modo de vida que o mundo iria admirar e lembrar com saudade pelos séculos afora. Durante quinze anos, o canteiro de obras foi centro de pesquisa, de estudo, de debate, de acaloradas discussões, de poderosa manifestação de energia e de engenho.

Daquele patamar Fídias e Parrásio, Péricles, Calícrates e Ictino podiam abarcar com os olhos a cidade inteira, ver aos seus pés a cavidade do teatro de Dioniso, e quem sabe assistir às evoluções do coro e dos atores que ensaiavam sob o olhar vigilante de poetas que o mundo jamais iria esquecer, como Ésquilo e Sófocles. E com eles subiram até a esplanada outros gênios desejosos de ver aquela coisa divina: o filósofo Anaxágoras e o historiador Heródoto, que nessa época já esboçava o seu poderoso afresco das guerras persas.

Alguns anos depois, quando com voz embargada pela emoção Péricles comemorou os mortos do primeiro ano da guerra do Peloponeso, devia certamente ter diante dos olhos essas cenas e essas imagens exaltantes quando dizia:

> Gostamos do belo, mas de forma comedida, e dedicamo-nos ao saber, mas sem complacência, usamos a riqueza mais por causa da possibilidade de agir que ela proporciona do que devido à tola vaidade das palavras... A nossa cidade inteira é a escola da Grécia e parece-me que cada homem da nossa gente orienta individualmente a própria personalidade independente para qualquer tipo de atividade, e com a maior versatilidade, mas sempre acompanhada pelo decoro... Seremos admirados pelos homens de hoje e pelos seus descendentes, sem precisarmos de Homero.

9 de outubro de 1999

Falando ao telefone Kostas me conta que gostou muito de percorrer de novo os caminhos da grandeza de Atenas, de reviver a construção do Partenon, da Atená *de Fídias. Contou que ficou muito emocionado ao lembrar as palavras de Péricles do* Epitáfio.

– Proferi-as em voz alta pela primeira vez no mesmo ano em que a gente se conheceu. Justamente na acrópole, num dia de abril cheio de nuvens negras... com o meu amigo.

– Ainda não nos conhecíamos, e eu estava me preparando para viajar para a Itália de férias com Alexandra, que já tinha a lista dos vestidos que queria comprar, as bolsas em Florença, as blusas em Roma...

– Pois é. Iríamos nos conhecer dali a três semanas, a bordo do Apollonia. *Há quanto tempo você não sobe até a acrópole?*

– Deve fazer uns vinte anos. Sabe como é, a gente diz: "Está logo ali, não vai fugir." E além do mais um ateniense não precisa ir à acrópole: eu sou um plakiota, nasci na Plaka e podia ver o Partenon todos os dias, era só abrir a janela do meu quarto, está entendendo? E a cidade também era diferente quando eu era menino, nem chegava a ser a quarta parte do que é agora. A acrópole parecia muito mais imponente, e atrás do Filopapo só havia campos. Ainda havia um montão de pastores passeando por lá com suas cabras e ovelhas.

Recomeça a amaldiçoar os coronéis e os anos de especulação selvagem durante o regime militar.

– Na verdade – continua depois –, francamente, não consigo imaginar o Partenon a cores. Vocês tem certeza mesmo de que era colorido?

– Absoluta. Uma festa de cores: azul, amarelo, ocre, até dourado, folha de ouro aplicada sob pressão. Sabe como é, as pessoas estavam acostumadas com os enfeites antigos de terracota colorida e aí, quando começaram a usar o mármore, continuaram a colori-lo como faziam com a terracota.

– Mas não faz sentido pintar o mármore. O mármore já é bonito assim como é.

– Os historiadores da arte continuam até hoje a debater o assunto. Seja como for, o mármore proporcionava um fundo branco que em alguns lugares era deixado sem pintura, talvez para realçar mais ainda o resto colorido. Experimente imaginar as métopas de Fídias brancas e em plena luz do sol: o que está vendo? Nada. Não daria para ver nem os contornos nem o sombreado. A cor era indispensável.

– E a estátua dentro do Partenon? Como é que Fídias conseguia juntar o ouro e o marfim na mesma escultura?

– Parece que era uma técnica bastante comum. Já faz alguns anos que no Museu de Delfos está exposta uma estátua de Apolo com algumas partes de marfim, o rosto, se eu estiver lembrando direito, e outras em lâmina de ouro. Não é muito grande, apenas uns poucos centímetros, mas é provável que Fídias se tenha inspirado justamente nessas pequenas imagens para criar efeitos de tirar o fôlego ao reproduzi-las em escala maior. Na verdade, ele primeiro esboçava uma estátua de madeira que servia de suporte, depois aplicava em cima dela as partes de marfim e de ouro que haviam sido anteriormente esculpidas ou fundidas em moldes especiais. Talvez usasse pregos do mesmo material para fixá-las, ou então recorria a algum tipo de encaixe de pressão. Um desses moldes foi encontrado em Olímpia, na oficina onde talvez estivesse trabalhando na montagem do Zeus.

– Que fim levou a estátua?

– Eram objetos muito perecíveis: o suporte de madeira, por exemplo, podia virar um ninho de ratos que nele encontravam abrigo; todos os anos, além do mais, as peças de ouro eram desmontadas para ver se mantinham o mesmo peso, e isso também devia criar alguns problemas. De qualquer maneira parece que a estátua acabou sendo levada a Constan-

tinopla, onde permaneceu durante séculos até, de repente, nunca mais se ouvir falar nela. É bastante provável que tenha sido fundida para recuperar o ouro ou algo parecido, talvez na época das cruzadas.

– E os mármores foram levados pelos ingleses?

– Essa é uma outra história. E acho que nunca mais irão voltar. Se todos pedissem de volta as coisas que foram levadas pelos vários conquistadores da vez, criar-se-ia uma tal confusão que ninguém entenderia mais coisa alguma. Se dependesse de mim, mandaria fazer cópias idênticas de mármore e as colocaria no devido lugar. O efeito seria grandioso e, a meu ver, aceitável até do ponto de vista filológico. Afinal de contas, até no Erectéion as cariátides são cópias: as estátuas originais estão no Museu da acrópole. Por que não fazer o mesmo com os mármores Elgin?

Ele gostou da idéia:

– Se decidirem fazer uma coisa dessas eu até gostaria de esperar, e então subir lá em cima para ver, depois de tudo ficar pronto. Sozinho. E aí ler o Epitáfio *de Péricles, do jeito que você fez. Como é mesmo? "Gostamos do belo, mas com comedimento..." – Declama em grego, é algo comovente.*

VIII
A CIDADE IMPERIAL

Como se vivia em Atenas na época de Péricles? Quais eram as atribuições do Conselho, da Assembléia, dos militares? Quem comandava e quem obedecia? Não é fácil, para nós modernos, entender aquele tipo de sociedade em que, de certa forma, o sistema democrático havia sido levado às extremas conseqüências. Basicamente o povo tinha o controle direto sobre tudo o que tinha a ver com a vida da cidade, cabendo-lhe as escolhas de tipo econômico, político, diplomático e militar. Parece-nos quase inimaginável um Estado sem um governo, sem um chefe de governo, tampouco sem uma magistratura, e no qual os representantes do povo não são eleitos e sim escolhidos por sorteio. Mas, na realidade, a situação dos atenienses era exatamente essa.

O órgão soberano era a assembléia do povo, que se reunia ao ar livre no morro da Pnice, perto da acrópole. No caso de haver um desastre ou uma calamidade, ou de chegar a notícia de uma derrota militar, não havia um governo para se apropriar da informação e decidir, depois das devidas confabulações, o que contar e o que não contar ao povo, como hoje acontece até nas democracias mais avançadas. Os arautos convocavam uma reunião urgente e os mensageiros falavam diante do povo que, de imediato, começava a discutir o assunto. Havia, é claro, uns monitores para regulamentar o debate, mas nada mais do que isso. A atividade política e de governo, como nós poderíamos defini-la hoje em dia, consistia em convencer os cidadãos a votar esta ou aquela moção: e justamente aí aparecia o carisma dos líderes, como Efialtes ou Péricles ou como, antes deles, Aristides, Temístocles e Címon.

Esses homens levantavam-se, pediam a palavra e começavam a falar recorrendo a toda a sua habilidade oratória, prestando certamente atenção à postura, à impostação da voz, ao aspecto exterior (aquilo que hoje chamar-se-ia de *look*: o corte do cabelo, as roupas etc.), elementos muito importantes para os gregos em geral e mais ainda para os atenienses. Péricles, por exemplo, foi um homem muito bonito, mas, ao que parece, tinha a cabeça um tanto alongada para trás e por isso mesmo sempre aparecia em público com um elmo coríntio que quase lhe encobria a testa: isso dava-lhe um ar bastante marcial e, ao mesmo tempo, disfarçava a sua imperfeição.

Um tipo de debate como esse tampouco deixava muita margem para a trapaça, pois era impossível saber de antemão qual seria a resposta dos adversários, que medidas iriam tomar e quais surpresas poderiam estar guardando. Em outras palavras, os líderes tinham praticamente de ganhar com continuidade a confiança das pessoas, dia após dia, convencendo a assembléia da bondade e da oportunidade de uma determinada decisão ou providência. O Conselho dos Quinhentos deliberava, mas as suas resoluções tinham mesmo assim de passar pelo crivo da Assembléia, que podia aceitá-las, mas também descartá-las se as considerasse inaceitáveis, ou devolvê-las ao proponente para que fossem modificadas. Qualquer cidadão também podia se levantar e apresentar a sua proposta individual, mas devia medir com cuidado as palavras, porque, se por acaso a sua proposta fosse considerada uma bobagem ou apenas uma perda de tempo, ele podia ser multado até com bastante rigor. Isso devia pelo menos evitar que o trabalho da Assembléia ficasse atolado num mar de propostas estapafúrdias apresentadas por pessoas despreparadas e de algum modo desavisadas. Quando uma decisão era aprovada pela maioria, o secretário redigia o decreto que começava sempre com a fórmula: "A Cidade e o Povo acharam justo que..."

A contra-indicação mais visível de tal sistema foi aquela que até hoje é conhecida como demagogia, isto é, o tipo de degeneração da democracia: a possibilidade de alguns indivíduos particularmente desabusados inflamarem os ânimos com argumentos irracionais ou passionalmente tendenciosos, levando a assembléia a aprovar decisões arriscadas ou prejudiciais para o bem público.

O Estado estava presente na vida cotidiana por meio de inspetores, sempre escolhidos por sorteio, que controlavam pesos e medidas, o teor da liga das moedas, a qualidade do pão e dos alimentos. Esses inspetores também tinham autoridade sobre serviços públicos, tais como a limpeza urbana, a localização dos depósitos de lixo, o respeito por parte dos construtores das áreas de interesse comum e das ruas, que não podiam ser invadidas nem mesmo por uma sacada. O Estado tinha escravos que usava no trabalho de limpeza urbana, assim como na remoção de cadáveres em caso de morte de indigentes sem teto – que certamente não deviam faltar na cidade – ou durante as epidemias.

Também cabia ao povo administrar a justiça: segundo a reforma de Efialtes, a cada ano eram sorteadas seis mil pessoas (seiscentas para cada tribo) que iriam se revezar nas mesas dos tribunais populares. Os requisitos para participar do sorteio eram ter pelo menos trinta anos de idade, ser cidadão de Atenas e não ter dívidas com o Estado.

Uma vez sorteados, os membros dos tribunais juravam respeitar os decretos da Assembléia popular e do Conselho, combater contra qualquer um que tentasse implantar a tirania ou a oligarquia, julgar com imparcialidade e não se deixar corromper com propinas e donativos.

Como já dissemos, não havia magistratura e, portanto, tampouco havia ação legal de ofício, nem promotoria pública, nem advogados. O próprio cidadão intentava uma ação legal contra a parte que, a seu ver, o prejudicara, causandolhe qualquer tipo de dano, desde o simples roubo até abusos muito mais graves. O acusador era o primeiro a falar, e então a palavra passava ao acusado: ambos tinham ao seu dispor um tempo determinado que era medido com uma ampulheta. Às vezes o acusado tentava comover o júri debulhando-se em pranto ou trazendo consigo mulher e filhos que gemiam e soluçavam em lágrimas; quase todos, de qualquer forma, chegavam com o discurso de acusação ou de defesa já pronto, escrito por um profissional ao qual se dava o nome de logógrafo (literalmente "escritor de discursos"), que conhecia a maneira certa de apresentar a argumentação e os truques para tirar a maior vantagem possível dela e impressionar favoravelmente os jurados. De um desses profissionais, um forasteiro residente que se chamava Lísias, chegaram até nós vários discursos de defesa muito interessantes que nos permitem ter uma idéia bastante clara da vida da cidade no século V a.C. Voltaremos a falar num deles mais tarde, para darmos uma olhada dentro das paredes domésticas de uma casa ateniense da época.

Tanto o acusador quanto o acusado traziam consigo testemunhas a favor e contra, que tinham a sagrada obrigação de dizer a verdade.

Depois de se ouvirem as partes, o júri votava com escrutínio secreto e por maioria simples; em seguida pronunciava-se o veredicto, sem possibilidade de apelação. Qualquer que fosse o resultado, o processo concluía-se no mesmo dia. Nos casos mais sérios e graves ou de interesse geral, podia acontecer uma sessão plenária da qual participavam todos os seis mil membros do tribunal, mas até mesmo numa sessão simples já havia um número suficientemente grande de jurados para desestimular qualquer tentativa de suborno.

Tratava-se sem dúvida de um sistema simples e no conjunto eficiente, mas, mesmo assim, não totalmente isento de distorções. Como no caso dos bem conhecidos sicofantas. A palavra tem etimologia incerta e indica os denunciantes, os acusadores profissionais. Eram indivíduos desprezados por todos, mas, a julgar pelo seu número, tratava-se evidentemente de uma profissão bastante lucrativa. Eram muito úteis, por exemplo, a quem quisesse cortar as ambições de um adversário político ou deixar numa enrascada algum concorrente no campo econômico. O acusador profissional, mediante uma quantia bastante compensadora, providenciava os fundamentos da acusação com as testemunhas para intentar a causa. É claro que ele se arriscava, mas nem tanto assim. A disponibilidade de dinheiro era provavelmente suficiente para ele encontrar testemunhas convincentes. Às vezes o sicofanta podia até intentar causas muito justas, que nunca seriam levadas aos tribunais se o acusado não fosse de algum modo uma pessoa de uma certa relevância. O adversário, de qualquer maneira, fazia com que o acusado não pudesse evitar a ação legal, grudando em cima dele o profissional, que não largava o osso até alcançar seu objetivo.

As penas a serem aplicadas não eram codificadas em uma jurisprudência, que não existia, mas sim sugeridas caso a caso pelo acusador, que podia pedir indenizações monetárias ou verdadeiros castigos que, na verdade, eram normalmente bastante comedidos. Exigências absurdas ou cruéis só serviriam para levantar suspeitas acerca do requerente e irritar os jurados, coisa que sem dúvida era melhor evitar.

Tampouco existia uma polícia como a imaginamos hoje em dia: sem atribuições investigativas, a ela só cabia a manutenção da ordem pública e a execução das sentenças. Nos teatros e por ocasião de grandes festas religiosas, havia escravos do Estado ou mercenários citas armados com arcos que cuidavam da segurança. O pesado sotaque com que falavam a língua ática era motivo de troça e de piadas de todo tipo, como aliás até hoje acontece com as forças públicas nos países em que há marcadas diferenças dialetais.

Os cargos eletivos eram relativamente poucos, mas entre eles havia o mais importante de todos: a estratégia, isto é, a patente de comandante das grandes unidades do exército e da marinha. Os cidadãos elegiam um estratego para cada tribo, formando assim um estado-maior de dez altas patentes que, por sua vez, elegiam o comandante supremo. Péricles, por exemplo, ocupou esse cargo por quase vinte anos seguidos, graças principalmente ao seu carisma pessoal e ao apreço de que gozava junto aos cidadãos, mesmo que ainda assim não ficasse isento dos ataques ferozes das sátiras de poetas cômicos como Aristófanes, ou da oposição, que procurou denegri-lo indiretamente ao acusar as pessoas que lhe eram queridas.

A carreira de Péricles teve um impulso repentino logo depois da morte de Efialtes, que provavelmente pagou com a vida a introdução de reformas tão avançadas. O novo líder não só não se deixou atemorizar pelo assassinato do seu antecessor como também seguiu em frente com determinação ainda maior, introduzindo, como já vimos, uma diária de dois óbolos para cada membro dos júris populares, uma de cinco óbolos para os membros do Conselho e uma de quatro para os arcontes. Isso permitiu abrir as portas da mais prestigiosa magistratura da cidade, antigo privilégio da aristocracia, primeiro aos *zeugitas*, isto é, os pequenos agricultores, e depois até aos *tetos*, os trabalhadores braçais sem qualquer outro tipo de renda. Tratava-se de medidas totalmente inéditas que transformavam em realidade concreta e integral a constituição democrática, pois de fato permitiam a qualquer cidadão ateniense, até mesmo o mais pobre, participar das decisões políticas e fazer ouvir a sua voz mesmo nas mais importantes deliberações.

Por isso, ao comemorar os que haviam morrido durante o primeiro ano do grande conflito do Peloponeso, Péricles pôde proclamar com orgulho: "Nas causas públicas cada um é escolhido pelo apreço que soube merecer e pelos seus méritos pessoais, e não devido ao seu partido, e quem tem a capacidade de fazer algo útil para a cidade não é impedido pela pobreza ou pela sua humilde condição social..."

Mas Péricles não parou por ali: ciente de que a admissão das classes mais pobres na gestão do poder também poderia criar problemas, favoreceu de todas as formas possíveis a promoção cultural do povo, introduzindo um subsídio de dois óbolos para os indigentes que quisessem assistir às representações teatrais, mas que não tinham condições para comprar a entrada, que custava justamente dois óbolos. Se considerarmos que essa quantia correspondia ao que um operário ganhava por dia ou, como vimos, à diária de um jurado, e tendo em mente que o espectador podia, por aquele preço, assistir a pelo menos cinco ou seis espetáculos desde a manhã até o entardecer, podemos calcular que a entrada custava mais ou menos quanto nós temos de pagar agora para irmos ao cinema.

Só assim podemos explicar a imensa fama de que gozaram os grandes poetas trágicos, mesmo nas camadas mais humildes da população. É evidente que o Estado considerava fundamental para a cidadania e a formação cultural das pessoas o fato de elas poderem assistir às representações teatrais. Ao mesmo tempo, a presença de milhares e mais milhares de cidadãos nos debates da Assembléia do Conselho e dos tribunais populares era para todos uma verdadeira escola de oratória pública, de discussão dos grandes assuntos de interesse comum, de análise e de comparação. Também devemos reconhecer, principalmente a partir do século V, o papel relevante da comédia, cuja função de sátira a respeito dos grandes políticos representava uma garantia formidável de liberdade de expressão que talvez nunca mais tenha sido tão completa.

Podemos dizer que tudo contribuía para formar a consciência da cidadania na Atenas de Péricles: as grandes festas religiosas, por exemplo, eram momentos de agregação, além de celebração. Com essas imponentes manifestações os cidadãos renovavam o seu pacto com as divindades padroeiras como Atená, a deusa que quase se identificava com a cidade.

De lança na mão, a sua gigantesca estátua vigiava, do topo da acrópole, a cidade e o porto aos seus pés. E uma outra estátua, também de Fídias e ainda maior, erguia-se dentro do Partenon. Os fiéis que entravam para prestar-lhe homenagem passavam pelas imponentes colunas dóricas da fachada, sob a grandiosa composição inserida no espaço triangular do tímpano frontal no qual se contavam os mitos das origens, e, ao se aproximarem do santuário, já podiam perceber a absoluta harmonia, as proporções áureas que Ictino fundamentara no pitagórico valor da raiz quadrada de 5. Aí, superado o pórtico da fachada, viam-se diante do elegante e esbelto portal jônio da cela e podiam admirar, a toda volta logo abaixo da cornija, o friso que representava o cortejo das Panatenéias com os jovens a cavalo, as jovens levando nas mãos os peplos que elas mesmas haviam tecido e bordado como presentes para a deusa, os sacerdotes com a cabeça enfaixada pelas tiras sagradas, as crianças cantando hinos de louvor, os magistrados e os cidadãos comuns, num triunfo de cores e formas harmoniosamente mesclados num ritmo majestoso e sereno. E ao passar pelo umbral, logo que os seus olhos se acostumassem com a penumbra e o recolhimento do verdadeiro santuário, o ateniense vislumbrava no fundo da grande nave central o brilho do ouro das vestes, do elmo cristado, do imenso escudo da deusa. Via a luz ambreada das tochas refletindo-se na sua pele de marfim. E se o sol penetrasse com seus raios através da grande clarabóia no teto, o gigantesco simulacro incendiava-se em clarões ofuscantes que se refletiam nas colunas e nos muros da cela num jogo de luzes mutáveis, criando no espectador a impressão de que os deuses realmente moravam naquela casa de mármore.

Como moldura daquele fantástico conjunto Péricles quis uma monumental colunata de entrada: os Propileus, cuja execução foi entregue a um arquiteto chamado Mnesicles que, quase certamente, trabalhou lado a lado com Calícrates, um dos dois arquitetos do Partenon. A tarefa não era simples: o grande átrio devia pôr em comunicação duas áreas consideravelmente desniveladas – a interna da esplanada e a externa que, do lado ocidental, dava para a íngreme encosta da colina. Além disso, já existia no local uma estrutura da época de Pisístrato, o *propylon*, que de alguma forma era preciso respeitar. Ele criou então uma estrutura ligada ao exterior por uma escadaria, mas com uma nave central que encobria a rampa que devia ficar livre para permitir a passagem dos cortejos com os carros, os cavaleiros e as liteiras. Conseguiu realizar um conjunto extraordinariamente harmonioso no qual os frontões externos e as colunatas horizontais dos lados leste e oeste eram em estilo dórico, enquanto a rampa central era margeada por uma esbelta colunata jônia que, com maravilhosa elegância, dava leveza à maciça estrutura dórica de grandes colunas caneladas com mais de dez metros de altura. A nave era finalmente encimada por gigantescas vigas de mármore com seis metros de comprimento.

Esse enorme canteiro de obras que dali a alguns anos seria coroado pela ousada e extremamente elegante estrutura do Erectéion era na verdade uma maravilhosa escola da mais pura e requintada cultura, ao ar livre, em plena luz do dia. As lojas dos artesãos misturavam-se com o povo, dando para a ágora ou surgindo no emaranhado de ruas que partiam das encostas do rochedo sagrado rumo à ampla cerca das muralhas. Durante a construção do Partenon e a realização das suas métopas, dos seus frisos e dos conjuntos esculturais dos frontões, as oficinas de muitos escultores tiveram provavelmente de ficar na própria esplanada para se evitar o risco de arriscados transportes; o anedotário clássico está cheio de histórias em que o povo interage com os artistas, expressando suas opiniões e críticas, exatamente como aconteceu mais tarde em Florença durante o Renascimento italiano.

Nesse mesmo período desenvolveu-se todo um conjunto de idéias que, arraigando-se nas pessoas de forma a favorecer não somente a exploração da alma humana como também uma especialização da inteligência em sentido racionalista, acabou tendo aplicações até na vida prática. Os intelectuais que difundiam esse novo tipo de cultura eram chamados de sofistas, literalmente "grandes sábios", e ofereciam o seu saber na forma de lições pagas. Dedicavam-se particularmente a ensinar retórica aos jovens que tencionavam seguir a carreira política, e os seus ganhos eram tão vultosos que muitos os consideravam um verdadeiro escândalo. Alguns tinham-se dedicado à redação de manuais de mnemônica, outros de gramática. De modo geral, podemos dizer que eles proporcionavam aos jovens os meios para alcançarem o sucesso, independentemente das convicções éticas e da fidelidade as instituições. Distinguiu-se entre eles Górgias de Leontinos – cujos honorários eram considerados exorbitantes – que também fazia parte da roda de Péricles, contribuindo para fortalecer a imagem de um círculo exclusivo um tanto esnobe e não conforme às tradições. Nunca chegaram a constituir uma escola de pensamento, mas proporcionaram aquilo que hoje chamaríamos de instrução superior especializada, alguma coisa que sem dúvida fazia falta e respondia às exigências do momento.

De qualquer maneira, o seu racionalismo exasperado e amiúde conjecturado, baseado numa dialética irreverente e zombeteira que os levava a dizer que tudo e o contrário de tudo podia ser demonstrado, fez com que tivessem um sucesso avassalador, principalmente entre os jovens que viam neles uns vencedores, os porta-bandeiras de uma mentalidade de algum modo revolucionária: a competência desvinculada da moral. Por outro lado, porém, essa postura tornava-os malvistos pelas classes mais conservadoras, ciosas das tradições e dos valores da *paidéia*, isto é, da educação transmitida pelos antepassados, que tinha os seus alicerces no respeito pelos deuses, pelos rituais e pelos valores patrióticos. A palavra "sofisma" tornou-se sinônimo de raciocínio capcioso, impecável e até mesmo genial do ponto de vista lógico, mas fundamentalmente absurdo no que dizia respeito à substância. Os sofistas tornaram-se o símbolo de uma tendência, já bastante visível na sociedade ateniense, que só visava a sucesso, a dinheiro, a prazer e à carreira, deixando ao mesmo tempo embotados os valores dos ideais e da moral.

Contam de um estudante que tinha assinado com Górgias um contrato pelo qual iria lhe pagar o custo do curso (a enormidade de quatro talentos por dois anos de aulas) logo que ganhasse a primeira causa. Mas uma vez que o jovem nunca se empenhava em contendas legais, o mestre decidiu aparecer pedindo a remuneração combinada, pois do contrário arrastaria o aluno diante dos tribunais. O jovem, no entanto, aprendera muito bem a lição e retrucou: "Perderás de qualquer maneira, mestre. Se eu vencer não terei de pagar, justamente por ter tido ganho de causa, e se perder tampouco te pagarei porque, segundo o contrato, só teria de fazer isso em caso de vitória."

Quem deu início a uma verdadeira escola filosófica em Atenas foi um sábio que vinha da Ásia: Anaxágoras de Clazômenas, uma cidade da Jônia. Parece que chegou por volta de 480, com pouco mais de vinte anos, e há quem diga que estivesse ao séquito da invasão persa de Xerxes. Fixou-se de qualquer forma em Atenas, onde se tornou mestre e mentor de Péricles, quem sabe *maître à penser* e certamente animador do maior conjunto de talentos e cérebros do mundo da época. Além do próprio Péricles, formavam esse grupo o escultor Fídias, os arquitetos do Partenon Ictino e Calícrates, o poeta trágico Sófocles, que fora companheiro de Péricles na expedição a Samos de 440, muito provavelmente o historiador Heródoto (que participou da expedição colonial ordenada por Péricles em 443 para fundar a cidade de Túri, na Itália, no mesmo local da antiga Síbaris) e outros grandes sábios, políticos e artistas.

Anaxágoras foi o primeiro a afastar-se do materialismo de Demócrito, separando da matéria o *nous*, isto é, a inteligência que a seu ver regia o cosmo. Nesse aspecto ele lembrava uma idéia do seu contemporâneo Empédocles de Agrigento, que já dissera: "Deus é um pensamento que corre veloz pelo Universo."

A queda de um meteorito em Egospótamos, na Trácia, em 468 ou 467 a.C., foi o que provavelmente inspirou a sua teoria cosmológica, na qual parece quase possível divisar de alguma forma o conceito de gravitação universal quando ele afirma que os corpos celestes não caem enquanto forem sustentados pelo movimento de rotação. Disse abertamente que o Sol não era um deus, mas sim uma massa de metal em brasas maior do que o Peloponeso; uma afirmação que hoje nos faz sorrir, mas que, naquela época, além de demonstrar uma notável intuição – pois afirmava que o Sol era uma massa de matéria ardente de grandes dimensões – também era uma tomada de posição bastante perigosa, uma vez que negava a existência de um dos mais importantes deuses do panteão, coisa que de fato, como veremos mais tarde, realmente o levou a quase ser condenado à morte. De onde tirara Anaxágoras tal afirmação? Provavelmente ele notara que o meteorito era de ferro e que ficara em brasas enquanto atravessava o céu. Talvez tenha calculado a proporção entre as dimensões do meteorito e a sua consistência luminosa, comparando-as em seguida com as do sol. Em outras palavras, se aquele corpo vindo do céu era de metal, o sol também devia sê-lo, sempre guardando obviamente a diferença de tamanho.

Uma estrela de luz e fascínio irresistível brilhou nessa galáxia de engenhos extraordinários: a maravilhosa Aspásia, uma hetera de Mileto que se tornou a companheira inseparável de Péricles e a animadora da sua roda política e cultural.

Como já vimos, as heteras eram mulheres independentes, livres, bem-educadas e cultas que, lembrando de alguma forma as gueixas japonesas, haviam sido criadas e preparadas para serem "companheiras" dos homens na diversão, nos simpósios, nas festas e nos banquetes, para animar as conversas, tocar flauta, fazer amor. Eram elegantes e requintadas e, principalmente aquelas que, como Aspásia, vinham da Jônia, mostravam tamanha elegância nas roupas, nas jóias, nos penteados, tamanha fascinação nas palavras, na melodia toda particular do sotaque, que as mulheres atenienses mal podiam sonhar em competir com elas.

O próprio nome de Aspásia era alusivo e sedutor, tendo o mesmo radical do verbo *aspasesthai* (abraçar). Quando a conheceu, Péricles já tinha dois filhos de um casamento anterior, Xantipo e Paralo, mas, como insinuava maldosamente um poeta satírico, apaixonou-se a tal ponto pela linda mulher que a visitava sempre, pelo menos duas vezes ao dia, até chegar a conviver abertamente com ela. E, quando Aspásia lhe deu um filho, chamou-o de Péricles e reconheceu-o como legítimo, embora a lei não permitisse, pois a criança havia nascido de uma concubina, ainda por cima estrangeira. Péricles conseguiu até fazer com que fosse modificada a lei sobre a nacionalidade para que o filho pudesse ser ateniense, e é provável que só tenha conseguido isso recorrendo a todo o prestígio e a toda a influência que tinha junto ao povo.

É claro, entretanto, que a coisa não iria ficar apenas nisso: ele era um homem tão importante que não podia deixar de ser alvo das alfinetadas da sátira. Um fragmento de uma comédia de Eupólis apresenta em cena o próprio Péricles que, falando do filho tido com Aspásia, pergunta: "Ainda está vivo o meu bastardo?", e o interlocutor: "Está, e até seria um homem e tanto se não fosse pelo medo que tem daquela puta da mãe."

Cratino, outro poeta contemporâneo de Eupólis, sempre falando de Aspásia chama-a de "Concubina, cara de cadela".

Não há prova alguma de que as observações naturalísticas de Anaxágoras tenham de alguma forma influenciado Sócrates, que estava com pouco mais de vinte anos. Parece contudo que nessa época este último freqüentava as aulas de um filósofo naturalista chamado Arquelau, um interesse passageiro que alguns anos depois iria abrir espaço para um profundo envolvimento com os temas éticos, levando-o à criação de uma verdadeira filosofia moral. Como veremos mais tarde, a vida de Sócrates também foi profundamente marcada pela política de Péricles pois, ao estourar a guerra do Peloponeso, o filósofo também teve de partir para cumprir o seu dever de soldado, distinguindo-se aliás com atos de extraordinária coragem e desdém pelo perigo.

No que diz respeito a intervenções externas por parte das forças atenienses, a nossa fonte principal, Tucídides, assinala a expedição de 440 contra Samos, que saíra da liga de Delos. Péricles respondeu com uma maciça ação militar, cercando a ilha com um impenetrável bloqueio naval. Depois de nove meses, em 439, a ilha rendeu-se. Na verdade houve outras intervenções além-mar por parte da metrópole ática: a fundação da colônia de Anfípolis, na Trácia, no lugar chamado "nove estradas", e a expedição à Itália para fundar Túri, a última colônia grega ocidental, no mesmo lugar da destruída Síbaris. Heródoto participou da missão e pôde ver os sinais das obras com que os vencedores, os habitantes de Lócri e de Crotona, desviaram o rio Cráti para as ruínas da cidade arrasada a fim de apagar até a sua lembrança. No contexto da operação também haviam sido estipuladas alianças com Régio, colônia calcídica no estreito de Messena, e com Leontinos na Sicília.

Tratava-se de decisões políticas e militares que, no que dizia respeito a Esparta, não feriam o reconhecimento das esferas de influência definidas com o tratado de paz de 445. Os atenienses, contudo, e Péricles mais do que qualquer outro, já se davam conta claramente da inelutável evolução da sua política exterior e da contradição entre esta e os ideais internos de democracia. Os atenienses sabiam muito bem que a liga era na prática o seu império e por isso mesmo tendiam a impor regimes democráticos nas cidades que dela participavam. Ao mesmo tempo, era bastante lógico que as cidades ainda regidas por um sistema de tipo oligárquico olhassem com bons olhos um relacionamento com Esparta, que continuava sendo o baluarte da oligarquia no mundo grego.

Muitos estudiosos têm insistido em frisar que o que ia opondo cada vez mais a liga delio-ática à liga do Peloponeso não eram apenas assuntos de tipo econômico e territorial, mas sim e talvez principalmente problemas de cunho ideológico. Mais cedo ou mais tarde essa contraposição iria levar ao choque frontal, ao conflito mais desastroso na história da Grécia. As premissas estavam no expansionismo imperialista de uma grande potência democrática cujo líder supremo não conseguia nem podia ver outro caminho para ela a não ser o dinamismo incessante da ação expansionista. Quando por fim chegou a hora da prestação de contas, já era tarde para voltar atrás: a única alternativa a uma guerra contra Esparta seria uma luta igualmente sangrenta para sufocar a insurreição generalizada dos aliados, nessa altura cansados de uma pressão fiscal que se tornara intolerável e que só servia para financiar os mais ambiciosos projetos internos e externos da cidade dominadora. As palavras que Tucídides atribui a Péricles não deixam dúvidas: "Porque ela possuía o seu império assim como um tirano possui a sua autoridade: pode parecer injusto conseguir o poder, mas é certamente perigoso desistir dele."

30 DE OUTUBRO DE 1999

Percebo que as coisas estão piorando e que Kostas tem cada vez mais dificuldade para falar, mas eu insisto, telefono com bastante freqüência, pois quero fazer-lhe companhia e porque acho que, de qualquer maneira, esse tipo de conversa faz com que se sinta melhor. Tenho algumas dificuldades na hora de falar com a jovem kosovara: fala grego pior do que eu e com um sotaque que o torna completamente incompreensível. E não temos outra língua em comum.

– Como é que você consegue entendê-la? – pergunto.

– Não há muita coisa para entender. Não conversamos muito, afinal. Ela traz os meus remédios, estica a cama... E isso já é muito... podia ser pior.

– Não fique pensando nessas coisas, é melhor voltarmos à nossa pesquisa. Viu como a sua acrópole acaba sendo a protagonista nesta parte do livro?

– Vi, e deu-me vontade de voltar lá em cima. Sabe de uma coisa? Quase lastimo nunca mais ter ido visitá-la. Agora que já não posso, gostaria de ir. Antes, quando eu podia, então não ia quase nunca.

– É normal, Kostaki.

– E sabe mais o quê? Gostaria de ter passado por lá enquanto estava em obras. Um sujeito ia chegando, encontrava Calícrates de esquadro e compasso na mão, dava mais alguns passos e dava de cara com Fídias e todo o seu time de ajudantes. Quase parece que o estou vendo, com o cabelo todo esbranquiçado devido ao pó do mármore...

– É verdade. Provavelmente usavam raspadeiras e devia haver uma poeira e tanto.

– E aquelas arquitraves... Seis metros, blocos de seis metros, inteiriços, e levantaram-nos a uma altura de dez metros, certo?

– Certo.

– Como conseguiram?

– Planos inclinados, trenós, guindastes e roldanas. É só disso que eles dispunham, pelo que nos é dado saber. Mas parece que bastava. Você já viu a amarração dos blocos de mármores em Carrara? Não, acho que não. Era algo parecido, só que aqui o bloco desce, enquanto lá subia. Seja como for, as peças ficavam num trenó de madeira que deslizava sobre uma rampa engraxada, puxado por animais de carga e preso a cordas que primeiro passavam por roldanas verticais fincadas no lugar mais alto, isto é, bem no topo, e depois por roldanas horizontais ligadas aos tambores dos guindastes, um à esquerda e outro à direita na esplanada, movidos por umas dúzias de homens e controlados por rodas dentadas com trava para evitar que a carga se soltasse.

Ouço um tilintar de copos e colheres do outro lado da linha. Deve ser a hora do remédio ou do suco de laranja.

– Sabe de uma coisa? – diz depois de algum tempo. – Não entendo por que todo o mundo mete o pau nos sofistas. Li alguns dos seus textos e concordo plenamente com eles: eu mesmo poderia ter escrito aquilo.

– Não é bem assim: nem todos desgostam dos sofistas. Acontece que em certa altura Sócrates ficou de mal com eles, atacando-os do ponto de vista da honestidade intelectual e da moral individual, e Sócrates é um dos grandes, um dos maiores, que aliás acabou sendo um mártir, e essas coisas têm o seu peso na história. Seja como for, concordo com você, o fenômeno dos sofistas foi basicamente um fenômeno positivo que respondia a uma necessidade precisa de uma sociedade em tumultuado desenvolvimento: profissionalismo, especialização, instrução superior. Mas é claro que isso também tem seus lados negativos: arrivismo, cinismo, busca do sucesso a todo custo.

– Tudo bem, não vou negar, mas não é exatamente isso que os nossos advogados fazem nos tribunais? Será que eles não se portam agora exatamente como os sofistas, e sem que ninguém fique escandalizado? Em resumo, se eu matar fulano de tal e for procurar um advogado, ele vai tentar provar de todo jeito que sou inocente. Mas se, ao contrário, ele for

procurado pelos parentes do morto, ele fará o possível para demonstrar que sou culpado. Acho até que os sofistas eram bastante modernos.

– E eram mesmo. É por isso que foram tão bem-sucedidos: prometiam, e até certo ponto garantiam, resultados práticos. O seu médico já veio vê-lo hoje?

– Veio. Ele também é um sofista. Disse achar que estou em plena forma.

– Então está se dando bem com ele?

– É um bom rapaz.

– Melhor assim. Tchau, Kostaki, um abraço.

– Tchau. Fique à vontade para ligar quando bem quiser.

Por um momento parece-me ouvir o som de bouzuki no fundo.

IX
A GRANDE GUERRA

Como era de se esperar, a trégua de trinta anos assinada com Esparta em 446 teve curta duração: a situação foi piorando cada vez mais até chegar a uma guerra aberta. Essa tragédia, que para o mundo grego é comparável a uma conflagração global – uma vez que envolveu praticamente todas as potências do mundo helênico, tanto na pátria como no além-mar –, teve uma testemunha de excepcional envergadura. O seu nome era Tucídides, e ele participou pessoalmente do conflito na qualidade de oficial de alta patente. Em certa altura, por uma série de vicissitudes que mais tarde examinaremos de perto, teve de sair da cena política e afastar-se para um forçado exílio na Trácia, onde se dedicou à redação da maior obra histórica da Antigüidade, destinada a servir de modelo para todas as gerações futuras. E isso também faz parte daquele milagre ateniense que de alguma forma procuramos evocar: a cidade conseguiu gerar o lúcido cronista da sua própria ruína, ao mesmo tempo admirador da sua grandeza e da grandeza do seu líder.

Nem mesmo Tucídides, apesar de falar *a posteriori*, consegue dar uma explicação realmente satisfatória para os fatos, e a sua condição de ex-combatente, de soldado diretamente envolvido que teve de aceitar da história um veredicto de derrota, leva-o a uma análise muito precisa e intimamente dolorosa, mas sempre fria e isenta de qualquer sectarismo.

Os historiadores continuam até hoje a se interrogar acerca daquela tragédia: por que os atenienses não se contentaram com seus formidáveis sucessos? Em 438 o Partenon ficou pronto e durante a festa das Panatenéias daquele mesmo ano (aquela que aparece no friso fidíaco da cela) consagrou-se com rito solene a gigantesca estátua de ouro e marfim da deusa esculpida por Fídias: uma realização imponente, bastante árdua do ponto de vista tecnológico, de enorme efeito e grande impacto popular. No século II d.C. o escritor e viajante Pausânias também descreveu de forma bastante crítica e com uma atitude basicamente esnobe o outro colosso de Fídias: o *Zeus* em ouro e marfim realizado para o santuário do deus em Olímpia. Mas se esses gigantes de alma de madeira podiam de alguma forma ser considerados, pelos nossos cânones, realizações de arte popular (não no sentido de *pop art*, obviamente), o seu excepcional impacto visual contribuía para fortalecer o sentido de grandeza e superioridade que imbuía a comunidade que os encomendara.

A cidade expandia-se, a vida pública fremia devido à enorme quantidade de tarefas a serem cumpridas diariamente tanto na política interna quanto na exterior, a riqueza das reservas de metais preciosos agigantava-se: como já dissemos, calcula-se que ela chegou a mais de quatrocentos talentos; cerca de quinze mil quilos de prata cunhada proveniente dos tributos da liga naval; a frota dominava o Egeu, patrulhando-o continuamente com mais de duzentos navios de guerra. Em 437 Péricles entrou no mar Negro com uma esquadra e desembarcou em Sinope, na costa setentrional da Anatólia, derrubou o governo da cidade e instaurou um regime democrático, deixando por lá seiscentos cidadãos áticos. Não dá para entender muito bem a utilidade da empresa, a não ser pelo aspecto demonstrativo: talvez Péricles quisesse deixar bem claro que a frota ateniense dominava os mares e podia a qualquer hora ir aonde bem quisesse, e quem sabe também reafirmar o seu controle sobre uma região vital para Atenas: era por ali, com efeito, que passava o trigo vindo da Rússia meridional de que a cidade tanto precisava.

Nos dias de hoje o conceito de paz como um valor irrenunciável torna-se cada vez mais forte porque o poder encontrou novos caminhos aparentemente indolores e de todo incruentos para afirmar-se: as grandes concentrações de capital, as escaladas acionárias, as fusões societárias. Naquele tempo a consciência de ser o mais forte acarretava fatalmente a necessidade de manter aquela força, assim como de usá-la toda vez que se apresentasse qualquer oportunidade de expansão. Estava claro que Atenas não podia desafiar a Pérsia num choque frontal e que um ulterior avanço na Trácia e na Macedônia seria bastante arriscado devido à presença de um forte reino macedônio e de tribos trácias muito organizadas e belicosas. O embate com Esparta para conseguir a primazia deve ter parecido, portanto, inevitável.

Há quem veja em alguns trechos da *Antígona* de Sófocles – que se representava naquele período – uma espécie de aviso contra a tendência que iria levar a cidade à ruína, ou então pelo menos a expressão de uma dolorosa consciência: "Nada prospera na vida do homem sem que logo chegue a desgraça, a maldição, a cegueira..."; e mais: "O mal parece bem àquele que um deus cegou." Mas talvez tudo isso fosse apenas uma tentativa para despertar nos intelectuais contemporâneos algum tipo de reação contra o que tinha tudo para ser uma lenta mas progressiva queda no precipício da ruína.

Os cidadãos preferiam ouvir os sofistas, identificar-se com a sua segurança e desembaraço, acreditar nas suas afirmações que poderiam indicar o caminho do sucesso em qualquer situação. Parece que Hípias de Élis e Górgias de Leontinos afirmavam ser capazes de responder a qualquer pergunta à queima-roupa, de qualquer tipo e sobre qualquer assunto. Hípias aliás, graças a uma memória prodigiosa, deixava o público boquiaberto com seus joguinhos intelectuais, como repetir, por exemplo, cinqüenta nomes que acabara de ouvir, um depois do outro, na mesma seqüência e sem errar. Os sofistas não paravam um só instante: viviam procurando incansavelmente o contato com os ouvintes e pareciam consumir-se no desejo de encontrar continuamente coisas novas para contar. Na prática, para eles, a tradição não fazia o menor sentido. E essa atitude acabava aparecendo também no teatro.

O novo astro das cenas, Eurípides, talvez ele também aluno de Anaxágoras, possuía uma enorme erudição e uma orgulhosa consciência da própria inteligência. Nas suas tragédias rompeu decididamente com a tradição ao representar os deuses como seres moralmente inferiores aos homens e investigou a psicologia feminina como jamais alguém ousara fazer antes. A sua *Alceste*, que aceita morrer no lugar do marido, é uma personagem inesquecível, assim como Medéia, Hécuba, Andrômaca e Fedra, levadas às cenas durante o sangrento conflito do Peloponeso, que representam o aspecto mais obscuro e perturbador da guerra: aquele do mudo e cruel sofrimento das mulheres.

As palavras com que Tucídides começa o relato dessa guerra têm um tom austero e solene: a de quem se dá conta de que começa a narrar um desastre desmedido e aterrador. Nunca expressa opiniões pessoais, não se deixa tentar pelo sobrenatural, nem por prodígios ou oráculos: limita-se a apresentar os fatos como eles são, com uma prosa despojada, essencial e direta.

A sua admiração por Péricles é imensa: descreve-o como líder grande e generoso, como guia iluminado que imaginou para o seu povo o máximo de liberdade que uma comunidade poderia almejar. Vê nele um patriota que ama com paixão a sua cidade e luta com todas as suas forças para torná-la cada vez maior e mais gloriosa. Tucídides se dá conta de que Atenas se meteu num caminho sem volta, enredando-se numa série infinita de desgastantes conflitos contra a rival. Ao mesmo tempo, as constantes ações com que reprimia qualquer tentativa dos aliados para se livrarem do seu jugo haviam-na transformado numa cidade-tirano, encaminhando-a para o fim que espera todos os tiranos: a ruína. Disso ele não culpa Péricles nem a sua liderança, e tampouco culpa o povo que se reúne na Assembléia para deliberar; ele imagina uma espécie de componente fatal que é próprio da história e dos eventos humanos: a *tyche*, a sorte, uma variável independente que não está sujeita ao controle dos homens e que nada tem a ver com a existência ou a inexistência dos deuses. No caso específico, o embate final entre Atenas e Esparta era de alguma forma inevitável dentro da lógica das coisas.

Nem todos concordam com esse ponto de vista e tampouco podemos saber se os contemporâneos de Tucídides realmente pensavam que a guerra não poderia deixar de acontecer, ainda mais porque as iniciativas de Atenas na Itália e na Trácia, como já vimos, não podiam de forma alguma preocupar os espartanos que continuavam limitando o seu interesse territorial apenas à área do Peloponeso.

"Epidamnus é uma cidade que fica à direita de quem navega rumo ao golfo Adriático...": é assim que começa o relato, com uma simples referência de tipo geográfico. Epidamnus chama-se atualmente Durrës e é uma cidade da Albânia. Naquela época era uma colônia de Corcira (atualmente Corfu) que por sua vez era colônia de Corinto, cidade-membro da liga do Peloponeso e aliada de Esparta.

Os cidadãos de Epidamnus haviam expulsado os oligarcas que os dominavam e proclamado a democracia, mas aqueles aliaram-se aos ilírios, antepassados dos modernos albaneses, cercando a cidade com um pequeno contingente. Os moradores da cidade, assustados, pediram então ajuda a Corcira, mas, não obtendo resposta, recorreram a Corinto, metrópole (isto é, pátria-mãe) de Corcira, que ao contrário aceitou ajudá-los enviando a Epidamnus uma pequena força-tarefa que rompeu o bloqueio (provavelmente um tanto frouxo) dos oligarcas e dos ilírios. Dessa vez os corcirenses reagiram prontamente e ordenaram que Epidamnus dispensasse de imediato as tropas coríntias.

As colônias haviam sido desde sempre independentes, de direito e de fato, das suas metrópoles, com as quais só costumavam manter relações de homenagem formal, como, por exemplo, deixar passar primeiro os delegados delas no caso de estarem em lista de espera para as consultas ao oráculo de Delfos, e outras coisas no gênero. Podia continuar havendo vínculos afetivos até importantes – como os que induziram os atenienses a apoiar a revolta dos jônios contra os persas em 494 –, mas é sempre muito difícil separar os motivos de solidariedade étnica dos interesses econômicos subjacentes.

Aconteceu, portanto, que os epidâmnios simplesmente ignoraram a ordem, e os corcirenses responderam enviando a frota e o exército que sitiaram a cidade. Era um desafio aberto e muito grave contra o qual os coríntios decidiram prontamente tomar suas próprias medidas de retaliação: para punir Corcira, pediram ajuda a Tebas, Mégara e Epidauro. Dessa vez os corcirenses ficaram realmente assustados e enviaram uma embaixada a Esparta pedindo que a cidade, com o seu prestígio, convencesse os coríntios a desistir da sua iniciativa. Deixaram entender que, se tal não se desse, iriam procurar ajuda em alguma outra parte: era evidente que, embora sem citar nomes, estavam aludindo aos atenienses. Na verdade, os corcirenses não estavam de fato querendo uma guerra, nessa altura: queriam apenas usar a intermediação de Esparta para sair daquela enrascada sem ficar com a cara no chão; só que os coríntios fincaram o pé, achando que já tinham ido longe demais para voltarem atrás, e os espartanos acreditaram que ainda podiam lavar as mãos e deixar que as coisas se ajeitassem por si sós.

Coríntios e corcirenses enfrentaram-se numa batalha naval em mar aberto e os primeiros sofreram uma humilhante derrota. O inverno já estava chegando e as hostilidades foram interrompidas, mas Corinto preparou a revanche armando uma imponente esquadra e um poderoso exército. Mais uma vez os corcirenses ficaram realmente preocupados e pediram a ajuda dos atenienses com uma argumentação muito lógica na qual se vislumbra de forma bastante evidente o ponto de vista de Tucídides; em resumo, mais cedo ou mais tarde o choque entre as duas grandes potências seria inevitável. Melhor, então, que os atenienses descessem em campo desde logo ao lado de Corcira, assegurando para si um poderoso aliado e o apoio da segunda maior frota de guerra da Grécia. Se ficassem assistindo à destruição de Corcira sem tomar partido, teriam de qualquer forma que lutar contra os espartanos mais tarde, mas dessa vez sozinhos. Depois foi a vez dos embaixadores coríntios que alertaram os atenienses da inoportunidade de se meterem em assuntos que não lhes diziam respeito e dos perigos daquela aventura, que poderia revelar-se extremamente arriscada.

Péricles avaliou as duas posições com muita atenção: não tinha a menor simpatia pelos corcirenses, que estavam ajudando os oligárquicos a sufocar a democracia, e sabia das conseqüências talvez irreparáveis de um eventual rompimento da trégua com Esparta; convenceu então os seus concidadãos a estipular com eles uma aliança de tipo meramente defensivo, pela qual Atenas se comprometia a socorrer Corcira só no caso de ela ser atacada ou invadida.

Longe de ficarem intimidados por essa decisão, os coríntios empenharam-se mais ainda no preparo da sua expedição punitiva e, com a volta da primavera, apareceram no Jônio com sua frota, pronta para o combate. Tendo ao seu lado os contingentes de Mégara e de Ambrácia, logo a seguir instalaram uma base naval num lugar bastante estratégico: o promontório Cimério, perto da foz do Aqueronte e do oráculo dos mortos de Éfira. A frota corcirense foi enfrentá-los não muito longe das ilhas Sibotas, auxiliada por dez navios de guerra áticos que representavam uma contribuição quase simbólica, mas mesmo assim significativa. Graças à superioridade numérica, os coríntios ganharam enquanto os atenienses preferiram não travar combate direto, limitando-se a auxiliar os náufragos. A batalha durou o dia inteiro e quando, ao entardecer, parecia que os coríntios iriam desembarcar na ilha de Corcira, os atenienses enviaram um reforço de mais vinte navios, que os forçou a recuar. Os coríntios queixaram-se dessa intervenção com os espartanos, mas a coisa acabou não dando em nada. Os atenienses, por sua vez, reforçaram as alianças na Sicília e na Itália com Leontinos e Régio; ambas eram inimigas de Siracusa, colônia de Corinto.

Atenas saíra-se muito bem da situação de perigo em que se metera, mas esse notável sucesso conseguido tão facilmente deve tê-la deixado envaidecida demais, a ponto de achar que nada mais tinha a temer de qualquer rival. Antes de mais nada, decidiu então punir Mégara com o pretexto de ela ter cultivado terras sagradas pertencentes ao santuário ático de Elêusis. Decretou o embargo de todas as mercadorias megarenses que, dessa forma, ficavam excluídas do mercado de Atenas, assim como de todas as cidades da liga de Delos. Para a pequena cidade que vivia do comércio, era o fim. Ameaçados em seus interesses vitais, os megarenses recorreram a Esparta, pedindo a sua intervenção para que o bloqueio fosse retirado.

O poeta cômico Aristófanes, que alguns anos depois representou satiricamente a guerra do Peloponeso, resumiu mais ou menos assim os antecedentes do trágico conflito:

> Uns rapazes um tanto bêbedos, depois de um joguinho de *cotabo*, vão a Mégara e raptam uma puta chamada Simeta. Os megarenses ficam então furiosos e raptam duas putas de Aspásia.

> E foi assim que estourou a guerra entre todos as gregos, por causa de três marafonas! Péricles Olímpico, de fato, troveja e fulmina... e deixa os megarenses esfomeados...

A alusão grosseira a Aspásia reafirma um boato – mais tarde aceito até por Plutarco – segundo o qual a amante de Péricles instruía e controlava jovens cortesãs.

Mais um acontecimento igualmente grave levou a situação à beira do desastre. Potidéia, uma cidade da península calcídica, membro da liga de Delos, mas colônia de Corinto, recebia todos os anos da metrópole os magistrados que iriam operar como seus funcionários públicos: Atenas ordenou que expulsasse os funcionários coríntios e derrubasse as muralhas construídas ao longo da península de Palenas. Potidéia recorreu imediatamente à pátria-mãe Corinto enquanto, ao mesmo tempo, procurava ajuda nos territórios limítrofes, inclusive junto do rei Perdicas da Macedônia, que num primeiro momento pareceu ficar do lado dela.

A afronta era grande demais para os coríntios que, dessa vez, exigiram uma reunião geral da liga do Peloponeso para tratar da crise entre Corinto e Atenas, que parecia ter chegado a um inevitável ponto de ruptura. Esparta, mesmo mostrando-se favorável à paz, já não podia eximir-se, e garantiu que declararia guerra no caso de os atenienses avançarem contra Potidéia. Ao mesmo tempo, Corinto enviou para a cidade um contingente de tropas, preparando-se para o ataque ateniense, que já parecia inevitável. Talvez os atenienses ainda esperassem dobrar Corinto sem provocar a reação dos espartanos, tanto assim que chegaram a enviar um embaixador a Esparta na tentativa de encontrar algum tipo de acordo. O embaixador nunca chegou ao seu destino e a saraivada de acusações que se seguiu não conseguiu esclarecer o caso, que permanece até hoje um mistério.

No período entre 433 e 432 constituiu-se em Atenas um movimento de oposição a Péricles, muito decidido, que levou a inúmeros ataques contra as pessoas que o cercavam, sem contudo conseguir isolá-lo. Anaxágoras de Clazômenas, seu mestre e mentor, foi acusado de impiedade devido à teoria do *nous*, isto é, da mente universal que regia o mundo na qual se podia reconhecer a negação da existência dos deuses. O crime era extremamente grave e comportava a pena de morte. Péricles nada pôde fazer para salvá-lo, mas é provável que o tenha ajudado a fugir para Lâmpsaco, uma cidade da Ásia Menor, perto dos estreitos.

O leitor moderno pode ficar surpreso ao ver que numa democracia radical como a ateniense alguém ainda pudesse ser condenado à morte por crimes de opinião ou por convicções de tipo filosófico, mas é preciso não esquecer que o sistema democrático só tinha a ver com as relações entre os cidadãos: a relação entre a cidade e os deuses era uma coisa completamente diferente. É bom lembrar que aqueles cidadãos ficavam no teatro assistindo a *Édipo rei*, de Sófocles, em que a cidade de Tebas era arrasada pela peste devido ao sacrilégio do seu rei, que matara o pai e casara com a mãe. Era suficiente, portanto, que um "acatador de oráculos", como o tal de Diopito, que acusou Anaxágoras, conseguisse amedrontar bastante o júri para que se chegasse a um veredicto de condenação. A democracia não nos livra do medo nem do irracional.

A esse respeito, é significativo o episódio narrado por Plutarco sobre um camponês que, de um dos seus sítios no campo, leva a Péricles a cabeça de um carneiro com um só chifre no meio da testa. O adivinho Lâmpon interpreta a coisa dizendo que dos dois poderes existentes na cidade – o de Péricles e o do seu adversário Tucídides, pessoa que nada tinha a ver com o historiador – iria sobrar somente um, isto é, o de Péricles. Anaxágoras, por sua vez, rachou a cabeça do bicho para examiná-la e concluiu que se tratava de uma anomalia do cérebro.

Mas havia muito mais: uma dúplice acusação foi movida contra Aspásia, que foi levada a juízo por impiedade e por proxenetismo, isto é, como cafetina. Não sabemos em que se baseava a acusação de impiedade, mas no que toca à segunda acusação, contavam que Aspásia organizava banquetes para os quais convidava mulheres de condição livre para encontros eróticos com Péricles. Coisas desse tipo são hoje em dia bastante comuns e, a não ser que possam ser diretamente instrumentalizadas pela oposição e pelos adversários diretos, conseguem apenas arranhar superficialmente a reputação dos políticos; naquela época, no entanto, somente as prostitutas e as heteras podiam participar dos convívios e dos jogos eróticos: convencer meninas de família e mulheres de condição livre a fazer o mesmo era um crime extremamente grave, pois atentava contra a integridade da sociedade e da família que dela era o alicerce.

Afinal, para um homem oprimido por imensas responsabilidades que estivesse a fim de diversão, uma festinha particular com verdadeiras damas oficialmente "de bem" devia ser muito mais excitante. Não é, portanto, tão difícil assim imaginar que essa segunda acusação tivesse algum fundamento, pois Aspásia era sem dúvida bastante desinibida e de mente aberta para querer gratificar o seu homem até sob esse ponto de vista. Seja como for, Péricles defendeu-a pessoalmente diante do júri, com paixão, recorrendo a todo o seu carisma e sem mesmo tentar evitar algumas lágrimas.

As coisas não correram tão bem para Fídias, amigo íntimo de Péricles e objeto de virulentas invejas por parte dos seus colegas, que o viam destinatário de encomendas muito ricas e da execução de obras que, como bem sabemos, iriam levá-lo à imortalidade. Acusaram-no de malversação na construção da estátua de ouro e marfim de Atená no Partenon. Aconselhado pelo próprio Péricles, no entanto, Fídias tinha tomado o cuidado de mandar pesar as peças de ouro antes da montagem da estátua, podendo então demonstrar em seguida que o peso continuava o mesmo (parece que a partir daí a operação de controle do peso passou a ser feita todos os anos). Contam também que foi acusado do crime que nós chamaríamos de "culto da personalidade", uma expressão bastante comum nos países regidos por ditaduras: teria de fato representado a Péricles e a si mesmo entre os personagens retratados no escudo da deusa. É claro que devia haver mais alguma coisa que infelizmente não resulta das nossas fontes, pois sabemos que Fídias acabou morrendo de doença na prisão.

Péricles enfrentou praticamente sozinho as responsabilidades e os terríveis desafios da grande guerra. A perda de alguns dos seus mais queridos amigos, das cabeças mais brilhantes da sua roda, deve tê-lo abalado profundamente como um triste presságio.

Em 432 uma força-tarefa formada por cinco mil homens e setenta navios de guerra dirigiu-se à Calcídica e sitiou a cidade de Potidéia. Entre os soldados que presidiavam as trincheiras em volta da cidade havia o jovem Sócrates e um rapaz muito moço, sobrinho de Péricles, que iria se tornar um dos protagonistas da política de Atenas. Muito bonito, irreverente, cínico e inconformista, iria personificar a crise dos valores do mundo das *poleis*. O seu nome era Alcibíades.

As coisas tinham chegado longe demais e os espartanos já não podiam se eximir: na verdade a guerra já estava em andamento, ainda que o governo da cidade e os órgãos representativos da liga não a tivessem oficialmente declarado. Chegou-se a isso por uma complexa seqüência de pequenos fatos que, inclusive, acarretavam o envolvimento do oráculo de Delfos. Os espartanos mandaram consultá-lo e a Pítia exortara-os à guerra. Talvez tenha sido escolhida essa forma de abordagem para se criar algum tipo de "excomunhão" dos atenienses também no plano sacramental-religioso. Durante o inverno de 432, com efeito, os espartanos enviaram uma embaixada a Atenas pedindo a expulsão dos descendentes dos Alcmeônidas (e portanto de Péricles!) que se haviam manchado com o massacre dos partidários de Cílon na acrópole um século antes.

Os atenienses responderam que os espartanos também se haviam maculado de sacrilégio deixando morrer o seu regente Pausânias num lugar sagrado, e jogaram-lhes na cara o massacre de um grupo de hilotas que, durante um levante, se haviam refugiado no templo de Poseidon no cabo Tanaro. Por enquanto eram apenas escaramuças. Algum tempo depois os espartanos mandaram um verdadeiro ultimato, pedindo o fim do embargo a Mégara e do sítio em Potidéia, além da restauração da independência de Egina. Os atenienses responderam defendendo mais uma vez os seus motivos, e os espartanos mandaram outra embaixada com a qual afirmavam querer a paz e que a manteriam, desde que os atenienses respeitassem a autonomia dos gregos.

Normalmente essas palavras são interpretadas como um ultimato inaceitável com que se ordenava a dissolução da liga de Delos, mas talvez essa interpretação seja um tanto exagerada. Os espartanos nunca tinham pretendido uma coisa parecida antes, e não dá para entender por que, apesar de tudo, deveriam fazê-lo agora. As repetidas tentativas de botar um pouco de juízo primeiro na cabeça dos corcirenses e coríntios, e agora na dos atenienses, levam-nos a pensar que os espartanos estavam perfeitamente cientes das conseqüências de um conflito global e que era sua intenção evitá-lo, apesar de a maioria da sua assembléia, a Apela, ser favorável à guerra. A Apela não tinha poder deliberativo; era formada pelos "Iguais", os guerreiros lacedemônios que obviamente se sentiam obrigados a obedecer antes de mais nada ao seu código de honra. O governo da cidade e mais ainda o seu sábio rei Arquidamo devem ter tentado evitar o pior e quase certamente ter-se-iam dado por satisfeitos com o fim do bloqueio comercial de Mégara por parte de Atenas.

Infelizmente os acontecimentos fugiram do seu controle: antes de mais nada os tebanos atacaram sem aviso prévio Platéias, cidade beócia desde sempre aliada de Atenas, dando dessa forma início oficial às hostilidades, e depois houve a desdenhosa atitude de Atenas, que recusou qualquer compromisso.

Nessa altura não havia outro jeito a não ser passar às armas, e na primavera de 431 Arquidamo, chefe supremo das tropas do Peloponeso, invadiu a Ática no comando de um exército de vinte e cinco mil homens (sessenta mil, segundo Plutarco).

Evidentemente os atenienses julgavam-se tão fortes, tão ricos e tão bem defendidos pelo formidável conjunto das Longas Muralhas que pensaram poder enfrentar qualquer um, certos da vitória. Tampouco podemos esquecer que a sua marginal participação no conflito coríntio-corcirense os tornara cientes, ou pelo menos ainda mais cientes, da sua enorme superioridade tática e tecnológica no mar. Eram os únicos a possuir no mais alto grau a habilidade de manobra em batalha que lhes permitia movimentar seus navios como aríetes, abalroando e danificando gravemente os vasos inimigos ou afundando-os com toda a tripulação, sempre livrando-se dos engates que permitiam a luta corpo a corpo nos conveses, como ainda costumavam fazer os demais.

Talvez tenham pensado que Esparta era pobre e que, a não ser por Corinto, já cansada pela guerra contra Corcira, não havia outras cidades mercantis na liga do Peloponeso capazes de investir vultosos recursos em gastos militares. Estavam errados, e acreditamos que o seu erro principal tenha sido não levar em conta a possibilidade – como de fato acabou acontecendo – de os dois riquíssimos santuários de Olímpia e de Delfos financiarem a guerra para a liga chefiada por Esparta. E mais, os espartanos ainda tinham um valioso aliado na Sicília: Siracusa, uma cidade de origem dórica que se tornara a mais rica e poderosa entre todas as colônias fundadas no Ocidente. Já vimos que, na época das guerras persas, os gregos pediram aos siracusanos para que se juntassem a eles, e que o tirano Gélon exigira em troca o comando supremo da frota aliada, inviabilizando desta forma o projeto. Agora Esparta estava pedindo nada menos que quinhentos navios de guerra, além de outros tipos de ajuda, mas por algum tempo Atenas conseguiu manter viva a hostilidade de Régio e Leontinos, impedindo a perigosa entrada de Siracusa na cena do conflito.

Prevendo os movimentos do inimigo, Péricles mandou evacuar a Ática e amontoou a população inteira dentro da cerca de muralhas da cidade; e enquanto Arquidamo assolava o interior e queimava videiras e oliveiras, a frota ateniense fez-se ao mar e levou a cabo toda uma série de atos de pirataria ao longo das costas do Peloponeso, arrasando todos os seus centros marítimos. Os atenienses estavam a par dos contatos secretos entre Egina e Esparta e, portanto, desembarcaram na ilha, enxotaram os habitantes e deixaram no seu lugar uma colônia militar. O povo em fuga foi abrigado pelos espartanos numa localidade chamada Tiréia.

O primeiro ano de guerra concluiu-se sem fatos determinantes e, enquanto isto, Potidéia continuava a resistir. Péricles celebrou com solenes funerais os que haviam tombado em batalha e proferiu o famoso discurso (o *Epitáfio*) que Tucídides relata numa das mais intensas e comovidas páginas de toda a sua obra. Atenas é uma verdadeira escola para a Grécia e para o mundo inteiro, é o baluarte da democracia e da liberdade, as suas instituições permitem o desenvolvimento da personalidade do homem e da sua dignidade prescindindo do berço e das condições econômicas. Esse discurso, é claro, também representa uma justificação para a guerra que, dessa forma, acaba se tornando luta entre dois sistemas e duas ideologias.

Na primavera seguinte Arquidamo invadiu mais uma vez a Ática e quase chegou a alcançar as muralhas de Atenas, mas aí foi detido por um inimigo muito mais temível do que qualquer guerreiro: a peste! Trazida por um navio que vinha do Egito ou da Síria, a doença encontrou um fácil estopim nas condições higiênicas precárias da população amontoada dentro da cidade em pleno verão. O efeito foi devastador e houve imediatamente quem lembrasse o deus de Delfos que, consultado pelos espartanos acerca da oportunidade ou não de se empenharem numa guerra, respondera que, no caso de se chegar à luta, ele mesmo iria ajudá-los. E a peste lembrava de forma muito impressionante a mesma praga que Apolo espalhara no acampamento dos aqueus durante a guerra de Tróia!

Péricles manteve-se firme apesar das críticas que começavam a surgir mesmo dentro da cidade, e não saiu para enfrentar Arquidamo, que chegara até Laurion para saquear as minas de prata. Aprontou então a frota e voltou-se contra as cidades do Peloponeso, arrasando-as e queimando os campos em volta delas; da pequena cidade de Prásias não ficou pedra sobre pedra. Quando voltou a Atenas, os espartanos já haviam ido embora, talvez assustados diante das sinistras colunas de fumaça negra que se erguiam sem parar das fogueiras com que na cidade se queimavam os inúmeros cadáveres.

A situação chegara a um beco sem saída: era preciso fazer alguma coisa e, provavelmente, Péricles achou que bastaria tomar uma atitude mais enérgica no norte para sair daquele impasse. Anfípolis continuava a resistir e a decisão tomada foi mandar para lá mais quatro mil hoplitas com máquinas de guerra. Foi uma péssima idéia: o corpo expedicionário aninhava a peste em sua fileiras e, ao chegar ao destino, acabou contagiando também o pessoal saudável que lá se encontrava. Depois de perder mais de um quarto dos seus homens em pouco mais de um mês, o comandante decidiu retirar-se enquanto o resto do exército mantinha o bloqueio de Anfípolis que, dali a alguns meses, acabou finalmente capitulando.

Desanimados, esgotados pela doença e pela guerra, os atenienses viraram-se contra Péricles, destituindo-o e até punindo-o com uma multa. Enquanto isso a peste já tinha levado consigo a irmã do estadista, os parentes e os amigos mais queridos, inclusive o filho Xantipo. Quando Paralo, o mais jovem e último dos seus filhos legítimos, também adoeceu e morreu, o grande homem, que até então resistira aos reveses da sorte com incrível força de ânimo sem nunca se entregar às lágrimas e aos trajes de luto, caiu em prantos sobre a corpo exânime do rapaz, ficando ele mesmo contaminado pela doença.

Sem Péricles, contudo, Atenas sentia-se órfã, e no ano seguinte, 429, uma delegação da qual também participava o seu sobrinho Alcibíades foi procurá-lo, implorando que retomasse em suas mãos as rédeas da cidade. Encontraram-no esgotado, até desleixado na sua prostração, e pediram que aceitasse a eleição a estratego. Péricles aceitou, mas a doença já o estava consumindo lentamente. Mandou revogar a lei que só concedia a cidadania a quem tivesse ambos os pais de origem ateniense para que o jovem Péricles, o filho tido com Aspásia, pudesse ser cidadão de Atenas: foi a única vez em que usou o seu poder para ter algum proveito pessoal. O seu corpo robusto só conseguiu prolongar a agonia, mas ele sabia muito bem que estava condenado. As mulheres da casa convenceram-no a usar um amuleto em volta do pescoço e, quando um amigo foi visitá-lo, ele comentou apontando para aquela espécie de colar: "Devo estar realmente nas últimas se concordei em usar uma bobagem destas." Morria, assim, com o amargo sorriso da ironia nos lábios, um dos maiores homens de todos os tempos, o artífice de uma idade de inigualável grandeza, liberdade e esplendor.

Depois da morte de Péricles a guerra continuou se arrastando entre períodos de calmaria e repentinos surtos de violência, enquanto a cena política assistia ao aparecimento de um novo líder chamado Cleão. Detestado por Tucídides, que sempre o apresenta como demagogo irresponsável, foi na verdade um homem bastante inteligente e corajoso, embora certamente desprovido do necessário equilíbrio político, do realismo e do comedimento indispensáveis à correta avaliação dos fatos. Os espartanos continuaram a invadir a Ática quase todos as anos, deixando atrás de si um rastro de destruição que tinha a finalidade específica de solapar a economia da rival, mas evidentemente o domínio sobre o mar permitia a Atenas não só manter os lucros do seu próprio comércio, como também os decorrentes das contribuições da liga que, com Cleão, chegou a acumular um tesouro de mil quatrocentos e sessenta talentos, uma quantia enorme mesmo levando-se em conta a presença de uma certa inflação.

Quando uma cidade tentava se rebelar, a resposta era terrível: foi o que aconteceu com Mitilene, na ilha de Lesbos, que se afastou da liga em 428. No ano seguinte foi cercada e invadida, e Cleão propôs matar todos os homens adultos, vendendo em seguida como escravos as mulheres e as crianças. Felizmente a moção não foi aceita, mas a cidade teve mesmo assim de derrubar as suas muralhas, entregar a frota, pagar uma vultosa multa e entregar uma boa parte das suas terras aos colonos militares atenienses. Foi uma vitória que deixou a boca amarga, contudo: quase ao mesmo tempo os espartanos e os tebanos atacaram a pequena e fiel Platéias, arrasaram-na e chacinaram a população. Os atenienses responderam com uma jogada brilhante e audaciosa, digna do melhor enxadrista. A operação toda é tão abrangente e notável pela maneira como foi conduzida que vale a pena contá-la nos pormenores.

O almirante ateniense Demóstenes estava esquadrinhando o Jônio meridional com uma frota de uns cinqüenta navios quando, ao ser surpreendido por um vendaval, buscou abrigo na baía de Navarino, protegida do mar aberto pela ilha de Esfactéria. (Na ponta norte encontra-se um promontório no qual, na década de 1930, a expedição de Karl Blegen encontrou as minas de um palácio micênico atribuído ao herói homérico Nestor.) Procurou então convencer os amigos Eurimedonte e Sófocles a fortificar o lugar, pois ele poderia vir a ter um valor estratégico formidável, mas responderam-lhe que isso só seria uma perda de tempo e de dinheiro, uma vez que o Peloponeso estava cheio de promontórios como aquele, e foram embora. Demóstenes, que tinha recebido um mandado pessoal da cidade, ficou e, não podendo partir devido à calmaria, convenceu os seus homens a fortificarem o promontório que apontava para Esfactéria. Como não dispunham de utensílios para cortar a pedra, recorreram à técnica de unirem as pedras com argila crua (que carregavam diretamente nas costas, segurando-a por baixo com as mãos trançadas). O plano era criar um encrave no território espartano para o qual atrair os messênios e talvez até os hilotas, desde sempre rebeldes e prontos ao levante: em resumo, uma verdadeira espinha na garganta do até então monolítico conjunto dominado por Esparta. Depois de o forte ficar pronto, o grosso da esquadra dirigiu-se para o norte, para Zaquinto, enquanto Demóstenes ficava no presídio com umas poucas centenas de homens e cinco navios que, puxados em seco, ficaram protegidos atrás de uma trincheira e de uma paliçada.

No começo os espartanos pareceram não dar importância à coisa, achando que, de qualquer forma, aquele punhado de coitados não iriam resistir muito tempo por lá, mas depois decidiram atacar do lado do mar. Desembarcaram na ilha com um contingente de uns quatrocentos homens, e postaram nos dois canais que separavam a ilha do continente – para o norte e para o sul – navios presos por correntes e de proa virada para o mar aberto, de onde poderia chegar a frota ateniense. Tucídides, quase sempre extremamente preciso, dá-nos aqui uma notícia na qual é difícil acreditar: segundo ele, o canal meridional só tinha espaço suficiente para a passagem de uns oito ou nove navios, coisa que nos parece impossível. Hoje em dia ele tem mais de um quilômetro de largura, e vinte e cinco séculos atrás não devia ser muito diferente de agora.

Seja como for, é evidente que os espartanos tentaram bloquear a baía postando-se nos dois canais ao norte e ao sul da ilha de Esfactéria, desembarcando em seguida um contingente com o qual tomaram o forte de assalto. Uma outra frota, sob o comando de Brásidas, um oficial que iria se distinguir valorosamente em ações posteriores, tentou desembarcar do lado do mar aberto. Graças aos recifes, no entanto, os atenienses só precisaram de umas poucas dúzias de hoplitas para impedir o desembarque. O próprio Brásidas ficou seriamente ferido e, ao perder os sentidos, derrubou o escudo, que acabou caindo nas mãos dos inimigos. Isso era motivo de terrível desonra para um espartano, tanto assim que já um século antes a situação ficara estigmatizada num verso famoso e escarnecedor, do poeta Arquíloco, que dizia:

> Nesta altura um dos Saios está se mostrando com o meu escudo
> arma inquebrantável que apesar de mim abandonei atrás
> de uma moita. Mas já não vale a pena pensar naquele escudo.
> Que se dane! Comprarei outro tão bom quanto ele.

Demóstenes enviou um dos seus navios a Zaquinto com um pedido de socorro, e a frota ateniense não demorou a chegar: travou batalha com a esquadra inimiga, forçou-a a fugir e, penetrando na enseada, isolou as tropas que haviam desembarcado em Esfactéria. Encontravam-se ali mais alguns navios lacedemônios em seco e sem tripulação, que os atenienses logo prenderam com ganchos na tentativa de puxá-los para o mar. Ao perceberem isso, os espartanos acudiram em massa e começaram a segurar os barcos com cordas para não perdêlos. Após um longo e, neste caso, verdadeiro cabo-de-guerra, os atenienses desistiram dos navios e afastaram-se da costa, mas bloquearam os canais e cercaram a ilha. Os sitiantes tornaram-se sitiados. Xeque-mate.

Nessa altura dos acontecimentos os espartanos negociaram uma trégua, aceitando entregar os navios que ainda lhes sobravam em troca da permissão de levar aos seus soldados isolados em Esfactéria, sob o controle dos atenienses, suprimentos de farinha, vinho e carne na quantidade combinada, isto é, rações que mal davam para não morrer de fome. A trégua iria vigorar até que a sua embaixada enviada a Atenas assinasse um tratado de paz. Os emissários chegaram com a evidente ordem de conseguir a paz, mesmo tendo de pagar um preço muito salgado: para o governo espartano a vida dos seus soldados presos em Esfactéria não tinha preço. Cinqüenta anos depois do massacre das Termópilas, o sacrifício de um manípulo de homens muito menos numeroso do que aqueles famosos trezentos devia, mesmo assim, parecer grave demais, o que nos deixa entender quão preocupante já devia ser em Esparta o problema demográfico.

Cleão achou que valia a pena arriscar nas apostas, pensando que se capturasse vivos os hoplitas de Esfactéria o seu prestígio ficaria muito maior e ele poderia, assim, exigir condições de paz ainda mais favoráveis a Atenas. Atreveu-se então a pedir que a guarnição espartana na ilha se entregasse desarmada para ser levada a Atenas como garantia, e que os lacedemônios também entregassem Trezena e Nisa, o porto de Mégara no golfo Sarônico, além de toda a Acaia que Atenas tinha perdido após as derrotas no decorrer do conflito. Eram condições absurdas e, mesmo assim, os espartanos aceitaram negociar, desde que se formasse uma comissão bilateral restrita para tratar os vários itens do acordo. Em outras palavras, o que eles queriam mesmo era um local reservado para que se debatesse um tratado cuja mercadoria de troca eram comunidades inteiras e Estados que haviam confiado na proteção deles ao longo do conflito: afinal, se por acaso a tratativa não chegasse a uma solução satisfatória, essa verdade tão incômoda poderia continuar sendo um assunto sigiloso.

Cleão acusou-os dizendo que queriam esconder o jogo, que não estavam dispostos a falar abertamente diante da Assembléia. Isso já era demais: os espartanos voltaram furiosos a Pilos e retomaram as hostilidades, lançando um ataque depois do outro contra a fortaleza no promontório. Por sua vez os atenienses enviaram mais vinte navios, chegando desta forma a um total de setenta. Durante o dia dois deles patrulhavam as costas leste e oeste de Esfactéria, navegando em sentidos opostos; durante a noite a frota inteira postava-se toda em volta da ilha. Os barcos só ficavam na enseada, protegidos pela costa oriental, no caso de mar agitado. Quando isto acontecia, no entanto, atraídos pela promessa de liberdade e de recompensas em dinheiro, os hilotas desembarcavam na ilha aproveitando o fato de os navios atenienses não conseguirem firmar-se no ancoradouro e levavam pão, vinho e queijo, ou então atravessavam a nado a baía ou um dos canais puxando atrás de si odres cheios de mantimentos.

Assim sendo, as coisas não estavam propriamente evoluindo do jeito que o comando ateniense imaginava, pois na certa haviam calculado que o presídio de Esfactéria, sem comida nem água, perdido num lugar selvagem e forçado a beber água salobra, não poderia agüentar muito tempo. E agora a situação tornava-se crítica para os atenienses também: a única nascente ficava dentro da fortaleza de Pilos, no promontório, e abastecer-se num local tão fora de mão era quase impossível. Além do mais, o inverno estava chegando e, se a ilha não se rendesse antes da chegada do mau tempo, a frota não poderia mais receber suprimentos pelo mar, coisa aliás já bastante difícil mesmo com tempo bom. A situação chegara a um impasse, e Cleão estava agora numa enrascada: por ter exigido demais, corria o risco de ficar sem coisa alguma. Acusou então o comandante das forças de Pilos, Nícias, tachando-o de incapaz e indeciso. Chamado a dar conta dos seus atos, Nícias salientou as enormes dificuldades ambientais nas quais era forçado a agir e desafiou Cleão a ocupar ele mesmo a maldita ilha, visto que achava tão fácil.

Cleão não se fez de rogado: pediu que lhe fosse entregue a chefia das operações, mas teve o bom senso de associar-se no comando com Demóstenes, que já estava no local e, logo que os reforços ficaram prontos, partiu para a baía de Navarino.

Enquanto isso Demóstenes ficava cada vez mais preocupado com a densa vegetação da ilha que escondia os inimigos: ninguém sabia ao certo quantos eles eram e, apesar dos cálculos feitos a partir das rações de sobrevivência fornecidas durante a trégua, não dava para saber com exatidão o número total nem os movimentos das tropas adversárias. Certo dia, entretanto, alguns soldados atenienses, em missão de patrulha rotineira na ilha, atearam involuntariamente fogo nos arbustos enquanto estavam preparando a comida e, com a ajuda do vento, a floresta inteira transformou-se numa grande fogueira. Quando o incêndio se apagou a situação ficou clara: havia dois fortes, um ao norte e outro ao sul, e os espartanos eram mais numerosos do que se havia calculado. Então chegou Cleão, que mandou entregar aos heróicos defensores de Esfactéria um ultimato: rendição imediata e sem condições. A resposta foi obviamente uma recusa. Só faltava, portanto, o ataque final. Naquela mesma noite Demóstenes mandou desembarcar uma tropa de choque com armas leves, que vinha sendo testada havia pouco tempo.

Os homens arrastaram-se no escuro até chegarem ao forte que defendia a parte meridional e irromperam nele antes mesmo do alvorecer: os espartanos, menos de três dúzias ao todo, foram aniquilados antes de alcançarem as suas armas. Logo em seguida Demóstenes mandou desembarcar toda a tropa de que dispunha, inclusive as tripulações dos navios, dividindo-a em pequenos grupos que se postaram nos locais mais altos. Aí atacaram o forte maior, o que guarnecia o lado sul.

Os espartanos, sob o comando de um valoroso oficial chamado Epítadas, defenderam-se com a coragem do desespero, em formação cerrada, avançando e recuando o tempo todo. Mas eram alvos das setas, dos dardos e das pedras que os inimigos lançavam contra eles das alturas em volta, durante horas, sem parar, dizimando-os lentamente sem nunca aceitarem o choque frontal. Os sobreviventes, cobertos de suor, sangue e poeira, acabaram sendo completamente cercados: o seu comandante já tinha morrido.

Abatidos, física e psicologicamente aniquilados, os poucos guerreiros sobreviventes pediram para receber instruções do seu comando em terra firme. Responderam-lhes que podiam decidir por conta própria, desde que não se manchassem de atos indignos, e eles, achando que nessa altura não haveria nada de vergonhoso em salvar a vida após terem lutado tão bravamente, fizeram o mesmo que os hoplitas espartanos já haviam feito antes: renderam-se deixando cair os escudos e levantando as mãos, da mesma forma usada até hoje em sinal de rendição. Pela primeira vez desde que a memória do homem pudesse lembrar, duzentos e noventa e dois hoplitas, cento e vinte dos quais lacedemônios, foram capturados vivos como conclusão de uma operação bélica cheia de peripécias. Nessa ação rocambolesca os adversários não se haviam poupado, correndo todo tipo de riscos e utilizando técnicas de combate até então nunca experimentadas que, a partir daí, iriam mudar profundamente a arte da guerra.

O fato teve uma enorme repercussão, mas os espartanos recusaram-se a negociar o resgate. O exército terrestre partiu, deixando Pilos nas mãos dos atenienses, e naquele ano as tropas de Esparta não invadiram a Ática.

Passaram-se mais dois anos com sucessos e derrotas de ambas as partes. Os atenienses levaram a cabo operações na Sicília e na Grécia, ocuparam o porto oriental de Mégara – o que dava para o golfo Sarônico –, forçando à rendição o presídio da liga lacedemônia. Por volta de 424 os espartanos dedicaram-se a uma inesperada ação diversiva enviando para a península Calcídica um corpo expedicionário sob o comando de Brásidas, o mais valoroso e inteligente dos comandantes espartanos daquela época. Com uma jogada ousada ele conseguiu tomar Anfípolis, sem que a frota ateniense, fundeada no porto de Tasos e às ordens de Tucídides de Oloro, nada pudesse fazer para impedir. O oficial ateniense (a única fonte de que dispomos para esses acontecimentos) só conseguiu evitar que Êion também caísse nas mãos do inimigo. Chamado de volta a Atenas e processado, Tucídides foi condenado a vinte anos de desterro, e foi justamente nesse exílio que produziu a maior obra histórica da Antigüidade.

Em Anfípolis, Brásidas portou-se de forma muito decente ao deixar que os habitantes escolhessem entre saírem de lá num prazo de cinco dias ou ficarem mantendo os direitos de cidadania. Por isso mesmo ele mereceu o maior respeito e foi honrado como um herói pelo povo. O sucesso de Brásidas induziu muitas cidades das redondezas à rebelião contra Atenas, que em 422 reagiu enviando uma força expedicionária sob o comando de Cleão. Os dois exércitos enfrentaram-se no sopé das muralhas de Anfípolis e os atenienses levaram a pior. O próprio Cleão morreu, mas no decorrer da mesma batalha Brásidas também sucumbiu, ironicamente uma das poucas baixas a serem lamentadas pelos espartanos. A morte dos dois principais adversários, a sensação de prostração e esgotamento após dez anos de luta incessante induziram finalmente à paz os contendores. Assinou-se um tratado com validade de cinco décadas baseado no *status quo*. Cada uma das partes devolveu à outra as conquistas conseguidas durante a guerra. Dez anos de conflito sangrento e devastador haviam sido desperdiçados para nada.

18 de novembro de 1999

Finalmente pude rever Kostas, depois de vários meses em que só me foi possível falar com ele ao telefone. Não foi uma coisa agradável: é claro que a sua dignidade impedia que se queixasse comigo das suas próprias misérias. Ajudei a jovem kosovara a dar-lhe um banho, coisa nem um pouco fácil, mas que no fundo me fez sentir muito bem. Pareceu-me que a providência ou o destino, seja qual for o nome que queiramos lhe dar, concedera-me a oportunidade de lavar o meu próprio pai que já não tenho, de prestar-lhe mais esse último serviço.

Fizemos-lhe uma boa massagem com álcool e depois com um creme que a jovem preparara segundo uma sua receita ilírica. Nós o deixamos bem arrumado, penteado e perfumado, vestido com um pijama leve, com a pochette *de seda azul, como ele gosta. Aí, como toque final, o café e o cigarrinho. A sua lucidez é impressionante: se o resto do seu corpo fosse como a sua mente, ele até poderia andar de bicicleta.*

– Este capítulo doeu no meu coração – comenta.

– Posso imaginar. Eu mesmo fiquei triste ao escrevê-lo. Você me conhece, não consigo manter uma atitude completamente isenta.

– Quanto a isso, nem mesmo Tucídides conseguia: baba-se todo ao falar de Péricles, tem uma certa simpatia por Nícias e simplesmente não suporta Cleão.

– Tucídides acredita que foram os demagogos como Cleão que provocaram a ruína de Atenas, e pelo menos em parte ele está certo.

– Por quê? Por que não Péricles, então? Quem provocou a guerra do Peloponeso foi ele. Os espartanos tentaram evitá-la de todas as formas.

– Você precisa se lembrar que Péricles não foi um tirano, nem mesmo um chefe de governo: claro, fez o possível

para que as suas moções fossem votadas, mas no fim a última palavra sempre cabia ao povo. Quanto a uma coisa não pode haver dúvidas: Péricles estava convencido de que era preciso resolver os problemas com Esparta de uma vez por todas. E fazer a guerra era algo normal para os atenienses, assim como para os gregos em geral. Não podia haver coisa mais normal, e podemos dizer que havia uma guerra, ou até várias guerras, todos os anos. Nós estamos vendo os fatos a posteriori*: para nós trata-se da "guerra do Peloponeso", algo parecido com "a Primeira" ou "a Segunda Guerra Mundial". Mas Péricles não podia saber que estava para dar início à guerra do Peloponeso: para ele era um conflito como qualquer outro, a maneira mais direta e econômica de se resolver um problema de política exterior e de relações internacionais. Nem mesmo podemos saber o que aconteceria se ele tivesse sobrevivido: talvez conseguisse dar uma solução, talvez fizesse cálculos diferentes... E afinal não dá para saber, não se pode escrever a história dos "se" e dos "mas". O que podemos saber com certeza é que Cleão teve a oportunidade de pôr um termo à guerra muito antes e em condições muito mais favoráveis, e que, ao contrário, pôs tudo a perder... De tanto esticar acabou arrebentando a corda.*

– Há uma coisa que francamente não consigo entender: a inversão de papéis que existia na Antigüidade. Os democratas, como os atenienses, eram partidários da guerra, e os conservadores oligárquicos, como os espartanos, queriam manter a paz. Como é que você explica?

– A meu ver só dá para explicar do mesmo jeito que os sofistas, de que você tanto gosta, explicariam: as pessoas decidem conforme o interesse do momento, e isto nada tem a ver com a ideologia. Em outras palavras, para os atenienses a guerra queria dizer salários para os remadores da frota, encomendas para os estaleiros navais, para os fabricantes de armas e os fornecedores de mantimentos, negócios da China para os mercadores de escravos, terras que podiam ser conseguidas grátis nas colônias militares às custas dos moradores locais. Em resumo, enquanto houvesse o Império para pagar as despesas, a guerra era um ótimo negócio. Quanto

aos espartanos, não creio que fossem pacifistas devido à sua boa disposição de ânimo: o que acontece é que para eles a guerra era uma grande chateação, aliás a maior chateação de todas.

– E então por que não faziam outra coisa a não ser treinar para a luta, e desde bem menininhos?

– Pois é, por isso mesmo conheciam-na melhor do que qualquer outro. Mas o que mais pesava na balança, para eles, era o problema demográfico: a classe dos cidadãos-guerreiros tinha um número limitado. Só quem tinha um pedaço de terra podia se permitir pagar a pensão nos colégios comunitários, os custos pessoais, da armadura e de qualquer outra coisa. Por isso praticavam um rígido controle da natalidade, para não ter de dividir a terra entre vários filhos levando-os, em apenas duas ou três gerações, à mais completa miséria. Guerra, para eles, era uma contínua sangria da classe dos guerreiros e significava, portanto, a longo prazo, a morte da cidade. Eram completamente obcecados pelo problema demográfico: conhece a história dos partenos?

– Acho que não.

– Foi na época das guerras messênias, no fim do século VII: os guerreiros já estavam longe de casa há tanto tempo que os éforos recearam uma brusca queda da natalidade. Escolheram então os jovens mais vigorosos e mandaram-nos de volta a Esparta com uma missão deveras curiosa: deixar conscienciosamente grávidas todas as virgens da cidade, coisa que eles fizeram com meticulosa precisão. Sabe como é, eram rapazes disciplinados.

– Já pensou? Uma missão e tanto, não é?

– E mesmo assim, quando já haviam crescido aqueles "filhos de virgens", os partenos viram recusarem-lhes a cidadania por serem considerados ilegítimos. Assim, primeiro tentaram um golpe de estado e depois, quando viram que não ia dar certo, fugiram para a Itália, onde fundaram Taranto. Pelo menos é o que nos conta a lenda.

Kostas sorri com seus olhos maliciosos. Falar de sexo é uma coisa que sempre o deixa de bom humor e faz com que esqueça, pelo menos durante algum tempo, as suas misérias.

Mas fica logo cansado e a conversa não pode durar mais do que um certo tempo.

Eu disse à moça que poderia ir embora. Agora vamos ver televisão, depois prepararei uma sopinha e o colocarei na cama. Não é difícil, pois não pesa quase nada.

X
Alcibíades

É espantoso pensar na energia física, psicológica e econômica penosamente gasta pelos atenienses durante os primeiros dez anos de guerra numa situação que nós mal podemos imaginar. Se os caixões que voltavam do Vietnã nos anos 60 determinaram nos Estados Unidos uma reação tão forte que em poucos meses impôs o fim à guerra, podemos considerar quão mais violento devia ser o impacto da dor causado pelas perdas humanas numa cidade onde todos se conheciam, onde as notícias corriam soltas e os ritos fúnebres aconteciam em público, onde as pessoas podiam ver as urnas que continham um punhado de cinzas, o que sobrava de jovens fortes e musculosos, cheios de vida e energia, os mesmos jovens que tinham sido vistos nos ginásios e nas pistas de corrida e que haviam sido retratados nos frisos que ornamentavam os templos. Às vezes viam os cadáveres desfigurados pelos ferimentos e ouviam os relatos dos sobreviventes que vagavam pelas ruas, com seus corpos mutilados que mostravam os sinais da dor e das injúrias sofridas no mar e no campo de batalha. E viam nos cortejos fúnebres os esquifes vazios dos desaparecidos em combate.

Nessa cidade não havia um governo que pudesse manter segredo algum, não havia comunicados oficiais capazes de adoçar as notícias que vinham da frente de batalha: tudo era debatido nas reuniões da Assembléia em plena luz do dia. E nessas reuniões o povo continuou a votar pela guerra durante dez longos anos. Por orgulho, por obstinação, por volúpia de terras e de despojos, por desejo de vingança e, no fundo, pelo fato de todos se sentirem responsáveis pelo que estava acontecendo. As guerras antigas entre comunidades relativamente pequenas não demoravam nada para se tornarem assuntos pessoais: vinganças e represálias geravam um círculo vicioso que só o esgotamento total dos recursos conseguia romper.

A série incessante de revoltas e repressões, de ataques e contra-ataques, os gastos contínuos de vultosas quantias para fabricar novas armas, navios, máquinas de guerra; a ruína da propriedade privada, dos campos e das fazendas, a matança do gado, tudo devia criar um clima de tensão contínua e de angústia, pelo menos nas classes que ainda podiam se permitir pensar.

Essa ferrenha resistência, mesmo levando-se em conta apenas o aspecto econômico, seria inexplicável sem a existência da liga naval que canalizava contínuos recursos dos Estados-membros para a potência dominadora, recursos que chegavam por mar seguindo rotas firmemente controladas pela marinha de guerra ateniense. O último trecho desse longo caminho passava pelo conjunto fortificado do porto e das Longas Muralhas, que era realmente inabalável.

A liga adversária, por sua vez, não tinha a menor possibilidade de interromper aquele fluxo pois não podia atacar cada um dos Estados-membros. Podia, no máximo, tentar convencê-los, como de fato fez, a se rebelarem, mas depois não dispunha dos meios necessários para sustentar a revolta e tinha de assistir quase impotente à reação implacável das forças atenienses. Anfípolis foi uma exceção, e isto só se deu porque Brásidas conseguiu chegar à península Calcídica por terra através da Tessália, oficialmente aliada de Atenas, alternando a ameaça física do seu exército com os contatos diplomáticos, secretamente mantidos com os representantes da aristocracia oligárquica que olhavam para Esparta com simpatia.

Também houve toda uma série de missões secretas na tentativa de envolver os persas. Uma resposta do Grande Rei foi interceptada pelos atenienses em 425 e o seu teor deve ter certamente provocado risadas. Um comandante ateniense, um tal de Aristides, encarregado de cobrar os tributos dos aliados, capturou em Êion, na foz do Estrímon, um navio que levava a bordo um enviado persa chamado Artaferne, que ia a Esparta com uma mensagem do Grande Rei. O homem levava consigo, de fato, documentos escritos em caracteres cuneiformes, como se fosse uma tentativa de disfarce. O emissário foi levado a Atenas, onde as cartas foram traduzidas e lidas. Nelas, entre outras coisas, o rei dizia aos espartanos que não entendia o que eles queriam, pois de todos os embaixadores que lhe haviam mandado, não havia dois que concordassem com os pedidos. Se, portanto, queriam propor-lhe algo com clareza, que mandassem então alguém de volta com o seu próprio emissário.

Os atenienses devem ter dado umas boas gargalhadas, pois naquela carta os espartanos faziam o papel de idiotas, exatamente como eles eram amiúde representados nas anedotas e nas comédias, mas aproveitaram a ocasião para eles mesmos mandarem a Éfeso uma embaixada com o dignitário persa, quase certamente com propostas alternativas, mas, quando ela chegou, soube que o rei Artaxerxes havia morrido e teve de voltar sem conseguir coisa alguma.

Como se vivia em Atenas durante a guerra? Qual era o padrão de vida entre as paredes domésticas? É provável que, pelo menos do ponto de vista econômico, não houvesse necessidade de muitas privações: a marinha militar conseguia manter abertas as rotas para a exportação dos produtos artesanais áticos, e, além disso, os salários pagos aos remadores da frota, aos operários dos estaleiros navais do Pireu, assim como aos fabricantes de armas, deviam permitir um padrão de vida bastante bom, coisa aliás que explicaria a ausência de vozes basicamente contrárias à guerra (sem contarmos, é claro, as dos representantes das classes mais conservadoras que sempre mantiveram o seu ponto de vista político, segundo o qual a melhor coisa continuava sendo um acordo com Esparta). Quem acabou negociando a paz com Esparta e com a liga do Peloponeso, de fato, foi justamente um desses conservadores, Nícias, que convenceu os seus concidadãos a devolverem sem resgate os duzentos e noventa e dois hoplitas lacedemônios capturados por Demóstenes em Esfactéria.

Um discurso de Lísias, preparado para um cliente acusado de homicídio, oferece-nos a possibilidade de darmos uma olhada dentro das paredes domésticas de um lar ateniense daquela época. A impressão resultante é que a vida, em todos os seus aspectos, até mesmo nos mais libertinos, continuava como antes. A história é curiosa e picante ao mesmo tempo: um camponês chamado Eufileto está voltando para casa e encontra uma velha que lhe revela a existência de um amante da mulher. Este, um mulherengo profissional (o que hoje chamaríamos de *playboy*) chamava-se Eratóstenes (de nome e de fato, "força de amor"), e era o amante da sua patroa, que, ao notar que as visitas do homem se tornavam cada vez mais raras, pedira para investigá-lo e descobrira assim que ele ia se encontrar com a mulher de Eufileto. A sedução acontecera por meios meramente epistolares: Eratóstenes reparara na linda dama enquanto ela acompanhava o enterro da sogra (enterros e casamentos, além das festas religiosas, eram praticamente as únicas oportunidades que uma mulher de condição livre – ironia das palavras! – tinha de sair da prisão dos muros domésticos) e começara a seguir a escrava que ela mandava ao mercado. Conseguira assim enviar-lhe umas mensagens, nas quais pedia com insistência para encontrá-la, e a mulher finalmente cedera.

Eufileto não consegue entender como tais encontros podiam acontecer, e a velha aconselha que interrogue a escrava encarregada das compras, pois ela está a par de tudo. E a escrava revela a armação. O casal tinha uma criança ainda de colo que ficava com ela no andar térreo enquanto a patroa dormia com o marido no andar de cima. Quando o amante chegava, a criada dava um beliscão no menino, que acordava e começava a chorar. Eufileto pedia então (ele mesmo admite isso diante do júri) que a mulher descesse para amamentá-lo. E ela fingia não querer descer, fazia-se de rogada bancando a ciumenta, dizia recear que o marido levasse para a cama a escrava enquanto ela estava com a criança. O pobre chifrudo tinha até de insistir para empurrar a mulher para os braços do amante!

Agora que sabia de tudo, Eufileto decidiu armar uma cilada e, depois de Eratóstenes entrar, ficou esperando que ficasse bem à vontade, depois irrompeu com um grupo de amigos providos de tochas, pegou-o em flagrante e, após pronunciar as palavras de praxe segundo o direito que a lei lhe outorgava, acorrentou-o a uma coluna e matou-o.

Os parentes intentaram uma ação contra ele afirmando que Eufileto atraíra o rival à sua casa com algum truque e em seguida o matara por outros motivos, e pediam, portanto, a sua condenação, além de uma indenização pela perda do ente querido.

Não sabemos qual foi o resultado do julgamento nem qual das partes o júri considerou certa, mas podemos supor que o brilhante discurso escrito por Lísias com a costumeira habilidade para defender o seu cliente tenha surtido o efeito esperado. O que nos resta é a crônica de um fato quase cômico que acabou em tragédia, mas que, mesmo assim, é precioso para entendermos o que acontecia na vida das pessoas no aconchego das paredes domésticas. Mais um detalhe interessante: Eufileto começara a ter alguma suspeita ao reparar que a mulher voltara a se maquiar antes do fim do período de luto.

Igualmente preciosas são, para nós, as comédias de Aristófanes que, de forma satírica, levam ao palco tanto as contradições quanto os lugares-comuns da vida política ateniense. Já vimos que ele atribuía o estouro da guerra do Peloponeso a uma mera questão de maratonas, mas sabemos que não ficou apenas nisto. Uma das peças que não chegaram até nós, *Os babilônios*, representava os aliados de Atenas no coro como escravos do *demos*, isto é, do povo ateniense. Estas e algumas outras cenas em que se atacava abertamente Cleão custaram ao autor, ao que parece, uma denúncia e uma acusação por parte do destinatário das suas alfinetadas, castigos obviamente ineficazes pois não conseguiram lhe tapar a boca. Seja com *Os acarnianos*, seja com *Os camponeses* (obras que não chegaram a nós), ele encenou entre 425 e 424 comédias profundamente pacifistas, antecipando-se, portanto, às decisões políticas. E se também considerarmos que *Os acarnianos* ganhou o primeiro prêmio, o significado da peça adquire ainda mais valor. O protagonista é Diceópolis, um cidadão cansado da guerra que decide negociar particularmente com os espartanos a paz para si, para a mulher e para os filhos. O seu monólogo, enquanto espera para apresentar-se diante da Assembléia na Pnice, é absolutamente hilário:

> Sou sempre a primeiro a chegar à Assembléia, e fico aqui sentado; e uma vez que estou sozinho, resmungo, bocejo, me es-

preguiço, peido, me chateio, rabisco garatujas no chão, tiro os cabelinhos das orelhas e do nariz... mas hoje estou decidido a gritar, a fazer algazarra, a insultar os oradores se alguém tiver a coragem de falar em outra coisa que não seja a paz!

E então vêm os prítanes, a reunião começa e, nas palavras de Diceópolis, Aristófanes ataca os líderes democráticos radicais dizendo o que pensa deles sem papas na língua: um dos embaixadores que os atenienses enviaram ao Grande Rei para pedir apoio econômico a fim de continuar a guerra, no intuito de justificar-se após passar vários meses comendo e bebendo à custa dos contribuintes, apela para a mentalidade e os costumes dos persas:

> Embaixador: – O negócio é que os bárbaros só consideram importantes os homens capazes de beber e comer a mais não poder.
> Diceópolis: – E enquanto isso, nós continuamos aqui como bundas-moles fodidos!

Aristófanes insiste no escárnio ao lembrar as tentativas frustradas de entabular relações com os persas para que o Grande Rei financie a guerra: é claro que se refere à missão com Artaferne que não dera em nada:

> Embaixador: – Vamos lá, Pseudo-artabano, conte aos atenienses o que o Grande Rei mandou dizer.
> Pseudo-artabano: – I-arta-name-xarxana pissona satra.
> Embaixador: – Entenderam o que ele disse?
> Diceópolis: – Em nome de Apolo, claro que não!
> Embaixador: – Disse que mandara muito ouro. Vamos, seja claro, conte para eles em alto e bom som.
> Pseudo-artabano: – Nada ouro para gregos filhos da puta!
> Embaixador: – Ai de mim, não precisava ser tão claro!

Estamos aqui diante de uma situação curiosa e não facilmente compreensível por um leitor moderno: um intelectual conservador como Aristófanes torna-se intérprete de sentimentos pacifistas e ataca com as suas bordoadas mordazes os líderes belicistas da democracia radical. É preciso não esquecer, no entanto, que por trás desse pacifismo também se esconde a simpatia de certos ambientes por Esparta, na trilha da tradição que havia sido de Címon e que agora pertencia a homens como Nícias, que de fato negociaria a paz em 421.

Paz que se revelou bastante precária. Antes de mais nada porque vários membros da liga do Peloponeso (coríntios, tebanos, megarenses, eleios) não a subscreveram, e depois porque os espartanos não devolveram as cidades ocupadas por Brásidas na Calcídica. Em represália, os atenienses também acharam por bem guardar para si Pilos, a cabeça-de-ponte conquistada na Messênia. Seguiu-se um período de grande confusão durante o qual, diante da possibilidade de um novo surto de hostilidade, se formaram e se dissolveram várias alianças provocadas pelo medo de cada um ser apanhado de surpresa por uma guerra que poderia estourar a qualquer hora.

Enquanto isso, um novo personagem aparecia com presença cada vez mais marcante na cena política de Atenas: Alcibíades, sobrinho de Péricles, discípulo de Sócrates, fascinante pela beleza e pelo jeito atrevido, pela sua maneira de cativar as pessoas, pelo cuidado com a aparência e os trajes. Era órfão e havia sido criado sob a tutela do tio, demonstrando, porém, desde muito cedo uma total independência. Fugiu de casa ainda jovem para ir morar com um amante: é provável que sentisse a necessidade de um guia paternal que no seu ambiente era difícil de se obter de outra forma, e pode ser que o tio Péricles estivesse atarefado demais com os negócios de Estado para cuidar pessoalmente dele. Um episódio relatado por Plutarco é bastante significativo: certa vez Alcibíades pediu para ser recebido por Péricles, mas o tio mandou um secretário dizer que estava ocupado demais, pois aprontava a prestação de contas a ser apresentada aos atenienses. Alcibíades mandou-lhe dizer que o melhor a fazer era não prestar conta alguma. É justamente nessa resposta que a nossa fonte focaliza a sua atenção, para evidenciar a sua falta de escrúpulos, mas nós preferimos ressaltar a primeira parte do episódio em que podemos ver um tio que, entregue aos negócios de Estado, não tinha tempo a perder com ele. Esse fato, assim como vários outros narrados pelas fontes, deixa-nos entender que Alcibíades tinha uma necessidade quase obsessiva de ser o centro das atenções, uma tendência que poderia explicar muitas das atitudes que tomou como adulto, inclusive aquelas que levaram a sua pátria e ele mesmo a conseqüências desastrosas.

Foi o rapaz mais cortejado da cidade, e os homens mais ricos e influentes encheram-no de valiosos presentes para ganhar os seus favores; ele, no entanto – como nos conta Plutarco –, ficou fascinado apenas por Sócrates, que só lhe falava para educá-lo no caminho da honestidade e da virtude, e não para levá-lo para a cama. Ao que parece, foi o primeiro a cortar o rabo de um cão de raça que valia mais de um talento, e a cidade inteira ficou falando a respeito. Isso foi considerado uma extravagância, mas na verdade era a afirmação de um ponto de vista estético, coisa aliás bastante comum entre os cinófilos modernos, principalmente para raças de ataque e defesa como os dobermanns, os rottweilers e os mastins em geral (como provavelmente devia ser o caso do cão de Alcibíades). A sua capa que se arrastava no chão virou moda, e, apesar de um defeito de pronúncia, a sua verve oratória impôs-se de forma arrebatadora (ele era bleso, pelo que podemos deduzir dos relatos das fontes). Convenceu a Assembléia a estipular uma aliança defensiva com Argos, apesar de saber muito bem que os argivos estavam em rota de colisão com os espartanos e que isso comportaria o envio de tropas atenienses para o lado deles. Foi de fato o que aconteceu em 418, quando a coalizão da qual também participavam outras cidades foi duramente derrotada em Mantinéia. Dois anos depois, e talvez mais uma vez instigados por Alcibíades, os atenienses reagiram atacando Melos, uma pequena ilha sem defesas que, sendo uma colônia espartana como Tera (a atual Santorini), nunca quisera fazer parte da liga de Delos.

A conversa entre os habitantes de Melos e os atenienses, relatada por Tucídides, decerto não corresponde ao pé da letra ao que foi dito, mas representa uma das mais duras acusações contra o impiedoso imperialismo ateniense daquela época e a lembrança mais comovente de uma pequena comunidade que se expõe ao perigo da destruição total só para guardar a própria honra e a própria liberdade.

Não há meias palavras ou vagas alusões no discurso dos embaixadores atenienses:

> Diante de vocês que certamente são pessoas bem informadas, não temos receio de dizer que nas considerações humanas o direito é reconhecido quando existe uma igual necessidade das partes, enquanto o mais forte faz o que bem quiser e o mais fraco cede.

E insistem na necessidade de os habitantes de Melos tomarem a decisão mais proveitosa para os atenienses.

Segue-se uma rápida troca de palavras em que o despotismo do mais forte fica ainda mais impressionante. Os habitantes de Melos perguntam: "E que proveito teremos nós ao sermos seus escravos, e qual a vantagem de vocês em nos comandarem?"

Os atenienses respondem: "A vocês caberia apenas obedecer, e não sofrer o mais atroz dos destinos, enquanto para nós seria mais proveitoso não destruí-los."

Os habitantes de Melos propõem, então, uma condição de neutralidade, digamos assim, *benevolente*: "E se, ficando em paz, nós fôssemos amigos em lugar de inimigos, sem sermos aliados de nenhuma das duas partes, isso não seria do seu agrado?"

"Não", respondem os atenienses, "porque a sua hostilidade não nos prejudica tanto quanto a sua amizade, que seria um péssimo exemplo para os nossos súditos, sinal da nossa fraqueza, enquanto o ódio é a prova do nosso poder."

Os habitantes de Melos respondem que a sua cidade vive livre há setecentos anos (isso quer dizer que tinham memória histórica da sua comunidade desde a época em que a tradição datava a invasão dórica), o que significa que os deuses sempre os assistiram. Mas aí a resposta torna-se ainda mais escarnecedora:

> Vocês que são fracos só podem se permitir jogar os dados uma só vez: não façam então o mesmo de tantos outros homens (...) que se entregam à esperança de receber ajudas invisíveis, isto é, aos oráculos e aos vaticínios e coisas parecidas, que juntamente com as esperanças só servem para afligir os homens.

Por fim, depois de tentar de tudo para negociar um compromisso honroso, os habitantes de Melos recusaram-se orgulhosamente a se deixarem subjugar: os atenienses responderam sitiando a cidade com a frota e o exército. Depois de cruentos combates Melos foi tomada, todos os homens adultos foram chacinados, as mulheres e as crianças foram vendidas como escravas. A ilha tornou-se, então, uma colônia militar ateniense. O mais estranho é que Esparta não só não interveio como tampouco denunciou o tratado de paz de 421 que, pelo menos no papel, continuava vigorando; era evidente, no entanto, que nessa altura os atenienses já não prestavam atenção no moderado Nícias, mas sim no jovem e brilhante aventureiro que se chamava Alcibíades. Quanto aos espartanos, estava claro que tanto prezavam a paz que preferiam deixar sem castigo até uma atrocidade como aquela.

E foi Alcibíades quem induziu os atenienses a uma aventura cheia de incógnitas a mais de mil quilômetros de distância da Ática. Na Sicília, Selinunte havia atacado Segesta, uma cidade élima (e portanto de etnia indígena) aliada de Atenas. Os habitantes de Segesta pediram ajuda e os atenienses decidiram intervir pois sabiam que por trás de Selinunte havia Siracusa, a mais poderosa aliada de Esparta. Quase certamente Alcibíades planejava formar uma ampla frente de cidades aliadas para isolar por completo a cidade inimiga antes de desferir o golpe decisivo, mas pode ser que os seus sonhos fossem ainda maiores. Sonhos de conquista com que o império ateniense abrangeria todo o Ocidente, transformando aquelas terras longínquas num reservatório de mercenários a serem jogados como uma maré em cima de Esparta e da sua pequena liga. Um sonho digno de Alexandre que, se porventura chegasse a se realizar, teria mudado radicalmente os destinos da humanidade. Aquele plano temerário, com efeito, se de fato chegou a ser imaginado, seria concretizado por uma grande potência democrática e não por um soberano com raízes tribais como Alexandre.

Além de Segesta, no Ocidente, Atenas também podia contar com a antiga aliada Leontinos, e pelo menos teoricamente com Régio. Foi provavelmente nessa época que fizeram erguer o maravilhoso templo que até hoje podemos admirar, intacto, no sopé da colina onde surgia Segesta. Na opinião de muitos, não se trataria de uma obra inacabada (as colunas não têm caneluras, não há ornatos nem sinal de estátuas nos frontões), mas sim de um santuário a céu aberto de rito élimo, construído segundo os moldes arquitetônicos gregos. Para outros, no entanto, seria um templo começado pelos atenienses que em seguida teve os trabalhos interrompidos devido aos infaustos acontecimentos posteriores.

A expedição para a Sicília partiu entre o entusiasmo do povo, que se apinhou no Pireu para assistir ao evento. A grande frota parecia o próprio símbolo da glória e da potência de Atenas: cento e trinta trirremes completamente equipadas levantaram âncora entre os gritos e as ordens de comandantes e contramestres, entre cantos de guerra no fervilhar de alvas espumas, no rufar surdo dos tambores que ritmavam o movimento alternado de milhares e mais milhares de remos. Na popa dos grandes vasos (cada um com cem toneladas de deslocamento, quase quarenta metros de comprimento e uma tripulação de 175 homens) tremulavam as insígnias multicoloridas com os símbolos heráldicos dos comandantes, enquanto as reluzentes panóplias dos guerreiros brilhavam na proa sob os raios do sol meridiano. Os capitães faziam solenes libações em homenagem ao deus do mar, jogando em seguida às ondas as taças de ouro e de prata cheias de vinho. E enquanto os navios desfilavam lentamente pela saída do porto atrás da capitânia, as suas proas apontando orgulhosas para o mar aberto, os velhos choravam comovidos lembrando a própria juventude, os meninos gritavam e corriam, as mulheres agitavam os braços ao se despedirem, em lágrimas, dos filhos que reluziam altivos como deuses da guerra em suas armaduras, sem saber se algum dia iriam revê-los.

A esquadra transportava cinco mil hoplitas e mil e quinhentos homens de infantaria ligeira, parecidos com aqueles que haviam levado a melhor sobre os míticos guerreiros lacedemônios em Esfactéria. O corpo expedicionário foi entregue ao comando de Alcibíades, Nícias e Lâmaco. Alcibíades era um líder nato, com um incomum talento militar e, como tornar-se-ia claro em seguida, era de longe o mais motivado dos três. Lâmaco era um soldado valoroso, mas sem muita originalidade. Nícias, pávido e indeciso, era até contrário à guerra, mas talvez tivesse escolhido facilitar os planos de Alcibíades na esperança de que uma guerra na Sicília manteria o exército ateniense longe do espartano, que era o que ele mais receava.

Justamente na noite anterior à partida aconteceu um fato muito estranho: alguém, cuja identidade jamais foi conhecida, mutilou todas as pequenas estátuas de Dioniso que surgiam nas esquinas e nas praças de Atenas: um sacrilégio extremamente grave, que deixou a cidade abismada e lançou uma sombra de mau agouro sobre a expedição que estava prestes a partir. Como já vimos, tratava-se de pequenos pedestais quadrangulares de mármores encimados por imagens de Dioniso que normalmente exibiam vistosos falos eretos. É provável que estes falos marmóreos tenham sido justamente o objeto da amputação, e aquilo que para nós pode parecer apenas uma mera bravata juvenil era para os antigos um ato de sacrilégio e impiedade, punível com a pena de morte. Muitas suspeitas logo surgiram em relação a Alcibíades devido ao seu notório comportamento abusado, sexualmente ambivalente conforme as oportunidades, descrente e sem o menor respeito pelas tradições.

Diziam até que ele profanara os mistérios das eleusínias na sua própria casa com uma espécie de paródia (como se hoje em dia alguém encenasse na própria casa uma paródia da missa, com a diferença de que isso não representaria de forma alguma um crime passível de pena pelas leis do Estado). Nunca se soube ao certo o que pretendiam com profanação ou paródia daqueles mistérios, talvez tenha sido apenas uma brincadeira, ou algo mais, e mais sério: uma das passagens fundamentais para os iniciados era a ingestão do *kykeon*, uma espécie de mingau que, ao que parece, tinha como um dos seus componentes um parasito do trigo e dos grãos em geral (o santuário era dedicado a Deméter, a Ceres dos romanos), a *claviceps purpurea*, conhecida na Idade Média como *ergot ivre*, um fungo alucinógeno responsável por muitos casos de aparente possessão diabólica de famílias inteiras, mosteiros e até de uma aldeia toda. Talvez Alcibíades e a sua turma só quisessem ingerir esse tipo de substância no contexto de um ritual fictício (como poderia atualmente acontecer dentro de certas seitas que se dedicam tanto à droga quanto ao ocultismo).

Seja como for, seus acusadores começaram logo a instruir o processo e ajuntar testemunhos e provas, embora por enquanto não se julgasse oportuno pôr Alcibíades sob custódia para não prejudicar a expedição. Podemos imaginar, no entanto, que com uma ameaça daquelas a atribular-lhe a vida o homem não podia certamente dedicar o melhor de si aos planos estratégicos.

As operações, com efeito, tiveram logo um mau começo: durante a viagem de aproximação os atenienses não encontraram apoio nem em Taranto (que se recusou até a reabastecê-los de água) nem em Lócri, e tampouco em Régio ou Messena. Perderam então um ano inteiro para preparar uma base em Catânia, que ocuparam com a força, e quando finalmente decidiram agir os siracusanos já tinham tido todo o tempo do mundo para reforçar as suas fortificações e acumular as provisões necessárias. Além do mais, a preciosa e sagrada nascente Aretusa, dentro da cerca das muralhas, proporcionava-lhes água potável com fartura.

Enquanto isso em Atenas chegara-se à conclusão de que já havia suficientes provas e testemunhos para incriminar Alcibíades: foi então enviado um navio oficial, o *Salamina*, para escoltá-lo de volta. Durante a viagem, no entanto, talvez aproveitando algum momento de mar agitado, Alcibíades afastou-se com o seu barco e desembarcou no Peloponeso pedindo hospitalidade aos espartanos, que ficaram muito satisfeitos em concedê-la.

Naquele mesmo outono os atenienses levaram a melhor sobre as tropas siracusanas num choque em campo aberto, mas a batalha não foi decisiva. Depois de passarem o inverno em Naxos e em Catania, deram novo alento às operações na primavera seguinte. Enquanto os siracusanos continuavam a reforçar febrilmente as suas fortificações, os atenienses ocuparam com um ataque de surpresa Epípolis, a praça-forte que dominava a cidade do lado norte. Transformaram o local no centro de um notável conjunto de valas e contra-escarpas que, partindo da parte setentrional do promontório siracusano, deveria chegar até o Porto Grande, cortando assim qualquer comunicação da cidade com o interior enquanto a frota se encarregaria de manter o bloqueio do lado do mar.

Os siracusanos tentaram de todas as formas impedir o progresso dos trabalhos com repetidas surtidas, mas sem sucesso, embora numa dessas investidas provocassem a morte de Lâmaco: um destino que, como já vimos, era bastante comum para os comandantes gregos que se expunham ao perigo como qualquer um dos seus soldados. O desânimo já começava a tomar conta da cidade, pois a conclusão da luta parecia inexoravelmente próxima. Os siracusanos invocaram a ajuda de Esparta com o envio de uma embaixada e Alcibíades aconselhou o envio de reforços: partiu um minúsculo corpo expedicionário sob o comando de Gilipo, apenas quatro navios que fundearam em Imera, no norte da Sicília. Para chegar ao seu destino tiveram de atravessar toda a ilha mas, ao fazê-lo, engrossaram as suas fileiras com numerosos contingentes locais até chegarem a um total de três mil homens.

Com uma ação repentina, Gilipo atravessou as linhas atenienses a leste de Epípolis, onde o paredão ainda não estava pronto, e conseguiu entrar na cidade levantando o moral dos sitiados. Aí, com uma surtida, ocupou o setor entre as muralhas e a praça-forte de Epípolis e ergueu um muro perpendicular ao dos atenienses, cortando em dois o sistema de contra-escarpas destes últimos. Os embates continuaram sem parar por terra e por mar, enquanto reforços continuavam chegando de Esparta e do resto do Peloponeso. Nícias perdeu a sua postação fortificada no cabo Plemírio, ao passo que os espartanos, tendo chegado à conclusão de que a paz de Nícias não tinha mais valor, enviaram à Ática um exército sob o comando do rei Ágidas que, ao contrário de Arquidamo, não se limitou a uma tática de correrias, mas sim ocupou e fortificou Deceléia, a poucos quilômetros de Atenas, criando assim uma ameaça permanente para o coração da cidade inimiga. A partir daí os suprimentos destinados a Atenas, que em parte desembarcavam ao norte da Ática, no canal da Eubéia, tiveram de enfrentar as correntezas muito mais perigosas do cabo Súnio.

Durante o inverno, de qualquer forma, os atenienses tinham enviado reforços à Sicília: uma nova frota com mais de setenta navios e quatro mil hoplitas às ordens de Demóstenes, o herói de Esfactéria. Com essas tropas descansadas Demóstenes retomou a ofensiva: nessa altura, com o inimigo tão perto de casa, é provável que tivesse recebido instruções para levar a termo de qualquer maneira a empresa. Deve ter imaginado, portanto, que a única saída possível era completar o bloqueio da cidade, retomar Epípolis e concluir as obras das valas e contra-escarpas. Depois disso só seria uma questão de tempo. Atacou de noite, lá pelo fim de julho, como já fizera em Esfactéria, mas, depois de um primeiro sucesso devido à surpresa, acabou sofrendo uma pesada derrota. Com o fracasso da operação, decidiu levar de volta para casa o corpo expedicionário na Sicília e ordenou o embarque dos homens.

Era o dia 23 de agosto de 413; conhecemos a data com exatidão porque sabemos que houve um eclipse total da Lua. O fenômeno deixou Nícias tão apavorado que ele decidiu adiar a partida. Essa demora foi fatal: no dia seguinte uma frota siracusana bloqueou a saída do porto e, quando a esquadra ateniense tentou abrir caminho, empurrou-a para trás afundando dezoito trirremes inimigas. Evidentemente o moral das tripulações Áticas devia estar aos frangalhos e os siracusanos perceberam que a vitória estava ao seu alcance. Demóstenes, no entanto, convenceu Nícias a fazer mais uma tentativa para forçar o bloqueio. Lançou em frente os seus melhores navios e, por um momento, pareceu que iriam conseguir. Mas os siracusanos e seus aliados logo contra-atacaram: empurrados por um forte siroco entraram por sua vez no Grande Porto enquanto, ao mesmo tempo, os siracusanos e os atenienses travavam um furioso combate em terra.

O espelho de água do porto Grande transformou-se num verdadeiro inferno: quase duzentos navios enfrentaram-se numa luta mortal, arremessando-se uns contra os outros num fervilhar de espuma, numa incrível balbúrdia de gritos de guerra, de toques de corneta, de chamados e de ordens berradas em todos os dialetos da Grécia e da Sicília, aos quais logo se acrescentaram os gemidos de dor dos feridos, as súplicas dos marinheiros e dos soldados jogados ao mar, o estrondo dos vasos abalroados, dos remos e dos lemes estilhaçados nas manobras de choque. Os soldados da infantaria naval lançavam-se ao ataque tentando de qualquer maneira repelir os inimigos, mas em muitos casos, enquanto abordavam um navio adversário, eram por sua vez abordados por outro devido ao pouco espaço disponível para a manobra. No fim do dia, talvez também por causa da longa inatividade, a frota ateniense foi definitivamente derrotada. Cinqüenta navios foram afundados. Os demais recuaram até a costa e as tripulações com os soldados embarcados procuraram abrigo nas trincheiras dos seus acampamentos. A enseada do porto Grande estava totalmente apinhada de destroços, de barcos virados ou emborcados, de cadáveres que a ressaca empurrava lentamente para a praia.

A saída para o mar estava fechada. O único jeito para fugir dali era por terra, tentando alcançar Camarina, uma vez que o caminho do norte, para Catânia, era impráticavel pois Epípolis já estava firmemente nas mãos dos siracusanos. Houve mais demoras e incertezas e, quando finalmente os atenienses se puseram em marcha, os inimigos já haviam tomado posição em todos os pontos que dominavam as passagens e os desfiladeiros. Os doentes e os feridos foram abandonados entre cenas de extrema aflição e gritos desesperados. Houve quem se pendurasse no pescoço dos companheiros suplicando para ser levado com eles ou então ser morto ali mesmo.

Partiram, esgotados pelas vigílias, os combates, as privações. Nícias, que chefiava a vanguarda e era mais rápido, perdeu rapidamente o contato com o segundo grupo de soldados guiado por Demóstenes, que foi logo cercado e forçado a se render. No dia seguinte foi a vez de Nícias: os seus homens avançavam aos trambolhões sob o sol escaldante, sem a menor disciplina, sem comida nem água, atormentados pela sede e, quando finalmente avistaram o rio Assinaro, correram em debandada para beber, mas a cavalaria siracusana investiu contra eles envolvendo-os numa nuvem de dardos, pisoteando-os sob os cascos dos cavalos, massacrando-os sem dó. Mesmo assim, conta Tucídides, os soldados atenienses ainda procuravam beber, esquecidos de tudo, e engoliam água vermelha do sangue dos seus companheiros.

Os sobreviventes foram completamente cercados, aprisionados e então jogados nas terríveis latomias, as pedreiras de Siracusa, onde permaneceram durante setenta dias no abafado calor do dia e logo a seguir no rigor do frio noturno, juntamente com seus próprios excrementos e os cadáveres em putrefação dos companheiros. Como comida, um punhado de trigo por dia e uma tigela de água.

Nícias e Demóstenes foram condenados à morte, embora Gilipo fosse contrário, principalmente no caso de Nícias, que dois anos antes convencera os seus concidadãos a devolver os prisioneiros lacedemônios capturados em Esfactéria.

Atenienses e indígenas foram mantidos ali, para apodrecerem naquele inferno, enquanto os outros foram vendidos como escravos. Dos atenienses, como conta Plutarco, só foram libertados aqueles que sabiam recitar os versos das *Troianas* de Eurípides, a tragédia que mais do que qualquer outra lamentava com sentidas palavras a loucura da guerra. Mais de sete mil homens haviam sido aprisionados pelo inimigo e quase nenhum deles voltou a Atenas. A fina flor da juventude ateniense havia sido perdida. A cidade nunca mais ficaria de pé depois de tal desastre.

30 DE NOVEMBRO DE 1999

– Que história terrível... – Kostas acabou de ouvir mais uma vez a minha última fita, que recebera dois dias antes. Reconheço que foi um golpe baixo: mandei-lhe uma versão especial, lida por um locutor profissional.

– Um dos dramas mais terríveis na história da humanidade, embora em escala menor devido à época.

– Pois é, mas as premissas já estavam todas no debate entre os habitantes de Melos e os atenienses: a lógica, se assim podemos chamá-la, está na força e na arrogância. Parece quase impossível que se trate da mesma cultura que produziu as tragédias de Eurípides e as estátuas de Fídias.

– É verdade. E é difícil evitar exprimir um juízo moral sobre fatos como esses, apesar de nenhum de nós estar capacitado para fazê-lo.

– Por que não?

– Porque a história não pode ser contada apenas dividindo a humanidade entre bons e maus, porque ninguém é bom e ninguém é mau, porque é impossível saber o que há de bom e de mau na alma do homem. Assim como é impossível determinar o bem que poderá decorrer de um certo tipo de mal e quanto mal advirá de um certo tipo de bem. A história continua sendo em grande parte um mistério. Aqueles homens em particular ignoravam o nosso conceito de bem e de mal. O próprio Sócrates, que tinha um sentido ético exemplar, lutou valorosamente em Potidéia e Délios, convencido de estar fazendo a coisa certa. Eles acreditavam piamente que a natureza ou os deuses concediam a força àqueles capazes de usá-la. Um conceito que agora nós chamaríamos de darwiniano. Era um mundo em que não existia compaixão por quem sucumbia, e onde se tornava, portanto, imperativo vencer, sempre e de

qualquer maneira. Era um comportamento além do bem e do mal, para usarmos uma expressão de Nietzsche.

– E quanto à paz?

– Era uma coisa que sem dúvida amavam. Heródoto diz: "Em tempo de paz os filhos enterram os pais, em tempo de guerra os pais enterram os filhos." Que dolorosa consciência do horror bélico! Mas aquela gente observava o mundo e sabia pelos filósofos que a paz é uma condição precária. A visão da natureza pode inspirar a paz, mas é uma sensação errada: a guerra está em toda parte, guerra sem trégua para a sobrevivência. O peixe grande que come o pequeno, a ave de rapina que dilacera a cotovia, o leão que despedaça o carneiro: a paz era imaginada como um estado de graça de alguma remota e perdida idade do ouro. Hesíodo afirmava que a idade do ouro só voltaria quando aparecesse uma raça com as têmporas brancas de nascença. Isto é, nunca.

– Mesmo assim, entre os intelectuais, existia sem a menor dúvida uma sensibilidade pacifista.

– Claro, mas era um tipo de reflexão que tinha um impacto muito limitado em comparação com os "poderes fortes" da época. Basicamente a civilização grega não conseguiu resolver a contradição da guerra como fenômeno endêmico, e foi justamente essa incapacidade que determinou o seu ocaso, o seu fim.

– Fiquei muito impressionado com uma frase da conversa entre os habitantes de Melos e os atenienses, quando o comandante ático diz que os oráculos e os vaticínios afligem os homens da mesma forma que as esperanças... A esperança é considerada uma calamidade.

– Para quem não pode se dar a esse luxo.

– Pois é, para quem não pode se dar a esse luxo...

Fica alguns momentos em silêncio e eu me sinto um tanto sem jeito por ter falado nisto com um homem nas suas condições, mas, como sempre, ele mesmo sabe desviar o assunto para a ironia:

– Também dei umas boas gargalhadas com aquelas falas de Aristófanes. Gostaria realmente de ter conhecido o sujeito.

– Eu também.

– Que filho da mãe! Mas tinha peito... Hoje em dia não há ninguém com bastante coragem para falar publicamente dos políticos daquele jeito: "bundas-moles fodidos". Já pensou?

– Democracia radical. E além do mais ali todos se conheciam, e podiam dizer o que bem quisessem. Hoje falariam logo em difamação, processariam você sem pensar duas vezes, pediriam milhões de indenização. Podia acontecer também naquela época, é claro, e de fato foi o que Cleão fez, mas de forma e com resultado bastante diferentes. O tamanho das nossas democracias impõe um pesado fardo de regras, normas, regimentos. A experiência ateniense é extraordinária de qualquer ponto de vista, inigualável como tudo aquilo que pertence à história.

*– Mas continua dentro de nós, na nossa cultura e na nossa mentalidade, você não acha? Como é mesmo que Tucídides diz? "*Ktema eis aei*", um cabedal para sempre.*

– Isso mesmo, meu bom amigo. Um cabedal para sempre. Se não fosse assim, acha que ainda estaríamos aqui, falando no assunto, depois de vinte e cinco séculos?

– Já estamos perto do fim dessa história, não é?

– Bem perto do fim, Kostas – respondo, sem saber ao certo a qual história ele se refere.

XI
Sócrates

O desastre da expedição à Sicília teve pesadas conseqüências: com efeito de dominó, uma depois da outra as cidades da liga começaram a desertar e a pedir a intervenção espartana: primeiro Eubéia, e depois Quio, Erétria, Clazômenas, Metimna, Mitilene na ilha de Lesbos, Teos, Lêbedo e Mileto (sendo que esta era uma colônia ateniense e tinha até sido auxiliada por Atenas na revolta jônia de 494).

Nessa fase em que a área do conflito deslocou-se para o leste, ao longo das costas da Ásia Menor, ficou cada vez mais forte a posição de Alcibíades, que tendia a favorecer um acordo entre Esparta e a Pérsia em prejuízo dos atenienses. Aconteceram vários contatos, principalmente com os sátrapas das regiões litorâneas na Ásia Menor, que se tornaram interlocutores diretos de Esparta.

A negociação tratava basicamente do seguinte: Esparta renunciaria a apoiar a autonomia dos gregos da Ásia em relação ao Grande Rei em troca da ajuda econômica da Pérsia na guerra contra Atenas. Nem é preciso dizer que se tratava de um pacto infame no qual o particularismo e o sectarismo dos gregos mostravam a sua pior face. Bem no meio ficavam os gregos da Ásia que, se por um lado desejavam se livrar dos grilhões atenienses, por outro receavam um destino ainda mais soturno ao ficarem sujeitos, de mãos e pés atados, à dominação persa.

Não é fácil interpretar a estratégia de Alcibíades, que nessa altura se porta como verdadeiro traidor, mas é provável que ele quisesse antes de mais nada vingar-se da cidade que o arruinara para depois, na certa superestimando o seu próprio papel, tentar aproveitar o prestígio e o capital acumulado ao fornecer preciosas informações ao inimigo e favorecer os seus contatos com a Pérsia, e então manipular o curso dos eventos em prol da sua ambição e dos seus planos pessoais (que sem dúvida alguma incluíam algum tipo de volta triunfal a Atenas). A cidade culpada por tê-lo destituído e processado devia ser punida, devia ser levada ao mais negro desespero para em seguida implorar a sua volta.

Enquanto isso os atenienses reagiram, tentando recuperar as suas posições; em 412 ocuparam novamente Lesbos e Clazômenas e bloquearam Mileto, na tentativa de retomá-la com suas tropas de assalto. A operação, no entanto, fracassou devido à pronta intervenção de uma esquadra do Peloponeso formada por uns cinqüenta navios, vinte dos quais fornecidos por Siracusa e Selinunte. As cidades da Sicília não haviam esquecido a sua dívida de gratidão para com Esparta. Mileto permaneceu com firmeza nas mãos dos espartanos, que a transformaram em sua base operacional, enquanto os atenienses recuaram para Samos. No fim das operações daquele ano, além de Samos, só ficaram sob o domínio de Atenas Lesbos, Clazômenas, Cós e Halicarnasso. Éfeso também havia sido perdida, assim como Rodes e Cnido; em Quio sobrava apenas um pequeno presídio, enquanto o resto da ilha era dominado pelos espartanos.

Esparta também conseguiu, sem nem mesmo recorrer à força, fazer com que Lâmpsaco e Abidos, bem na entrada dos Dardanelos, se rebelassem e ficassem do lado lacedemônio. Os atenienses retomaram Lâmpsaco, que não tinha cerca de muralhas, mas naquele mesmo verão sofreram a defecção de Bizâncio, Cízico e Calcedânia – todas na região dos estreitos, vital para o abastecimento de trigo para Atenas – e mais tarde de Tasos e da maior parte das cidades da Trácia.

Ao que parece, a influência de Alcibíades em todas essas operações, principalmente na defecção de tantas cidades da liga de Delos, havia sido determinante, e isso explica o seu prestígio junto do sátrapa Tissafarne, o representante do Grande Rei na Jônia. A partir da primavera de 411, no entanto, Alcibíades manteve contatos com a frota ateniense fundeada em Samos (que acabava de ajudar os habitantes da ilha a repelir uma tentativa de volta ao poder por parte de um grupo de oligarcas). Provavelmente Alcibíades deve ter achado que já era hora de ele retomar o seu lugar em Atenas. Apesar de tudo, nunca conseguira realmente cair nas graças dos espartanos: irrequieto demais, sempre ambíguo, baseava qualquer coisa no plano das relações pessoais, usando o seu fascínio e o seu carisma como armas extremamente poderosas, e por isso mesmo impossível de ser controlado. Além do mais, seduzira a mulher do rei Ágidas (aproveitando a confusão durante um tremor de terra) e a deixara grávida; é óbvio que para o soberano ele era como pimenta nos olhos. Percebe-se nas entrelinhas que as mulheres espartanas, acostumadas com o trato um tanto brusco dos maridos, ficavam doidas com o charme daquele jovem ateniense lindo, de fala mansa e modos gentis e requintados.

Alcibíades mandou dizer aos oficiais da frota que o Grande Rei estava disposto a tratar com Atenas, mas que não gostava nem um pouco do regime democrático. Tudo seria bem diferente, contudo, se na cidade fosse instaurado um governo oligárquico. A proposta encontrou ouvidos dispostos a prestar atenção: os comandantes das trirremes, na verdade, também eram os seus armadores, pois em tempos de guerra a norma previa que os ricos se sujeitassem a esse tipo de ônus/honra que, se de um lado comportava vultosas quantias de dinheiro para construir e equipar um navio de combate, do outro lhes conferia a patente de oficial comandante (trierarca). Os trierarcas organizaram, portanto, uma conspiração, com a única exceção de um tal de Frínico; este não acreditava que o Grande Rei estivesse de fato interessado numa aliança com eles e salientou que a liga naval só se mantinha junta graças à comunhão ideológica baseada na democracia. Que interesse poderia ter um regime oligárquico em manter relações com cidades democráticas?

Essa tomada de posição dos oficiais em Samos, obviamente, não era algo que acontecia de repente, saído do nada: já fazia algum tempo que em Atenas ia se formando uma forte oposição ao regime democrático, ao qual os conservadores atribuíam os desastres dos últimos anos e a derrocada do império ateniense. Já em 415 Aristófanes, com *Os pássaros*, levara às cenas o mal-estar de uma sociedade em debandada diante de líderes corruptos e incapazes, e naquele mesmo ano de 411 encenou *Lisístrata*, em que as mulheres de todas as cidades gregas entram num acordo para decretar uma "greve do amor", a fim de forçar os seus homens a assinarem a paz.

Deixando de lado as obscenidades ("... maquiadas e perfumadas... nuas e de bocetinha raspada, quando os homens vierem atrás da gente de pau duro... nós nada"), o poeta retrata as características da psicologia feminina dentro das paredes domésticas, a das mulheres que não têm direitos nem poder político, mas que pagam com mais amargura o preço da guerra: a perda dos filhos, dos irmãos e dos maridos, e querem deles uma prestação de contas enquanto ainda estão vivos: "Do que se falou na Assembléia, qual foi o assunto?", recebendo sempre a mesma resposta, que as mulheres nada têm a ver com isso. Pensando bem, a encenação um tanto doida de Aristófanes não é lá tão absurda como parece: a que arma podiam afinal recorrer as mulheres, a não ser o amor, ou o sexo, para sermos mais explícitos, ou à "trácia", um dos muitos termos fantasiosos com que o autor apelida o órgão sexual feminino?

Nessa mesma época apareceu um panfleto violentamente antidemocrático, *A constituição dos atenienses*, quase certamente inspirado pelas rodas oligárquicas e sofistas, e podemos supor que outras obras similares circulassem na praça, com a intenção de preparar a opinião pública para uma virada na vida política da cidade.

Quando os oficiais de Samos falaram com seus homens acerca da necessidade de mudar as disposições da cidade, houve resmungos, que porém a miragem dos bons salários pagos com o ouro dos persas pareceu num primeiro momento calar. Logo a seguir, uma delegação foi enviada a Atenas para avaliar os humores da população. O representante dos oficiais expôs o problema de forma muito clara: a cidade corria um risco tremendo, a única salvação seria chamar de volta Alcibíades e assinar uma aliança com o Grande Rei. Para fazer isto, contudo, seria necessário que o governo da cidade e os cargos mais importantes voltassem às mãos de poucos.

A Assembléia rumorejou, ouviram-se de todos os lados gritos de protesto, e então o orador e chefe da conspiração, um tal de Pisandro de Acarne, perguntou se conheciam outras formas para salvar a cidade, e ninguém soube dizer. Considerando este objetivo prioritário, Pisandro afirmou que qualquer outra coisa poderia ser providenciada em seguida. Enquanto isto, no entanto, os emissários dos conspiradores mantinham contatos com as *eterias* (tipos de sociedades secretas bastante parecidas com o modelo da máfia siciliana, de molde fundamentalmente oligárquico pela sua própria estrutura) a fim de preparar a mudança de regime de forma possivelmente indolor.

O povo nada decidiu, mas pediu que os oficiais da frota voltassem à Ásia a fim de tratarem com o sátrapa persa Tissaferne. A delegação voltou sem nada de concreto nas mãos pois, a pedido de Alcibíades, as exigências persas eram descabidas e totalmente absurdas.

A tentativa de se chegar a um entendimento com os persas foi abandonada, mas a conspiração para assumir o poder já estava em andamento e não era mais possível voltar atrás. Começou sendo um golpe de Estado disfarçado e sutil, sustentado com métodos sub-repticiamente mafiosos: os únicos a falar na Assembléia eram os conspiradores, quem se opunha acabava sendo encontrado morto "de forma apropriada", como diz Tucídides; evidentemente com alusões e simbolismos parecidos com aqueles que a máfia usa até hoje nas regiões meridionais da Itália (a pedra na boca significa o castigo do informante, as mãos e os pés atados juntos o do traidor etc.), o terror não demorou a tomar conta da cidade e, quando o ambiente se tornou insuportável, deu-se o verdadeiro golpe de Estado.

O Conselho dos Quinhentos foi dissolvido, pagando-se as remunerações até o fim do prazo previsto. Foi obviamente abolida a diária de todos os funcionários públicos; a Assembléia foi limitada a uma base de cinco mil cidadãos, praticamente a classe dos hoplitas, que naquele momento tinha a maior representação na cidade, da qual sairia eleito por cooptação o Conselho dos Quatrocentos. Como vários estudiosos justamente salientaram, esse golpe de Estado não pode ser considerado uma ação baseada em fundamentos tipicamente ideológicos de molde oligárquico, mas sim uma escolha de tipo prático e oportunista, baseada nas considerações dos sofistas segundo as quais não há nem democratas nem oligarcas convictos, mas apenas cidadãos que escolhem um ou outro sistema segundo o que lhes for mais útil e apropriado no momento.

Os golpistas, no entanto, haviam esquecido uma coisa muito importante: não haviam levado em conta a reação dos marujos da frota de Samos, em sua maioria *tetos* das classes mais humildes, que desempenharam um papel que quase lembra o do cruzador *Aurora* na revolução russa de outubro. Desobedeceram ao governo e proclamaram a volta do regime democrático, e aí Alcibíades voltou a aparecer entre eles, recebido triunfalmente.

É claro que o seu desejo de retomar nas mãos as rédeas da situação era tão grande que, qualquer que fosse o resultado daquela confusão, já não conseguia mais se manter afastado da luta. Os marujos elegeram-no estratego e pediram que os levassem imediatamente de volta para retomarem o controle da cidade, mas ele conseguiu detê-los e, algum tempo depois, induziu-os até a ouvirem os delegados do Conselho dos Quatrocentos, sem contudo obter qualquer resultado desse encontro.

Enquanto isso, a frente oligárquica rachava-se em Atenas, havendo até um grupo extremista que se entrincheirou no Pireu para garantir a entrada das tropas espartanas na cidade. Os mais moderados, chefiados por Teramene, reagiram prontamente: desmantelaram as fortificações e votaram a devolução dos poderes à Assembléia que, embora limitada aos cinco mil, continuava mesmo assim sendo amplamente representativa da população. Ela votou então a favor da volta de Alcibíades, de forma que a fugaz labareda oligárquica logo se apagou sem deixar atrás de si visíveis seqüelas. Ao mesmo tempo foi retomada a atividade militar na região dos estreitos, onde a frota, magnetizada pela volta de Alcibíades, enfrentou e venceu o inimigo em Abidos e Cinossema.

Para nós acaba aqui o testemunho de Tucídides e começa o de Xenofonte, por meio das suas *Helênicas*. Há quem queira ver nessa "troca da guarda" uma espécie de romance policial filológico: Xenofonte, aluno de Sócrates, além de polígrafo e aventureiro, teria publicado com o próprio nome – como primeiro livro das *Helênicas* – o texto que na realidade era o último livro de Tucídides, de cujo manuscrito ele teria de algum modo conseguido se apropriar. A hipótese, que recentemente voltou a ser proposta, tem muitas probabilidades de ter acertado no ponto, até mesmo pelo sublime nível conceitual e dramático que caracteriza o testemunho.

Alcibíades conseguiu um sucesso clamoroso em 410, em Cízico, onde a vitória ateniense foi tão esmagadora que os espartanos acharam por bem pedir a paz: eles iriam devolver Deceléia, enquanto os atenienses devolveriam Pilos, ainda ocupada desde a época do ataque a Esfactéria. Era uma proposta realista, mas foi recusada. Um demagogo chamado Cleofonte, cuja profissão consistia em fabricar alaúdes, convenceu a Assembléia a pedir a devolução de todas as cidades da liga de Delos ocupadas pelos espartanos. Obviamente a coisa não deu em nada.

Enquanto isso, Atenas ainda tinha bastante energia criativa para continuar os trabalhos de construção do Erectêion, na acrópole, ao passo que nas Grandes Dionisíacas daquele ano eram apresentadas as *Fenícias*, de Eurípides, em que se encenava o drama de Eteocles e Polinice, os dois irmãos do mito edipiano que acabam se matando um ao outro num duelo até o último sangue. Era mais um grito de dor e aflição do grande poeta contra a loucura humana e a fúria cega da guerra; um grito que, infelizmente, iria se perder no vazio.

Nesse ponto as cartas estavam mais uma vez nas mãos de Alcibíades, um verdadeiro camaleão, capaz de adaptar-se a qualquer situação: astucioso, temerário e vingativo, capaz de qualquer maquinação para alcançar os seus objetivos. Em Esparta as pessoas não acreditavam em seus próprios olhos quando o viam comer pão de cevada com a mítica (e horrível) sopa negra, lavar-se com água fria e raspar a cabeça; da mesma forma, na Jônia se mostrava preguiçoso e folgado, na Trácia montava a cavalo como os indígenas e se embebedava mais do que qualquer outro tomando vinho puro, e com os persas ostentava uma elegância e um luxo que até a eles surpreendiam. Naquele momento ele tinha uma indiscutível superioridade no mar, mas a potência ateniense já era coisa do passado, pois os destinos da cidade a levaram a um círculo vicioso de ruína: menos aliados, menos tributos; e menos tributos, menores possibilidades de manter os aliados. Os espartanos, por sua vez, podiam contar com as generosas contribuições do Grande Rei para reconstruir a sua frota. Em 409 retomaram Pilos e, no mesmo ano, Mégara reconquistou definitivamente Nisa. Até Corcira, que havia sido o motivo primordial de Atenas empreender a guerra do Peloponeso, acabou sendo perdida.

A antiga causa comum dos gregos contra os bárbaros já era uma vaga lembrança: os próprios atenienses mantinham agora relações amigáveis com Cartago a fim de exercer uma certa pressão sobre Siracura e desviar as suas forças do setor oriental. Apesar de tudo, Alcibíades ainda demonstrou grande capacidade estratégica e tática ao reconquistar Bizâncio e Tasos com duas brilhantes operações invernais. Voltou para Atenas em 408 e foi recebido como vencedor entre os aplausos da população. Acompanhado por um cortejo de amigos e de guarda-costas, dirigiu-se a Pnice, onde proclamou diante do povo sua inocência da acusação de ter profanado os mistérios de Elêusis. Foi reintegrado no cargo e recebeu de volta todas as suas propriedades, mas nessa altura devia ter percebido que aquilo com que tanto sonhara, a liderança da cidade, já deixara de ser satisfatório, pois nada mais se descortinava diante de si a não ser previsões sombrias e sem saída. Depois de quatro meses voltou, portanto, a zarpar numa última tentativa de desafiar a sorte.

Enquanto isso, em Esparta, o comando supremo havia sido entregue a um general chamado Lisandro, um homem de extraordinária inteligência e capacidade que nada tinha a ver com a tradicional figura do soldado espartano obstinadamente fiel ao seu rígido código de honra, mas incapaz de moldar-se às circunstâncias. Conseguiu manter-se longe da frota visivelmente superior do adversário por quase um ano, cuidando ao mesmo tempo de cultivar as relações com o novo sátrapa persa da Lídia: o príncipe Ciro, filho de Dario e de Parisátide, e irmão do imperador Artaxerxes. Com apenas dezessete anos, era o preferido pela mãe, que o apoiava de todas as formas possíveis: dez anos mais tarde iria favorecer secretamente uma sua louca tentativa de derrubar o irmão Artaxerxes para ocupar em seu lugar o trono aquemênida. Esse golpe frustrado iria abrir caminho para uma das maiores aventuras da Antigüidade, a mítica "retirada dos dez mil", contada por Xenofonte num diário de guerra baseado em anotações escritas diretamente no campo de batalha.

Lisandro tornou-se seu amigo pessoal, lisonjeou a sua vaidade, satisfez suas vontades e suportou as suas repentinas mudanças de humor com uma única finalidade: conseguir dinheiro, todo o dinheiro necessário a dobrar Atenas.

Depois de mais ou menos um ano de escaramuças, em que os adversários sempre evitaram o choque direto, Alcibíades viu-se diante da necessidade de encontrar fundos para pagar os salários e rumou para a Cária, deixando a esquadra sob o comando de um amigo e companheiro de noitadas, um tal de Nócio, com a ordem de não travar combate na sua ausência, mesmo que viesse a ser atacado pelo inimigo. Nócio, no entanto, informado que a frota de Lisandro não estava longe, com os barcos em seco e as tripulações em terra, não conseguiu resistir à tentação de uma grande vitória e levantou âncora para atacar; Lisandro, no entanto, mantivera-se alerta e não demorou quase nada para empurrar os barcos para o mar: atacou com todas as unidades ao seu dispor e infligiu ao descuidado agressor uma humilhante derrota. Ao voltar, Alcibíades procurou inutilmente desafiar o adversário em mar aberto: Lisandro preferiu ficar ao abrigo, no porto, mais que satisfeito com o resultado conseguido.

Um dos oficiais atenienses, entretanto, voltou a Atenas e falou de Alcibíades diante da Assembléia, acusando-o de toda espécie de torpeza, dizendo até que estava fora com umas putas (coisa aliás bastante possível) enquanto Lisandro atacava o seu inepto lugar-tenente. Foi bastante convincente para causar a sua destituição. Por incrível que pareça, embora por razões meramente institucionais, um destino muito parecido também coube ao seu homônimo espartano, Lisandro, que foi substituído por um aristocrata da "velha guarda" chamado Calicrátidas. Afastado do comando, Alcibíades não se atreveu a voltar para Atenas e abrigou-se em suas terras na Trácia, onde havia preparado uma mansão-fortaleza presidiada pelos seus mais fiéis partidários e da qual exercia uma espécie de proteção sobre os grupamentos gregos das redondezas, constantemente expostos às correrias das tribos bárbaras do interior.

A guerra reavivou-se e dessa vez coube aos espartanos tomar a iniciativa: com uma jogada habilmente inesperada, Calicrátidas conseguiu bloquear a frota do almirante ateniense Cônon no porto de Mitilene, na ilha de Lesbos. Os atenienses não tinham outra saída: precisavam de qualquer maneira libertar a esquadra prisioneira. Conseguiram a duras penas armar outra frota de 110 navios; os cidadãos de qualquer classe social, sem discriminação, foram obrigados a sentar nos bancos dos remadores e até prometeu-se algum tipo de cidadania aos escravos. Finalmente a esquadra ficou pronta e levantou âncora.

O enfrentamento com os espartanos aconteceu perto de um pequeno grupo de ilhas chamadas Arginusas, entre a ilha de Lesbos e a costa da Ásia Menor. Os atenienses venceram, mas logo a seguir caiu no local uma violenta tempestade que tornou impossível o salvamento dos náufragos que morreram em número superior a dois mil. Dois dos oito comandantes não voltaram – e isso já demonstra a confiança que tinham na imparcialidade dos seus concidadãos –, os demais foram jogados nas masmorras e acusados de omissão de socorro: um crime que comportava a pena de morte.

Seguiu-se um julgamento sumário que mais pareceu uma encenação teatral do que uma ação legal, depois do qual a Assembléia foi simplesmente solicitada a votar a absolvição ou a condenação dos estrategos incriminados. Houve quem se levantasse gritando que aquele processo não passava de uma farsa, que os comandantes não podiam ser acusados e condenados em massa, uma vez que cada um tinha direito a um julgamento separado, e que, além do mais, o voto não fora secreto porque haviam sido trazidas duas urnas diferentes, uma para o sim e a outra para o não. A reação foi incrível: o acusador exigiu que os oponentes fossem por sua vez incriminados e pediu para eles a pena de morte.

As instituições perderam-se numa orgia demagógica desenfreada enquanto a cidade ficava entregue a um clima terrível, alucinado, com milhares de pessoas que vagavam como fantasmas, em trajes de luto e com as cabeças raspadas.

Qualquer tentativa de trazer de volta o processo às normas da legalidade fracassou, as ameaças abafaram qualquer voz de protesto a não ser uma, a de Sócrates, que, apesar de afirmar em alto e bom som toda a sua indignação, caiu no vazio: os estrategos foram condenados à morte e imediatamente executados. Entre eles também estava o jovem Péricles, o filho de Péricles e Aspásia. De uma só cartada a cidade privara-se de todo um estado-maior da marinha de guerra que, afinal, demonstrara no campo de batalha a sua competência. Só ficava Cônon, que até então nunca tinha dado prova de particular sagacidade.

Dessa vez Sócrates se salvou. Talvez já fosse popular e conhecido demais para que a sua eliminação pudesse passar em brancas nuvens. O filósofo, filho de um pedreiro e de uma parteira, particularmente feio com o seu narigão e olhos esbugalhados – em outras palavras, a própria negação do ideal grego que atribuía grande valor à aparência física –, dedicara-se a um tipo de especulação de todo novo e decididamente contrário às teorias e praxes dos sofistas.

Afirmava que o verdadeiro sábio é aquele que se dá conta de não saber, e que a verdadeira sabedoria consiste em conhecer a si próprio. Ensinava nas praças, nos pórticos, sempre solicitando a participação dos transeuntes nos debates; levantava com obstinada insistência o problema da moral, da ação que deveria conformar-se com a consciência e a retidão. Não deixou coisa alguma escrita e tampouco fazia conferências, ao contrário dos sofistas que se davam ares de grandes mestres; o único caminho possível, para ele, era a contínua e incansável busca da verdade, um perpétuo interrogar-se e agir com honestidade segundo os ditames do *daimon*, a consciência.

A sua profunda sabedoria, a sua coragem e inteireza de caráter de nada adiantaram: não conseguiu transmitir juízo e sensatez à cidade que já parecia estar totalmente entregue aos demagogos. Eles alimentavam a intolerância belicista pela simples razão de somente assim o povo poder continuar a iludir a si mesmo, acreditando ainda estar vivendo num centro urbano poderoso e mantendo, assim, algum tipo de coesão.

Nessa mesma época morreram, um após o outro, primeiro Eurípides e depois Sófocles: os últimos grandes educadores das massas. Saíam de cena em silêncio, deixando o palco para a comicidade grotesca de Xenofonte, que, nas *Rãs* (o coro é formado pelas pererecas dos pântanos estígios), apresenta um Hércules fanfarrão, enviado aos Infernos pelos deuses a fim de trazer de volta à vida algum poeta trágico do qual a cidade desesperadamente precisa.

A sensação da derrota inevitável talvez tivesse tornado ainda mais desprezível a raivosa e vingativa covardia dos demagogos: com efeito, ao se darem conta de que às vezes os prisioneiros resgatados voltavam a lutar contra Atenas, mandaram votar uma lei pela qual os inimigos capturados passariam a ter a mão direita amputada, uma barbaridade da qual até então só haviam sido capazes os persas, e que algum dia iria lhes custar muito caro.

As operações militares foram retomadas em 405 quando Cônon tomou posição nos estreitos, perto do promontório de Galípole – não muito longe do local onde havia caído o meteorito de Anaxágoras –, para desafiar numa luta definitiva Lisandro, mais uma vez no comando da frota inimiga. Passou dias e mais dias em mar aberto sem que o adversário aceitasse a provocação. Mas Lisandro era uma raposa: esperava que as condições ficassem mais favoráveis para o seu lado.

Já convencidos de que os espartanos estavam com medo, os atenienses começaram a baixar a guarda e a relaxar a disciplina: muitos deles, de fato, afastavam-se cada vez mais para os vilarejos do interior em busca de comida, bebida e diversão. Certo dia chegou Alcibíades, cuja fortaleza ficava ali perto, e salientou aos comandantes que aquele lugar era muito desprotegido, que se os espartanos atacassem, a situação poderia ficar bastante difícil. Conhecia aquele território como a palma da mão e só queria ajudar: disseram-lhe para não se meter onde não fora chamado, que os comandantes eram eles e que a sua opinião já não valia coisa alguma.

Alcibíades foi-se embora. Dois dias depois Lisandro zarpou sorrateiramente antes do amanhecer, atravessou os Dardanelos e caiu como um raio em cima dos navios atenienses, todos em seco e sem tripulação. Os clarins tocaram em desespero, mas já era tarde demais. Dos barcos que foi possível lançar ao mar, bem poucos apresentavam os bancos dos remadores completos: das três ordens, alguns só dispunham de duas, outros nem mesmo disso. Foi um desastre. A frota foi aniquilada. Cônon salvou-se com apenas oito navios.

A notícia da derrota chegou a Atenas na calada da noite, trazida pelo navio *Paralo*. A terrível verdade alastrou-se como fogo a partir do Pireu, correndo pelas Longas Muralhas na boca do povo, até chegar ao coração da cidade e espalhar por todo canto terror e desespero.

De uma hora para outra Atenas pareceu despertar de uma bebedeira coletiva que durara anos. O destino que esperava por ela ficou muito claro, todos lembraram o que havia acontecido com os habitantes de Melos e de muitos outros lugares; e também lembraram os horrores, as atrocidades e as loucuras cometidas durante aqueles anos todos de guerra, e cada um pensou no que agora teria de enfrentar: os cidadãos de uma pátria imperial percebiam de repente que a sua altiva cidade poderia ser arrasada, os seus melhores homens executados, as mulheres e as crianças poderiam ser vendidas em leilão como escravos, dispersando-se pelos quatro cantos do mundo. Naquela noite ninguém conseguiu pregar os olhos.

Lisandro chegou no começo da primavera e bloqueou o Pireu com cento e cinqüenta navios, enquanto o exército chefiado pelo rei Ágidas cercou a cidade por terra. Teve então início uma febril troca de embaixadas, com os espartanos fazendo de tudo para levar adiante as negociações o mais vagarosamente possível, no intuito de tornar a população cada vez mais esfomeada. No fim, Atenas não teve outra solução a não ser render-se sem condições.

Os aliados de Esparta, principalmente os tebanos, pediram que a cidade fosse arrasada, os homens exterminados e o resto da população vendido como escravos. Os espartanos, no entanto, deram mais uma demonstração de sensatez: disseram que não se podia tratar daquele jeito uma cidade que desempenhara um papel tão importante na defesa da liberdade de todos os gregos, e que seria melhor limitar-se a torná-la inofensiva de uma vez por todas. Foram então comunicadas as condições da rendição: destruição das fortificações e das Longas Muralhas; entrega de toda a frota que ainda sobrava, com exceção de doze navios; aceitação de uma guarnição armada espartana na acrópole; entrada na liga do Peloponeso em posição de subordinação.

Uma vez que ninguém conseguia se mexer, Lisandro ordenou que os músicos tocassem as flautas; aquele som sinistro era o sinal para se começar a derrubada das muralhas. Uma cena alucinante, que quase nos faz lembrar a pequena orquestra do *Titanic* que tocava enquanto o grande navio afundava.

Nessa altura sobrava somente um ateniense perigoso: Alcibíades. O único que ainda poderia reunificar os seus concidadãos, devolvendo-lhes o entusiasmo e, quem sabe, talvez até o desejo de começar tudo de novo. Era o que hoje em dia poderíamos chamar de mina à deriva, e ninguém podia permitir que permanecesse vivo. Além do mais, o rei Ágidas tinha com ele um assunto pessoal a ser resolvido e não desejava outra coisa a não ser pagar com a mesma moeda o homem que se aproveitara da sua hospitalidade de forma tão vergonhosa.

Lisandro enviou um pedido urgente ao sátrapa Farnobazo, com o qual Alcibíades estava negociando a própria incolumidade, e este mandou um grupo de sicários matá-lo. Os homens, no entanto, não tiveram a coragem de enfrentá-lo de peito aberto. Atearam fogo na choupana em que ele se refugiara com a sua mais nova amante, uma hetera chamada Timandra. Alcibíades vestiu uns cobertores molhados e saiu correndo como um demônio dos infernos, passando pelas labaredas de espada em punho. Nem mesmo então tiveram a coragem de enfrentá-lo. Acertaram-no com flechas e dardos, de longe, até ele cair sem vida, trespassado em vários pontos de lado a lado, numa poça de sangue. Foram embora para relatar o sucesso da missão enquanto Timandra, em pranto, procurava de alguma forma recompor o corpo dilacerado.

A cidade também teve de aceitar a instauração de um governo oligárquico que recebia ordens de Esparta, conhecido com o triste nome de "Trinta tiranos". Não durou muito tempo: cinco anos mais tarde todos já se mostravam bastante descontentes com o domínio espartano, sombrio, duro e opressor, e já eram muitos aqueles que sonhavam com a volta do antigo regime. A oposição democrática ateniense no exílio, com a ajuda dos tebanos, que ofereceram armas e hospitalidade, organizou-se na fronteira da Ática. Sob o comando de Trasíbulo, um homem honesto e inteligente, atacou o Pireu e derrotou as tropas dos oligarcas, restaurando a democracia.

Mas foi justamente durante o governo restaurador das liberdades cívicas que aconteceram o processo, a condenação e a morte de Sócrates. Numa hora em que era indispensável juntar a população e consolidar as instituições democráticas ainda bastante frágeis, não era possível tolerar a presença de alguém como Sócrates, que vivia colocando dúvidas na cabeça das pessoas em nome daquela divindade desconhecida, o misterioso *daimon* do qual ninguém ouvira falar antes, que sussurrava em seus ouvidos dizendo-lhe o que fazer. Era indispensável, pelo menos, silenciá-lo.

Apareceu então alguém para incriminá-lo com uma dúplice acusação: corrupção da juventude e heresia. Ele dirigiu-se aos jurados populares com uma emocionada defesa das próprias ações, pediu aos que já tinham no bolso a bolinha negra a ser colocada na urna da morte para que pensassem direito no que estavam fazendo, para que se perguntassem se estavam prejudicando mais a cidade do que a ele mesmo, Sócrates. Afirmou que nada pedia para si, que preferia não ostentar a mulher e os filhos em pranto para comover o júri, e que só queria poder continuar a sua busca em plena luz do dia, no meio dos seus concidadãos. Implorou que não se manchassem com um crime que ninguém iria entender e que mancharia a reputação deles pelos séculos afora. A água gotejava lentamente na ampulheta enquanto o grande sábio falava sob os olhares comovidos e cheios de admiração dos discípulos. Aí chegou a hora do silêncio e do voto.

Foi condenado por uma diferença muito pequena e então perguntaram-lhe que castigo sugeria para si mesmo: respondeu que a cidade deveria assegurar-lhe uma pensão vitalícia por merecimento cívico e isso afastou por completo a simpatia de quem teria preferido salvar a sua vida. Parecia uma ofensa ao júri que pediu, e conseguiu, a pena de morte.

Foi preso, mas nessa altura um Sócrates morto iria ser muito mais prejudicial do que um Sócrates vivo: certamente não era esse o resultado que um homem como Trasíbulo podia esperar. A intenção era apavorá-lo, talvez induzi-lo a aparar as arestas dos seus ataques, mas não matá-lo. Às escondidas ofereceram, portanto, a Sócrates a oportunidade de fugir para a Beócia, junto de amigos confiáveis: os guardas não ficariam particularmente alertas naquela noite, iriam desviar os olhos.

Fácil demais. Sócrates recusou, preferiu forçar a cidade a assumir as suas responsabilidades e, apesar de os seus discípulos implorarem em lágrimas, manteve-se firme na sua decisão. Ficou conversando com eles até o fim e aí perguntou ao carrasco qual seria a melhor coisa para fazer a fim de que o veneno agisse rápida e corretamente. Responderam que devia andar de um lado para o outro até sentir frio nos pés. Depois, deitar-se e, quando o frio chegasse ao coração, a morte logo sobreviria.

Tomou a cicuta e despediu-se dos entristecidos discípulos com palavras que o mundo jamais iria esquecer: "Está na hora de partirmos, vocês para a vida, eu para a morte. Quem de nós está indo para o melhor destino, só mesmo os deuses sabem."

22 DE DEZEMBRO DE 1999

Vim visitar Kostas para pessoalmente desejar-lhe um bom Natal e um feliz Ano-Novo, embora não faça muito sentido se levarmos em conta a situação e o personagem. E tampouco tive a coragem de ler para ele o último capítulo deste livro.

Perguntou:

– Como é que você ainda não acabou? Teve algum problema inesperado?

– Isso mesmo – respondi. – Sabe como é, não sei como terminar. Afinal, como e quando acaba a história de Atenas?

Acendeu um cigarro e olhou para mim com aquele seu olhar maroto e inquiridor:

– No que me diz respeito – disse –, acaba comigo. Mas isso seria o mesmo que te condenar a trabalhar pelo resto da vida, e mesmo assim não sei se bastaria...

Não pude evitar um sorriso.

– Pode rir à vontade, mas é isso mesmo. E além do mais você não resistiria à tentação de também incluir-me na história: Konstantinos Stavropoulos, funcionário da Prefeitura de Atenas, cantor lírico fracassado... já pensou como ficaria bem ao lado de Péricles, Eurípides, Sócrates...

Segurei a sua mão e continuei:

– Grande tenor, grande sábio, grande amigo... O meu amigo ateniense...

– Só está dizendo isso para me consolar. Mas está certo, eu faria o mesmo se estivesse no seu lugar. Sabe de uma coisa? Eu concluiria o livro com a morte de Sócrates, aquele pé-no-saco que vivia botando a pulga atrás da orelha das pessoas, como se elas já não estivessem bastante encrencadas por conta própria.

– Sei que você gosta dos sofistas... Mas por que você acha que deveria fechar a história com a morte de Sócrates?

– Porque... Ora, você já sabe. E além do mais há aquela frase que ele diz logo antes do fim...

– "Está na hora de partirmos..."?

– Isso mesmo. Não sei se de fato falou aquilo ou se foi tudo inventado por Platão. O sujeito conseguiu inventar até a Atlântida, um continente inteiro, não dá para confiar. Mas se realmente disse, basta esta frase para fazer dele um homem que não pode ser esquecido, nem agora nem nunca.

– É uma ótima idéia. Vou pensar no assunto... e voltarei logo que acabar. Voltarei para ler todo o capítulo, talvez na próxima primavera, o que me diz?

Sacudiu a cabeça:

– Sim, na primavera... quando estiver mais quente. Faz um frio miserável neste quarto, não acha? Estou com frio nos pés, e nas pernas também. Estou com muito frio.

Fui-me embora pois certamente não iria conseguir agüentar mais a situação e acabaria bancando o idiota. Desci para a rua e misturei-me com a multidão que enxameava festiva para as compras de Natal.

Nota bibliográfica

Esta nota só tem a finalidade de orientar o leitor não-especializado num eventual estudo mais profundo sobre os assuntos tratados. Indicaremos, portanto, um bom número de obras disponíveis no mercado italiano e apenas um pequeno número de textos em outras línguas, quando isto se tornar necessário como apoio bibliográfico sobre assuntos específicos e hipóteses de tipo particular.

Obras de consulta geral

Continua sendo válida e de agradável leitura, embora um tanto datada sob certos aspectos, a monumental *Cambridge Ancient History*, em italiano *Storia del mondo antico*, Milão, Il Saggiatore-Garzanti, 1974- 76, em particular os volumes III e IV.

Mais recente e atualizado, mas de cunho temático, o amplo e profundo estudo sobre a cultura e a civilização dos gregos, e portanto dos atenienses também, *I greci, Storia, arte, cultura e società*, Turim, Einaudi, 1996, principalmente os volumes II e III, acompanhados de um conjunto iconográfico bastante rico que integra muito bem o texto.

Quem preferir optar por uma leitura mais ágil e sintética, sólida mas, digamos assim, quase em nível de breviário, poderá achar interessante H. Lloyd-Jones, *I Greci*, Milão, Il Saggiatore, 1967.

De um ponto de vista quase de raridade antiquária ainda pode ser útil o volume de M.A. Levi, *La Grecia antica*, na obra enciclopédica *Società e costume*, Turim, UTET, 1963; enquanto o aspecto artístico é sem dúvida alguma tratado da forma mais completa e exaustiva na *Enciclopedia dell'arte antica* da Fundação da Enciclopédia Italiana Treccani.

Passando a obras monográficas, mas ainda assim fundamentais, sobre a história da Grécia – e de Atenas em particular – não podemos esquecer o livro de M. Sordi, *Storia politica del mondo greco*, Milão, Vita e Pensiero, 1982, devido à sua estrutura clara e sintética, continua sendo bastante original, assim como o primeiro volume da *Storia greca* de H. Bengtson (1965), Bolonha, Il Mulino, 1982, e D. Musti, *Storia greca*, Roma-Bari, Laterza, 1989, um trabalho de grande sensibilidade e clareza exemplar. Mais monográfico e centrado, mas mesmo assim ainda de visão geral, o livro de C. Meier, *Atene*, Milão, Garzanti, 1996, resumo extremamente rico, de notável fascínio e profunda doutrina, além de ser, ao contrário de numerosos outros trabalhos acadêmicos, de leitura muito agradável.

Endereçamo-nos a assuntos mais especificamente políticos, no que tange à cultura ateniense, com D. Musti, *Demokratia, Orgini di un idea*. Roma-Bari, Laterza, 1995, uma lúcida análise das características e da estrutura ideológica da democracia ateniense, e com D. Kagan, *Pericle di Atene e la nascita della democrazia*, Milão, Mondadori, 1991, mais biográfico e centrado na figura do grande líder.

Sobre a sociedade espartana e sua história: J.T. Hooker, *Gli Spartani*, Milão, Bompiani, 1984. Mais recente, marcadamente original e muito atento às fontes, S. Valzania, *Brodo nero: Sparta pacifica, il suo esercito, le sue guerre*, Roma, Jouvence, 1999.

Obras sobre assuntos particulares

As forças armadas

Fascinante, ainda que às vezes um tanto ousado: V.D. Hanson, *L'arte occidentale della guerra*, Milão, Mondadori, 1990; de cunho mais ideológico e menos técnico, mas mais preciso quanto aos aspectos sociais e de cultura, Y. Garland, *Guerra e società nel mondo antico*, Bolonha, Il Mulino, 1985. Embora não traduzidos para o italiano, não podemos deixar de lembrar: J. Warry, *Warfare in the Classical World*, Nova York, St. Martin's Press, 1980, e P. Connolly, *Greece and Rome at War*, Londres, MacDonald, 1981, devido ao notavelmente farto material ilustrativo, e Coates, *The Athenian Trireme*, Nova York, Cambridge University Press, 1986.

Meio ambiente e seu impacto

Particularmente interessante para se analisar trechos específicos das fontes: K.W. Weber, *Smog sull'Attica. I problemi ecologici nell'antichità*, Milão. Garzanti, 1991.

Topografia e urbanismo

Importantes referências podem ser encontradas em trabalhos de caráter geral, como *L. Benevolo, Storia della città*, Roma-Bari,

Laterza, 1993, vol. I: *La città antica*: M.A. Levi, *Lá città antica*, Roma, L'Erma di Bretschneider, 1989, pp. 291-306; J.B. Ward-Perkins, *Cities of Ancient Greece and Italy. Planning in Classical Antiquity*, Nova York, G. Braziller, 1974. Como monografia continua sendo muito útil, embora parcialmente superado por investigações mais recentes: I. Thallon Hill, *The Ancient City of Athens*, Nova York, Argonaut, 1953.

Mitologia

Há uma escolha extremamente ampla. Limitar-me-ei a citar trabalhos muito conhecidos e já clássicos como: K. Kerenyi, *Gli dei e gli eroi della Grecia*, Milão, Garzanti, 1978, e R. Graves, *I miti greci*, Milão, Longanesi, 1999. Uma perspectiva bastante criativa e cheia de imaginação nos é dada por G. Calassa, *Jenozze de Cadmo e Armonia*, Milão, Adelphi, 1988.

Oráculos e santuários

J. Richer, *Geografia sacra nel mondo greco*, Milão, Rusconi, 1989; R. Bloch. *Prodigi e divinazione nel mondo antico*, Roma, Newton Compton, 1981. Mais acessível, e parcialmente superado por pesquisas arqueológicas recentes, mas basicamente correto e de leitura agradável: P. Vanderberg, *Oracoli*, Milão, Longanesi, 1982.

Finalmente, para a ordem de evacuação da cidade de Atenas durante a segunda guerra persa: L. Braccesi, *Il problema del decreto di Temistocle*, Bolonha, Cappelli, 1968 (o texto por nós apresentado neste livro foi tirado daquela obra). Quanto à hipótese de Tucídides ser o autor do primeiro livro das *Helênicas* de Xenofonte: L. Cânfora, *Storie di oligarchi*, Paterno, Sellerio, 1984, uma idéia original e fascinante, contada numa prosa eficaz e brilhante.

Rocco L&PM POCKET

Akropolis – Valerio Massimo Manfredi

O álibi – Sandra Brown

Assédio sexual – Michael Crichton

Bella Toscana – Frances Mayes

Como um romance – Daniel Pennac

Devoradores de mortos – Michael Crichton

Emboscada no Forte Bragg – Tom Wolfe

A identidade Bourne – Robert Ludlum

O parque dos dinossauros – Michael Crichton

Sob o sol da Toscana – Frances Mayes

Sol nascente – Michael Crichton

Trilogia da paixão – J. W. von Goethe

A última legião – Valerio Massimo Manfredi

As virgens suicidas – Jeffrey Eugenides

IMPRESSÃO:

GRÁFICA EDITORA
Pallotti
IMAGEM DE QUALIDADE

Santa Maria - RS - Fone/Fax: (55) 3220.4500
www.pallotti.com.br